ALS JE MAAR GELUKKIG BENT

Jessica van Geel & Robbert Blokland

ALS JE MAAR GELUKKIG BENT

Nijgh & Van Ditmar
Amsterdam

MIX
Papier van verantwoorde herkomst
FSC® C004472

www.nijghenvanditmar.nl

Omslag Jan van Zomeren
Typografie Perfect Service
NUR 320 / ISBN 978 90 388 0915 1

‘Een homohuwelijk is vaak te goed. Want bij een homohuwelijk is sprake van twee geesten in één en dezelfde wereld. Ja, da’s mooi makkelijk, zo kan ik het ook.’

– Herman Finkers in *Na de pauze* (2007)

‘I’ve heard it too many times to ignore it
It’s something that I’m supposed to be
Someday we’ll find it, the rainbow connection
The lovers, the dreamers and me’

– Kermit de Kikker, ‘Rainbow Connection’ (1979)

Inhoud

Inleiding

We hadden net een kleurrijke parade zien langskomen van organisaties als de Metropolitan LGBT Police Network en de LGBTQ Muslims, we hadden de praalwagen van de Gay Diabetics bewonderd, toen in een stampvolle steeg vol regenboogkleuren, zweterige lijven en plastic bekers vol schuimloos bier het idee voor dit boek ontstond. Het was op de Gay Pride 2019 in Londen. Verguld met de Love is Love-buttons die we opgespeld hadden gekregen, vroegen we elkaar: het homohuwelijk, hoelang bestaat dat eigenlijk al?

Hoe vooruitstrevend was het toen in Nederland op 1 april 2001 de eerste 'huwelijken voor paren van het gelijke geslacht' werden gesloten? Nederland was het allereerste land ter wereld, in een tijd dat 'gidsland' nog geen cynische bijklank had. Wat is er in die twintig jaar veranderd binnen de gay community en ten aanzien van de homoacceptatie? Wat heeft het huwelijk voor de lhbtiq-gemeenschap betekend?

We vertrokken uit de drukke feeststeeg om los van elkaar onze regenboogfeesten te vieren. De een liggend in het park tussen bierdrinkende vrouwen, kijkend naar een zangeres met gitaar en singer-songwriterliedjes, de ander op een nachtelijk herenfeest waar uiteindelijk het zweet als druppels aan het plafond zou hangen. Maar nog voordat we elkaar veel plezier wensten, proostten we op ons nieuwe plan: we zouden mensen gaan interviewen over hun leven en gedachten over twintig jaar homo-emancipatie in Nederland.

Geen 'how to be gay'-gids, geen voorlichtingsboek, geen twintig-jaar-huwelijk-epistel, geen overdaad aan cijfers: we wilden persoonlijke verhalen horen. Een boek dat wijzelf graag hadden willen lezen toen we jong waren en de kast om ons heen uit moesten klimmen. Een boek voor iedereen-anders-dan-hetero die wil weten hoe het niet-heteroleven eruit kan zien. (Of, zoals iedereen onder de dertig het zegt: hoe het gayleven eruit kan zien.) Een boek voor hetero's met een homoseksuele zoon, een lesbische nicht, een non-binaire huisarts, een biseksuele buurvrouw of een open blik.

Want ondanks dat het homohuwelijk twintig jaar bestaat, het vijftig jaar geleden is dat er geschiedenis werd geschreven tijdens de Stonewall-rellen in New York, en de aidsepidemie nu min of meer onder controle is, zitten we nog altijd vast aan clichébeelden en vooroordelen. Een homo is vaak nog die man in roze string dansend op een boot, een lesbienne woont na twee maanden daten samen en zit op de bank – met de kat op schoot.

Op de Londense Gay Pride voldeden wijzelf natuurlijk perfect aan het cliché van de homo en de lesbienne. Soms is het fijn om op te gaan in de collectiviteit van de rainbow connection, soms willen we aan de buitenwereld laten zien dat we anders zijn. *We're here, we're queer, get used to it!* Soms willen we juist níét buiten de heteromaatschappij staan, niet anders zijn, niet anders bekeken worden. Willen we serieus genomen worden, ongeacht onze seksuele voorkeur. *Onze seksualiteit is niet onze identiteit!* De worsteling tussen die twee werelden, hebben anderen dat ook?

Als homoseksualiteit in de media wordt besproken, is het vaak onderdeel van een probleem óf het wordt slechts als voetnoot in een biootje vermeld. We zochten de verhalen over het echte leven. Rustige gesprekken die erover gaan of iemand zich anders voelt, of iemand een gay connectie voelt of juist niet, of iemand haar coming-out als loutering heeft ervaren, of iemand gelukkig is met zijn biseksualiteit.

Dus spraken we met twintig prominente lesbiennes, homo's, gays, queers en biseksuelen. Wat is er in hun ogen de afgelopen twintig jaar veranderd? Is de wereld er beter op geworden? Ervaren ze meer of minder antihomogeweld? Hoe leven ze hun leven?

Paul de Leeuw en Johan Goossens zijn beiden homo, maar de een is vader van twee volwassen zoons en de ander houdt er een routine van Grindr en prep op na. Romana Vrede meent dat iedereen een 'heteroseksuele fase' heeft. De jongere generatie zoals Maud Wiemeijer en Rocky Hehakaija heeft moeite met termen als 'homo' en 'lesbienne' en gebruikt liever 'gay' en 'queer'. Ellie Lust heeft de dreiging van het antihomogeweld aan den lijve ondervonden toen ze in Ethiopië tv-opnames maakte en Hans Klok moest in de Verenigde Staten opnieuw uit de kast komen. Nassiri Belaraj, Naomie Pieter en Pete Wu worstelden naast hun seksualiteit ook met hun culturele identiteit. Barbara Barend (getrouwd, twee kinderen) noemt zichzelf burgerlijk, maar is ze dat wel? Terwijl Bas Heijne benadrukt dat je als homo juist recht hebt op die burgerlijkheid.

Welke letter van het zesletterwoord je ook bent, of je getrouwd bent of niet, uit de twintig gesprekken blijkt dat iedere lhbtiq'er gelijke ervaringen deelt: Je hebt de wereld moeten vertellen dat je liever in bed ligt met iemand anders dan de heteronormatieve wereld van je verwacht. En vaak moest je je seksualiteit op tafel leggen op een leeftijd dat je daar nog niet klaar voor was. Iedere gay heeft weleens bij een hotelbalie uitgelegd dat-ie toch echt een double bed wil en niet twee losse bedden. Elke homo weet dat hand in hand lopen als een tweemansprotestactie kan voelen.

De weerstand komt soms ook uit de 'pridefamilie' zelf. Tegen jonge homo's die monogaam willen zijn, wordt wel gezegd: 'Wacht maar tot je ouder bent...', een biseksueel 'kan nog niet kiezen' en een 'zwarte' lesbienne voelt zich lang niet altijd vertegenwoordigd op de 'witte' pridefeesten.

'Als je maar gelukkig bent.' Dat is wat de meesten van hun ouders hoorden toen ze uit de kast kwamen. Het is vaak een lief bedoelde reactie – we hoorden veel ergere commentaren – maar er zit ook een voorbehoud in.

'Als je maar gelukkig bent.'

Het is een opmerking die afstand schept, het probleem teruglegt bij degene die net zijn coming-out heeft gehad. Het is een dooddoener. Een reactie die ook wel wordt gegeven wanneer een meisje wil motorrijden of een jongen op balletles wil. Het is een beetje gek, maar ja, als je maar...

Zijn hetero's gelukkiger dan? De worsteling die elke homo, lesbienne en bi op jonge leeftijd heeft meegemaakt, maakt die je niet ook sterker? Als je al zo jong aan de wereld moet laten zien dat je anders bent, leer je daarmee niet ook meteen belangrijke levenslessen? Durven gays daarom makkelijker buiten de dwingende conventies te denken (en misschien ook voor een losbandig leven te kiezen)? Of leren ze wat anders, en staan niet-hetero's juist bewuster in hun relaties, in hun ouderschap, in hun huwelijk omdat het gekozen pad niet de norm is? Of zijn gays net mensen en maken we allemaal dezelfde foute en goede beslissingen?

Het bier dat op de Londense Pride werd geschonken zat in plastic bekers versierd met telkens een ander deel van de Pridevlag: *bi pride* stond er op de ene beker, op andere: *inclusive pride, lesbian pride, genderfluid pride, asexual pride, transgender pride, intersex pride, non-binary pride* en *pan pride.* Zo zitten we, bedachten wij, na jaren van homo-emancipatie alsnog in hokjes.

In dit boek willen we geen onderscheid maken, geen rangorde aanbrengen. Daarom hebben we de interviews min of meer willekeurig achter elkaar gezet, zonder hoofdstukindelingen als 'biseksuelen,' 'oudere getrouwde mannen' of 'gays met een niet-westerse achtergrond'.

Als wij zelf een open mind willen hebben, is het zaak de labeldrift in te perken. Wij denken dat seksuele geaardheid vloeibaarder, diverser en ingewikkelder is, en mag zijn, dan nieuwe hokjes, zelfs wanneer het in de vorm van kekke bierbekers gegoten is.

Wat is het voordeel van gay-zijn? vroegen we aan alle twintig. Het eerste deel van het antwoord was meestal: dat je anders bent. (Wat overigens vaak ook als nadeel is genoemd.) Maar er kwam altijd nog iets belangrijks achteraan. Dat je anders bent... en dat je daarmee zelf je weg mag vinden.

Jessica van Geel en Robbert Blokland, april 2021

‘Ik heb nooit bewust een lans gebroken voor homorechten’

PAUL DE LEEUW

Als eerste spreken we Paul de Leeuw. Het optreden van René Klijn in *De Schreeuw van de Leeuw* ligt ons nog vers in het geheugen en ook veel mensen die we hierna interviewen noemen deze tv-uitzending als een belangrijk voorbeeld uit hun jeugd. Het was taboedoorbrekend. Een verademing. Een openbaring. Homoseksualiteit – en vooral ook aids – werd hierin voor het eerst openhartig en onomwonden besproken. We spreken Paul de Leeuw op een zaterdagmiddag nadat hij net zijn tuin heeft gesnoeid. Nooit heeft hij een lans gebroken voor homorechten, vindt hij zelf. Hij was gewoon ‘de dikke homo die heel normaal over homoseksualiteit sprak’.

~

De Schreeuw van de Leeuw was die bewuste zaterdagavond 28 november 1992 volledig gewijd aan de dertigjarige zanger van de boyband Bam To Bam Bam. Sinds twee jaar wist René Klijn dat hij seropositief was, sinds een jaar had hij aids. De populaire familieshow werd omgetoverd tot een soort *In de hoofdrol* van Mies Bouwman, maar dan met een presentator – eveneens dertig – die niet bevreesd was om lastige vragen te stellen. Dus wanneer René in een rolstoel een decor vol ziekenhuisbedden is binnengereden, opent Paul de Leeuw, in een nette grijze spijkerbroek en een donker overhemd met wit motief, het gesprek met de woorden:

'Ter verduidelijking, je bent ziek.'

'Ik ben een beetje ziek, ja.'

'Je hebt aids.'

'Of je nog behoefte hebt aan seks?' (niet meer)

'Heb je het veel gedaan?' (ja)

'Deed je dan ook mee aan orgies en zo?' (nee)

'Weet je hoe je het opgelopen hebt?' (nee, dat heeft geen zin)

'Heb je het wel safe gedaan?' (niet altijd dus)

'Over begraven gesproken. Hoelang denk je dat je nog hebt?' (ik hoop niet lang meer; het is een leeg leven)

Een kok bakt kreeft, Klijns vader zit in het publiek, net als zijn buddy's, een paar vriendinnen komen langs, Loïs Lane speelt hun hit 'My Best Friend' en aan het einde van het programma zingt René Klijn 'Mr. Blue'.

I'm mister Blue,
I'm here to stay with you
And no matter what you do
When you're lonely, I'll be lonely too

Een jaar later, op 5 september 1993, overlijdt René.

'We gaven aids een gezicht,' vertelt Paul de Leeuw (1962) bijna dertig jaar later. 'Ik geloof dat Koos Postema er eerder *Een uur U* aan besteedde of Ria Bremer een *Vinger aan de pols*, maar die programma's waren meer wetenschappelijk. In een amusementachtige setting was aids nog niet besproken. Dat is niet de enige reden voor de impact van die uitzending, het was ook die jongen: René was lekker puntig en ook vals, dat maakte het gesprek spannender.'

Wist je dat je iets belangrijks ging maken?

'Nee. We wilden iets met aids doen. De ziekte kwam steeds

dichterbij en ik begreep er zelf ook amper wat van. Meer ambitie had ik niet, ik wilde alleen een goed programma maken.

Cornald Maas was mijn redacteur en hij had René Klijn in een café gezien, sterk vermagerd. Cornald zei: misschien heeft hij het, aids. Je moet weten dat René woest aantrekkelijk was toen hij in Bam To Bam Bam zong. Cornald legde contact met hem, maar René wilde in eerste instantie niet. Hij was al erg ziek, bovendien was het een verwend jongetje. Wij hielden aan en zeiden: je kunt nu een punt maken in ons programma en je bent helemaal vrij om te doen en laten wat je wil. Oké, zei hij, mag ik jou dan ook kledingtips geven, want je ziet er verschrikkelijk uit. Ja, dat mag ook. Je mag alles. Zo ging het echt. Hij heeft het programma helemaal zelf samengesteld.'

Paul wilde alleen een gesprek met hem, de rest maakte hem niet uit.

'Nou, volgens mij is het wel goed gegaan, zei ik die middag na de opnames. Ik weet nog dat ik huilende mensen in het publiek zag zitten toen ik naar het toilet liep, maar ik had niet door wat er was gebeurd. Daarna ben ik naar een try-out van Simone Kleinsma gegaan. Guus Verstraete (de echtgenoot van Simone en de latere regisseur en vriend van Paul) vroeg me hoe de opnames waren gegaan en zei ik: mwah, ging wel, een zeventje, denk ik.

Toen ik thuiskwam knipperde op mijn antwoordapparaat het cijfer 97. In het donker heb ik alle 97 berichten beluisterd, alleen maar positieve berichten. Toen heb ik een fles wijn opengetrokken en ontzettend gehuild, ik dacht: ik heb succes en hij gaat dood. Meteen daarna heb ik alle afspraken afgezegd. Ik wilde voorkomen dat mensen dachten dat ik koketteerde met Renés ziekte.'

Was jij in die tijd bang voor aids?

'Nee. Ik had nooit anale seks. Ik slikte ook nooit wat door

en als ik bloed in mijn mond had, dan was ik sowieso met andere dingen dan seks bezig.'

Een paar jaar voor die uitzending, in 1989, speelde Paul de Leeuw in de musical *Les Misérables*. 'Twee spelers hadden hiv en één aids. Het was de begintijd, mensen dachten nog dat je de ziekte kon krijgen door uit dezelfde beker te drinken. Het was bedreigend, vooral door de verhalen die je uit Amerika hoorde.'

Je kwam op je eenentwintigste uit de kast, begin jaren tachtig, precies de tijd dat aids opkwam.

'Vanaf mijn veertiende had ik al een vriendje van school met wie ik naar bed ging. We logeerden elke maand bij elkaar. Later verhuisde ik naar Amsterdam, ik dacht nog altijd dat ik hetero was. Ook niet biseksueel, dat vond ik te laf. Ik was gewoon met jongens en had ondertussen verkering met meisjes – omdat ik dus gewoon hetero was.'

Waarom dacht je dat?

'Ik weet het niet zo goed. Ik denk omdat ik een gezin wilde, ik zag het beeld van vrouw en kinderen voor me. In Amsterdam had ik verkering met een meisje en dan vertrok ik 's nachts om twee uur naar de DOK, een homodisco. Ging ik daar op de bar zitten en dan was er altijd wel iemand die me meenam. Mijn seksualiteit was meer teder, denk ik. Ik was meer van het knuffelen en zoenen, van de vanilleseks, dan van het harde werk.'

Later in je tv-programma's ben je altijd openlijk homoseksueel geweest.

'Ja. Eerst had je Albert Mol, dat was een gekkie, maar wel onze gekkie. Toen kreeg je Jos Brink. En ik was de dikke homo die heel normaal over homoseksualiteit sprak.'

Vanaf het begin van je tv-carrière?

'Meteen. Ik heb er geen moment aan gedacht om dat geheim te houden. Zo ben ik niet.'

Heb je erbij stilgestaan dat je als succesvolle tv-persoonlijkheid een voorbeeld voor andere homo's was?

'Mensen beginnen daar altijd over: hoe wist ik dat mijn homo-zijn geen probleem voor mijn tv-carrière zou zijn, dat het juist omarmd zou worden? Ik heb dat nooit geweten. Ik sta er nog steeds niet echt bij stil. Ik ben gewoon wie ik ben: direct. Dat is denk ik mijn sterkste punt. Ook mijn zwakte hoor, ik maak veel fouten. Ik ben niet voor niets van de excuusroos, dan gooi ik er weer een bosje tegenaan om sorry te zeggen. Maar mijn openheid leidt ook tot spraakmakende televisie.'

Desondanks ben je óók een homo-icoon geworden.

'Dat heb ik nooit voor ogen gehad. Ik had succes, en ik was ook altijd wel gezellig, maar ik heb nooit bewust een lans gebroken voor homorechten.'

Koos je wel bewust homo-onderwerpen voor je programma's?

Aarzelend. 'Weet je, bij *De Schreeuw van de Leeuw* deden we altijd bewust normaal over alles. Over een stoma. Over gehandicapten. Wij vonden niks gek: dat was de kracht van het programma. En daar hoorde homoseksualiteit bij.'

Voor zijn tv-doorbraak scharrelde Paul met meisjes, rommelde met jongens, maar een keuze maken hoefde hij niet, omdat hij geen probleem zag. Je hoeft tenslotte pas uit de kast te komen als je het idee hebt dat je erin zit. Hij had lange tijd het idee dat hij toch wel zou eindigen met een vrouw, hij wilde een gezin met kinderen. Op zijn eenentwintigste vertelde Paul zijn ouders dat hij homo is, waarop zijn moeder reageerde dat ze het al vanaf zijn derde wist. Niet veel later begon zijn televisiecarrière en werd hij de directe man, onbevreesd om lastige vragen te stellen.

'De struggle met homoseksualiteit heeft lang geduurd, althans voordat ik het voor mezelf erkende. Met dat vriendje op de middelbare school had ik tot mijn zeventiende, achttiende contact, wij gingen altijd met elkaar naar bed. Op een gegeven moment – ik woonde nog thuis in Lekkerkerk – was ik bij hem op zijn studentenflat in Amsterdam en zei hij: "Ik ben homo."

Ik zei: "Ik niet."

We zijn toen een tijd uit elkaar gegaan. Ik heb hem later een brief geschreven waarin ik mijn excuses heb aangeboden. We zijn weer vrienden nu, maar dat was echt een groot verraad. Hoogverraad.'

Zat het toekomstbeeld je dwars, dat je het idee had dat je alleen met een vrouw een gezin met kinderen kon hebben?

'Ik weet het niet. Ik weet wel dat ik altijd loog als ik met een meisje naar bed ging. Na het klaarkomen had ik geen enkel gevoel. Ik vond het vies, verafschuwde mezelf. Maar dat heb ik met jongens ook gehad, behalve met wie ik echt een relatie heb gehad. Het is een psychisch raadsel wat dat precies is, maar ik denk dat het te maken heeft met het feit dat ik een gezin wilde. Weet je, ik kan het me eigenlijk niet zo goed herinneren omdat ik al snel in dat succes van *De Schreeuw van de Leeuw* terechtkwam.'

Paul is twintig jaar getrouwd met Stephan, samen zijn ze de vaders van twee zoons van achttien en negentien. 'Stephan ontmoette ik pas in 1995. Daarvoor heb ik drie relaties gehad. Bij de eerste relatie was seksualiteit een probleem omdat hij seksueel geblokkeerd was. En de tweede relatie was met iemand die eigenlijk hetero was maar per ongeluk op mij verliefd werd. Toen het uitging stond ik voor de spiegel en zei tegen mezelf: stel je niet aan, je weet al tweeënhalf jaar dat het niet goed zit. We hadden wel intimiteit maar geen seksualiteit. En de derde relatie, nou trouwens, die heb ik eigenlijk niet gehad, dat was een tussenpausje. Ik ging met vrienden op wintersport en toen kreeg ik kennis aan een jongen die ik heel leuk vond maar ja, ik had natuurlijk twee, drie jaar amper seksualiteit meegemaakt. Ik raakte totaal in de war toen ik hem zag. Ik werd besprongen als het ware. Dat werkte niet. Uiteindelijk ben ik acht of tien maanden later Stephan tegengekomen.'

Wist je meteen dat hij de ware was?

'Dat gevoel heb ik bij alle drie gehad. Hij wilde eerst niet met mij praten en uiteindelijk hebben we tot halfvier 's nachts in een café gezeten. We zijn daarna naar huis gefietst en hebben Herman van Veen en Mathilde Santing gedraaid. Geen seks, gewoon zoenen. Na een paar weken was het wat. Ik besloot er heel zorgvuldig aan te bouwen. Het was fantastisch. Nog steeds.'

In 2001 zijn jullie getrouwd, toen het homohuwelijk net een halfjaar bestond.

'Eigenlijk wilden we niet trouwen, we vonden het redelijk belachelijk. Ik vond het een heterokwestie: hetero's trouwen, homo's doen vanilleseks. Maar op andere bruiloften zag ik hoe mooi het is om ten overstaan van je vrienden en familie te zeggen: dit is de man voor wie ik ga zorgen, in goede en in slechte tijden. Dat wilde ik ook. Toen zeiden we tegen elkaar, we gaan in Italië trouwen, dan rijden we met scooters het plein in Siena op en tekenen we daar onze huwelijksovereenkomst. Dat was een prima plan.

Een paar maanden later zaten we bij vrienden aan tafel en hoor ik hem zeggen: nee, we doen een kleine boerenbruiloft in een stal. Ik zei: Steef, mag ik je even spreken? De hele tafel wist toen dat het bonje zou worden. Wij gingen naar buiten en ik zei: godverdomme, wat maak je me nou, we zouden toch in Siena trouwen? Gezeik en geëtter, huwelijk van de baan. Een tijd later zaten we in een klein restaurant in Venetië en zeiden we ineens tegen elkaar: hier zou ik wel kunnen trouwen. Een dag later is Stephan op zijn knieën gegaan en in dat restaurant hebben we later onze bruiloft gevierd. Twee dagen in Venetië en één dag een groot feest in Rotterdam.'

Heeft trouwen een meerwaarde voor je relatie?

'Ja, absoluut. Dit is mijn man, tot in de eeuwigheid. Ik had vroeger niets met het huwelijk, maar ik vind het nu een grote waarde dat het homohuwelijk er is. Het is een belangrijke stap in de normalisering van homoseksualiteit.'

En de keuze voor kinderen. Hoe is dat gekomen?

'We waren in het noorden van Thailand, ergens eind jaren negentig. Elke avond kwamen er zeven of acht Thaise kinderen naar ons toe. We verstonden elkaar natuurlijk niet, maar we hebben ze "Deze vuist op deze vuist" geleerd. Toen we op dat iets te harde matje in het olifantendorp lagen, zeiden we tegen elkaar: wij zouden goede ouders kunnen zijn. Later heb ik de gedachte weer een beetje opzijgezet. Ik werd ouder. En ik wist dat je tot je veertigste kon adopteren, maar homo's mochten dat toen nog niet. Op een verjaardag van een vriendin sprak ik iemand die zei dat hij in een adoptieproces zat en dat er ook een homostel in dat proces zat. Ik ben naar huis gegaan en heb Stephan wakker geschud. De volgende dag heb ik het ministerie van Justitie gebeld en me opgegeven. Ik kreeg een nummer, echt zo'n slagersnummertje, 334 of zo. Dat was ons nummer op de wachtlijst van adoptieouders. Een jaar later werd ik gebeld: u komt in aanmerking voor adoptie.'

Zo snel? Je moet toch een cursus volgen?

'Dat doe je daarna pas. Het is een jarenlang traject met bijeenkomsten en de kinderbescherming die langskomt voor gesprekken.'

Hoe hebben jullie je kinderen gekozen?

'Uit zo'n boek, net als bij de Wehkamp. Nee hoor. Je mag wel je voorkeur opgeven, maar die hadden wij niet. Dus onze zoon: dat was hem. We hebben niks afgekeurd, hij was meteen goed. Wij hadden volgens mij niet eens foto's van hem gezien. Bij de tweede was het net zo.'

Had je een voordeel omdat je bekend was?

'Weet ik niet. Ik denk het niet. Het voordeel dat wij vooral hadden was dat de wereld door 9/11 stilstond. Dat was bij onze eerste zoon toen net gebeurd. De adopties binnen Amerika stonden stil waardoor wij sneller aan de beurt kwamen.'

Je zoons zijn nu achttien en negentien. Hoe hebben jullie hun verteld dat zij uit een ander gezin komen dan de meeste kinderen?

'We hebben twee dingen gedaan. Er is een liedje van Kinderen voor Kinderen, "Ik heb twee vaders, twee echte vaders", dat hebben we vaak voor ze gedraaid toen ze klein waren. Zij wilden dat steeds horen. En ten tweede had een vriendin van ons aangeraden – zij is kinderpsycholoog – om de kinderen al heel jong een sprookje te vertellen waarin je hun eigen geschiedenis verpakt. In kindertaal. Dus elke avond vertelden we over twee jongens uit Amerika die geen ouders hadden en dat er twee mannen in Nederland waren die een hond hadden en graag kindjes wilden. Die mannen hoorden het verhaal van de twee jongens in Amerika die geen ouders hadden en toen zijn die twee mannen die jongens gaan ophalen. Dat verhaal hebben we steeds weer herhaald en op een gegeven moment hadden ze door dat dat hún verhaal was. Daarmee was het meteen normaal.'

Veel geïnterviewden noemden De Schreeuw van de Leeuw *als belangrijk voorbeeld uit hun jeugd. Wat heeft jou geraakt in de ontwikkeling van je homoseksualiteit?*

Zonder aarzelen noemt hij het lied 'Sorry dat ik besta' uit *Foxtrot*, gezongen door Willem Nijholt. Met tekst van Annie M.G. Schmidt en muziek van Harry Bannink. 'Ik was een jaar of tien, twaalf toen ik met mijn ouders naar deze musical in het Oude Luxor Theater in Rotterdam ging. Toen ik het hoorde gebeurden bij mij twee dingen. Eén: ik wilde als Willem Nijholt zijn, ik was echt verliefd op die man. En twee: ik wilde leven zoals hij leefde. "Sorry dat ik besta" is zo'n mooi nummer. Het ging over homoseksualiteit en ik slokte dat allemaal op.'

Het lied begint zo:

Al die honderdduizend liedjes
Waar je mee wordt overspoeld
Songs en hits en melodietjes
Die zijn nooit voor ons bedoeld
Elke schlager, ieder wijsje
Altijd jongen, altijd meisje
I love you en ik hou van jou
Altijd man en altijd vrouw
Ieder vers en elke aria:
Romeo en Julia

Want zo is het toch, m'n jongen
Nooit is er een lied gezongen
Over de verboden kus
Van Romeo en Julius
Want daar zijn we nog niet aan toe
Taboe taboe
Geen aria's, geen aria's
Voor de paria's

‘Ik heb seks als enorm troostend ervaren’

JOHAN GOOSSENS

Homo’s mógen burgerlijk zijn, maar hoeven dat zeker niet. Cabaretier Johan Goossens vond troost en acceptatie van zichzelf in darkrooms en op de datingapp Grindr. Openhartig praat hij met ons over die ‘wilde periode’ vol seks, waarin hij onder meer zijn veelgeprezen derde voorstelling *Vlam* maakte. ‘Dat iemand een erectie van je krijgt, is een compliment.’

Sommige gays doen er lang over om te ontdekken dat ze op mannen vallen. Anderen weten het al vanaf de wieg. Tot die tweede categorie behoort cabaretier Johan Goossens (1982): al in de kleuterklas realiseerde hij zich dat jongensbillen een bijzonder effect op hem hadden.

‘Op de vrije school zat een donker jongetje dat ik zó knap vond dat ik nooit wist wat ik tegen hem moest zeggen,’ steekt hij met zijn kenmerkende openhartigheid van wal. ‘Op een gegeven moment vroeg hij: ga je mee plassen? Voor de wc-pot trok hij zijn broek naar beneden en zag ik zijn zwarte billen. Ik dacht alleen maar: dit is het mooiste wat ik ooit heb gezien. Ik voelde me zo blij, alsof ik jarig was. Ik had meteen door dat dit iets heel belangrijks voor mij was.’

De vijfjarige Johan wilde dit moment meteen vastleggen

en besloot er in de klas een tekening van te maken. 'We hadden geen zwarte en bruine stiften, want dat waren volgens de juf negatieve kleuren, het was immers een vrije school. Daarom heb ik twee enorme paarse billen getekend.' Na de opwinding kwam direct de schaamte. 'Ik wist: dit hoort niet. Je hoort geen billen te tekenen, en zeker niet van een ander jongetje. Ik heb het papier onder in de tekenmand verstopt.'

In zijn puberteit hoopte hij nog biseksueel te zijn. 'Dat leek me zoveel makkelijker. Ik heb daadwerkelijk met het Tsjakkaaboek van Emile Ratelband voor de spiegel gestaan en tegen mezelf gezegd, volgens de methode van positieve zelfaffirmatie: "Johan, je bent hetero, je valt op vrouwen!" Ratelband schreef immers dat je alles kon worden wat je wilde.'

De tiener wist diep in zijn hart dat hij zichzelf voor de gek hield. 'Als ik masturbeerde, dacht ik altijd aan mannen. Maar ik dwong mezelf om vlak voordat ik klaarkwam aan een vrouw te denken, als bewijs dat ik toch hetero was. Ik was bang dat ik mijn vrienden zou verliezen als ik uit de kast zou komen, dat mijn familie mij zou verstoten. We woonden in Sprang-Capelle in Brabant – er woonde één homo in het dorp en die was manisch-depressief, schizofreen en gehandicapt. Dat was mijn enige rolmodel.'

Johan groeide op in een conservatief, zelfs preuts gezin – dat was niet de beste voedingsbodem voor een jonge tiener met homoseksuele gevoelens. 'Ik herinner me alle momenten dat homoseksualiteit in ons gezin ter sprake kwam, het was nooit in een positieve context. We zaten ooit in de televisiekamer met mijn vader en mijn broers toen we twee zoenende mannen op tv zagen en mijn vader zei: "Dat mag tegenwoordig allemaal maar!"

De eerste die ik in vertrouwen nam, was een Japanse uitwisselingsstudente met wie ik bevriend was. Toen ik het haar eenmaal gezegd had, heb ik die avond twintig keer aan haar gevraagd: vind je het écht niet erg? Ik kon me niet voorstellen dat ze niet van mij zou walgen.'

Werd dat idee alleen gevoed door die opmerkingen thuis?

'Er speelde natuurlijk méér. Als je in Brabant met je benen over elkaar zit, word je al gek aangekeken: "Ben je soms een homo?!" Echte mannen zitten breed, krabben aan hun zak. Ik keek mijn ogen uit toen ik later naar Amsterdam verhuisde en in de Stopera bij de horeca-afdeling ging werken. De jongens met wie ik in de kleedkamer zat, praatten over gedichten en letten helemaal niet op of ze wel breed genoeg zaten en of ze hun handen wel "hetero" hielden. Ik kon bijna niet geloven dat het niet allemaal homo's waren.'

Wanneer vertelde je het aan je ouders?

'Mijn moeder vertelde ik het vlak na een feestavond op school. Ik was ervan uitgegaan dat de pleuris uit zou breken, maar mijn moeder stelde vooral vragen. Ze vroeg of ik verliefd was op een jongen, en betoogde dat iedereen in wezen biseksueel was. Ik wist niet wat ik hoorde en ik wist ook niet wat ik met dat gesprek aan moest. Waarschijnlijk heb ik toen de indruk gewekt dat ik nog twijfelde. Ze vond het niet nodig dat ik het tegen mijn vader en mijn broers vertelde.'

Hoe zouden ouders idealiter moeten reageren?

'Steun je kind, stel hem of haar gerust. Maak duidelijk dat je kind veilig is, dat de manier waarop je hem of haar ziet niet verandert. Erken het gevoel, snap dat hij of zij jarenlang met een geheim heeft rondgelopen. Iedere jonge homo denkt in het begin dat mensen je zullen afwijzen omdat je anders bent. Dat gevoel is zo sterk en allesoverheersend.'

Er was een bijna-doodervaring voor nodig om Johan definitief uit de kast te trekken. We schrijven ruim drie jaar later. In 2001 besloot Johan, na zijn middelbare school, naar Ghana te gaan: hij wilde de wereld verbeteren. 'Het was in die periode erg in onder tieners: naar Afrika gaan en dan iets goeds doen.' Johan ging lesgeven op een schooltje waar geen boeken of krijt waren. 'Er was niks – ja een stok, om de kinderen mee te slaan. De ouders vonden dat normaal, ze vonden het raar als je het niet deed.'

In december kreeg hij malaria. Tijdens de kerstdagen zweefde hij met hoge koorts tussen leven en dood, liggend op een bed van oude meelzakken op de bovenste verdieping van een leeg hotel. Geen medicijn hielp en hij wist zeker: nu ga ik dood. 'Ik probeerde mijn ouders een afscheidsbrief te schrijven,' vertelt hij. 'En het enige dat ik ze wilde vertellen was: ik ben homo. Toen dacht ik: nu kan ik het niet langer meer uitstellen of voor me uit schuiven.'

De brief verstuurde hij nooit – hij werd beter en keerde een paar maanden later terug naar Nederland, waar zijn opa op sterven lag. Na diens overlijden reed Johan met zijn vader terug naar huis. 'Als je ooit een vrouw krijgt, wees dan vooral aardig tegen haar,' gaf hij zijn zoon als advies toen ze in het donker op de A13 terug naar huis reden. Toen kwam het hoge woord eruit. 'Ik dacht oprecht: hij wordt driftig en vliegt me aan, en dan verongelukken we. Maar dat gebeurde niet. Hij reageerde heel lief: "O joh, hoelang weet je dat al? Vijf jaar? Jeetje, wat lang."'

Toch had het gezin er moeite mee toen Johan zich als student Nederlands in Amsterdam onderdompelde in de gayscene. Zijn geaardheid werd opeens concreet toen hij thuiskwam met een vriendje en zich omringde met homovrienden. 'Toen ik zei dat ik een vriendje had, zei mijn moeder: "Toch niet zo'n homo?!" Ze heeft hem wel de hand geschud, maar mijn vader kwam zijn kantoortje niet uit toen mijn vriend me een keer kwam ophalen. Puur uit ongemak, denk ik.'

Hoe wild was je tijdens je studententijd?

'Totáál niet wild! Mijn eerste seksuele ervaring had ik op mijn negentiende, tijdens een reis naar Indonesië, ver weg van Brabant. Ik dacht vooral: dan hebben we dat maar gehad, dan is het maar een keer gebeurd. Amsterdam was voor mij vooral in sociaal opzicht een uitkomst. Ik had natuurlijk jarenlang in mijn kamer zitten hopen dat ik ooit naar de grote stad kon gaan, waar leuke mensen woonden. Het geweldige aan Amsterdam was dat de mensen daar mij óók leuk bleken te vinden. Daar had ik helemaal niet op gerekend. Al merkte ik ook dat ik soms als iets exotisch werd behandeld. Als iemand die je niet kent je heel intieme vragen stelt die je een hetero nooit zou stellen, weet je dat het in die zin nooit helemaal normaal is om homo te zijn.'

Terwijl je je dat etiket inmiddels toch flink hebt toegeëigend.

'Ik vind zelf van niet. Ik ben totaal niet homo-emancipatoir, ik sta op geen enkele bres. Maar ik probeer me vooral te uiten over wat mij bezighoudt. Toen ik *Vlam* maakte, een voorstelling die veel over homoseks ging, was ik zelf ook veel met seks bezig. Maar dat was dus pas op mijn dertigste.'

Grappen over seks gaan zelden alleen over seks, beklemtoont Johan. 'Neem bijvoorbeeld mijn conference tijdens de *Roast* van Ali B op Comedy Central. Die grappen gingen niet over mijn seksleven, maar meer over andermans huichelachtigheid daarover. Ik wilde laten zien dat je je niet hoeft te schamen voor je seksleven en voor je homo-zijn. Bij zo'n roast weet je dat je de hele avond grappen krijgt à la "haha, jij laat je in je reet neuken". Het leek mij heel bevrijdend om daarna zelf op te komen en te zeggen: "Ja, ik laat me inderdaad in mijn reet neuken, want dat vind ik lekker. So what?"'

Na twee voorstellingen waarin zijn carrière als docent op een vmbo-school centraal stond, maakte Johan voor zijn derde programma *Vlam* een radicale keuze. Na een paar geslaagde try-outs in Engeland, waar hij lekker anoniem kon freewheelen, besloot de cabaretier in 2017 een hele show te wijden aan zijn seksuele ervaringen. Van darkrooms tot rimmen, van Grindr-dates tot orgies – alle voorkeuren en variaties passeerden de revue. De onconventionele aanpak had effect: de recensenten waren lovend over de open, ontwapenende manier waarop de komiek dit bijzondere onderwerp te lijf ging. 'Eerlijk, grappig, ontroerend en ijzersterk', vatte NRC *Handelsblad* samen. *Het Parool* constateerde dat 'deze show niet over seks gaat, maar over schaamte, en over hoe onterecht die is'. *Trouw* schreef dat hij met zijn openheid een gevoel van saamhorigheid teweegbracht.

'Ik denk dat *Vlam* meer ging over het taboe op seks dan specifiek over homoseks. Ik denk dat alle mensen zich prettiger zouden voelen als er minder taboe op seks zou liggen. Homo's hebben waarschijnlijk minder moeite om over seks te praten omdat je bij je coming-out publiekelijk bekent dat je een seksueel wezen bent. Dat is iets wat hetero's nooit hoeven te doen. Van die openheid kunnen hetero's iets leren. Maar ook als je bijvoorbeeld géén seks hebt. Ik vond het geweldig toen Joop Braakhekke in een televisieprogramma vertelde dat hij een andere slaapkamer had dan zijn partner en zei: "Nee joh, op een gegeven moment weet je het wel, met die seks." Dat vond ik zó stoer. Ook dat is een bevrijding.'

Wanneer begon je ontdekkingstocht op het gebied van seks?

'Heel laat. Ik ben op mijn negentiende ontmaagd en pas op mijn dertigste ging ik voor het eerst naar een homosauna. Op mijn drieëndertigste nam ik mijn eerste pilletje op een feestje. Ik heb lang veel vooroordelen over seks gehad, dat er eerst liefde in het spel moest zijn bijvoorbeeld. Dat er eigenlijk geen planning aan vooraf mocht gaan. Als iemand een cockring had, vond ik hem al een griezel: seks mocht alleen een min of meer toevallig bijproduct zijn van een leuke avond, van een toevallige ontmoeting. Bovendien was ik altijd als de dood voor hiv – ik deed soms drie hiv-tests in een week tijd. Later, toen prep kwam, ging ik een periode even helemaal los.'

Je stond in je seksvoorstelling anderhalf uur lang in een onderbroek op het podium. Voelde je geen schaamte?

'Ik schaamde me kapót! Als ik de beelden terugkijk, stond ik zo ongemakkelijk op dat podium. Maar ik stónd er wel en vertelde wat ik allemaal had gedaan en meegemaakt. Het maken van *Vlam* zorgde voor zelfbevrijding. In mijn voorstellingen was ik tot die tijd de man van de ontroerende onderwijsanekdotes, terwijl iedereen in de wandelgangen dubbel lag om mijn hilarische seksverhalen. Ik dacht: ik ben als cabaretier geen knip voor de neus waard als ik dit niet op het podium durf te doen.'

Hoe reageerden mensen in de zaal?

'Elke avond zag ik een aantal mensen in het publiek helemaal op slot gaan zodra ik opkwam en ze doorhadden dat het over seks ging. Die mensen bleven me kwaad aankijken en staken de mensen in hun omgeving vaak ook nog aan. Dat maakte het soms wel lastig. Maar ik sprak naderhand in de foyer ook mensen die helemaal waren opengebroken door de voorsteling. Die zeiden: "Wat fijn dat iemand er zo open over praat." Ik denk dat dat ook mijn doel was: mensen duidelijk maken dat je seksuele leven niet iets is om je voor te schamen. Als je er goed over nadenkt, is het ook gek: je schaamt je toch ook niet voor het feit dat je loopt, of je haar kamt?'

Johan nadert inmiddels de veertig. 'Ik weet niet of het daardoor komt of door corona. Maar ik ben eigenlijk het afgelopen jaar een stuk minder met seks bezig geweest,' constateert hij. De periode dat hij elke week in een darkroom te vinden was, ligt achter hem. Hij is zoekende naar een 'leven dat niet van extremiteiten aan elkaar hangt', misschien zelfs wat huiselijker allemaal. 'Het is nooit mijn bedoeling geweest om decennialang elke avond in een sling te liggen,' geeft hij toe. 'Seks was voor mij ook een vorm van bevestiging. Dat iemand een erectie van jou krijgt, is toch een compliment. Dat iemand klaarkomt door jou, is een soort vloeibaar compliment. Het deed mij in die periode meer als een knappe zwarte man van mij een erectie kreeg dan als een zaal in Hoofddorp een staande ovatie gaf.'

Hoe kijk je zelf terug op de periode waarin seks centraal stond?

'Ik heb veel aan seks gehad. Het was voor mij lang de makkelijkste vorm van contact – veel makkelijker dan vriendschap of familie, zelfs makkelijker dan een gesprekje bij de kapper. Ik heb seks als enorm troostend ervaren en ik heb er mensenkennis door opgedaan. Maar het tijdelijke van die seksdates ging me tegenstaan: wéér een gek met een piemel in mijn huis! Ik realiseerde me ook dat ik verdomd weinig echte vriendschappen heb overgehouden aan mijn uitgaansleven in de gayscene. Seks is duidelijk afgebakend: dit betekenen we voor elkaar, in het hier en nu. Vriendschappen hebben een verleden, een toekomst. Er is snel sprake van verwachtingen; daar ben ik tamelijk allergisch voor, zo niet panisch. Je kan tijdens een eenmalige seksontmoeting een bijzonder moment met iemand ervaren dat soms zelfs dieper gaat dan de beste vriendschappen.'

'*I have always depended on the kindness of strangers*,' zoals Blanche zegt in *A Streetcar Named Desire*.

'Wist je dat schrijver Tennessee Williams ook een losbandig seksleven had? Uiteindelijk vond hij de remedie in zijn werk. Hij ging op zoek naar de liefde, maar vond voldoening in het schrijven, het maken van mooie dingen. Misschien is dat ook een manier die voor mij werkt. Ik wéét wat ik kan, ik weet dat ik leuke teksten kan schrijven en verhalen kan vertellen. Daar haal ik veel voldoening uit. Dus misschien moet ik toch méér voor die staande ovatie in Hoofddorp gaan dan voor die mooie piemel.'

Grindr voor beginners

Nu we de kenner toch spreken, vragen we Johan Goossens hoe de datingapp Grindr werkt, en wat prep precies is.

'De app werd in 2009 gelanceerd. Het was voor mij een openbaring: opeens bleken er allemaal mannen te zijn die direct naar mijn huis wilden fietsen voor seks. Het was fantastisch en verslavend, de mogelijkheden leken onbeperkt. Tegenwoordig zit ik er echter nauwelijks meer op.'

Hoe kom je erachter wat iemand wil?

'Dat geef je op bij je profiel. Wat is je seksuele voorkeur, wat zoek je? Je deelt een paar foto's van je gezicht, je lijf, erectie en ass. En dan ga je onderhandelen: Wat, hoe, waar? Hebben we een match?'

Heb je niet eerst nog een gesprek om te kijken of je elkaar leuk vindt?

'Nee, joh, daar gaat het niet om. Als er een seksuele match is, spreek je af. Je vraagt beleefd of iemand iets wil drinken als je elkaar ziet, maar vaak sla je dat zelfs over.'

Is dat niet eng? Kan je date geen moordlustige kerel zijn?

'Dat roepen mensen vaak als het gaat over Grindr: straks word je verkracht! Terwijl ik dan altijd dacht: daar kóm ik juist voor! Maar serieus: je moet natuurlijk wel je gezond verstand gebruiken. Door even iets langer met iemand te praten en door iemand niet meteen op alle fronten zijn zin te geven, merk je al snel of iemand bijvoorbeeld wappie is, of gefrustreerd, of agressief overkomt. Ik ben zelf nooit in gevaarlijke situaties beland, maar heb wel vaak genoeg gedacht: ik ben toch blij dat hij weer weg is.'

Zitten er alleen maar homo's op Grindr?

'Alles en iedereen zit op Grindr: homo's, twijfelende hetero's, brave huisvaders die eigenlijk iets anders willen. Soms zijn het koppels, een man en een vrouw. Er zijn ook mensen die heel expliciet zeggen: ik zoek geen seksdates. Maar dan snap je niet wat de bedoeling van Grindr is. Als mensen bij het eerste gesprek ongevraagd aangeven dat ze iets niet willen, kun je er bijna donder op zeggen dat dat hun diepste verlangen is. Zo werkt het in de kroeg of in interviews ook: de spontane negatie is bijna altijd juist wel waar.'

Kan je nog nee zeggen als je iemand ontmoet en er is geen klik?

'Natuurlijk wel. Maar dat is iets wat ik me pas later ben gaan realiseren. In het begin dacht ik vaak: ach, die man is nu toch voor mij uit Osdorp komen fietsen, laat ik nou maar niet al te moeilijk doen. Later deed ik of ik opeens werd gebeld door iemand die mij heel dringend nodig had. Dat maakt het hopelijk wat minder pijnlijk.'

Wat zijn dingen waarop jij kan afknappen bij een ontmoeting?

'Als de foto's niet blijken te kloppen, als mensen pics van tien jaar geleden hebben gedeeld bijvoorbeeld. Als ze veel ouder zijn, of heel veel dikker. En er zijn eigenlijk twee dingen die je in de app niet kan controleren: de geur en de stem van een persoon. Iemand hoeft niet onhygiënisch te zijn, maar de geur van een ander mens kan je soms enorm tegenstaan. En ik kan zelf slecht tegen hoge stemmen, vooral als ze iets burgerlijks hebben. Als iemand qua stem een soort purser van KLM in zich heeft, dan krijg ik hem acuut niet meer omhoog.'

Je zegt dat je beter wordt in het inschatten of iemand 'klopt' of niet. Hoe doe je dat?

'Je merkt vaak aan de antwoorden of iemand een beetje

aanspreekbaar is. Komt hij wanhopig over, heb je het idee dat hij op dat moment onder invloed van drugs is? En uit foto's kan je ook best veel opmaken. Zijn ze duidelijk of heel wazig, van een afstandje gemaakt met een zonnebril op? Zijn ze überhaupt van een en dezelfde persoon? Daar ben ik in de loop der tijd steeds beter in geworden.'

Ga je ook mensen googelen om te kijken wat voor types het zijn?

'Nee. De meeste mensen gebruiken op Grindr ook niet hun echte naam, dus dan heeft googelen geen zin natuurlijk.'

Heet jij gewoon Johan op Grindr?

'Ik heb meestal geen naam. Of gewoon Johan inderdaad. Zelf sta ik wel altijd met mijn gezicht erop, maar sommige mensen willen dat niet. Dat was voor mij niet per se een dealbreaker. Maar tegenwoordig wel. Ik zoek toch iets meer commitment.'

Prep

Je noemde net prep. Wat is dat precies?

'Dat is een medicijn dat ervoor zorgt dat je geen hiv kan krijgen. Ik slik het nu vijf jaar.'

En dat doe je dagelijks?

'Ja, meestal 's ochtends bij het ontbijt.'

Waarom besloot je dat te gaan doen?

'Ik ben een enorme hypochonder, dus ik dacht elke keer nadat ik seks had gehad dat ik hiv had opgelopen. Als de verwarming wat hoger stond, dacht ik al dat ik aids had.'

Was dat een reële angst dan? Had je veel onveilige seks?

'Niet echt, ik had in principe altijd safe sex. Maar condooms gaan soms kapot, of je denkt écht verliefd te zijn op iemand en doet het toch een paar slagen zonder... Daarna kwam altijd weer die angst.'

Prep beschermt alleen tegen hiv. Er zijn natuurlijk nog veel meer andere soa's.

'Prep is inderdaad niet zaligmakend. Als je zo'n pil hebt en je gaat helemaal los, dan loop je nog wel degelijk het risico andere soa's te krijgen. En die kunnen ook echt heel vervelend zijn.'

Wat is losgaan voor jou?

'Seks met verschillende mensen op één dag? Dat is wel losgaan voor mij.'

Je bent toch op een gegeven moment gewoon leeg?

'Dat hangt er ook van af welke positie je in bed hebt natuurlijk. Daarin kan je afwisselen. En anders kan je altijd nog viagra nemen, daar kan je heel lang mee doorgaan.'

Er is toch ook een hiv-morning-afterpil, als je bang bent dat je een reëel risico hebt gelopen?

'Die bestaat, maar dat is echt een noodmiddel waar je de dokter om kan vragen als je serieus reden hebt om aan te nemen dat je besmet bent. Je krijgt dan een aantal weken een dubbele dosis hiv-medicatie. Daar kan je best ziek van worden.'

Wordt prep vergoed door de verzekering?

'Ik heb me drie jaar geleden aangemeld voor de testgroep, toen was het gratis. Nu moet je een deel zelf betalen, een paar tientjes per maand.'

Ben je blij met prep?

'De angst die ik vroeger had, is weg. Ik heb wel opnieuw mijn remmingen moeten vinden, die zaten vroeger in mijn angst voor hiv. Daarna waren ze een tijdje weg, door de nieuwigheid van prep. En nu zitten ze meer in mijn langetermijnidee: tja, wat wil ik eigenlijk met mijn leven? Wat ik het goede vind van prep, los van dat er veel minder hiv-besmettingen zijn in Amsterdam, is dat het taboe op hiv-positieve mensen veel kleiner is geworden. Het maakt mij inmiddels totaal niet meer uit of iemand hiv heeft of niet, puur door prep. En daardoor is mijn angst voor hiv – die onbewust toch te maken had met sociale uitsluiting en veroordeling – ook een stuk minder dan vroeger.'

Cabaretier Claudia de Breij (1975) schrijft voorstellingen, liedteksten, muziek, columns en boeken. En dus ook een column voor dit boek.

Toegeëigend

CLAUDIA DE BREIJ

Mijn naam is Claudia de Breij en ik doe aan cultural appropriation.

('Hallo, Claudia,' zouden de andere deelnemers aan het zelfhulpkringgesprek zeggen. En dan zou ik vrijuit spreken, ja, juichend delen met de groep: Mijn naam is Claudia de Breij, ik doe aan cultural appropriation en ik ben er nog trots op ook.)

Ik heb mezelf een belangrijk element, nee, hét belangrijkste element van de heterocultuur toegeëigend: het huwelijk. Ik ben getrouwd. En gescheiden. Ook dát monopolie heb ik de hetero's al afgenomen. Sterker nog, toen vlak na de echtscheiding een bevriende boomer me toebeet: 'Scheiden. Welja. Kan dat nu ook al?' bitste ik – bitter door het nog verse verdriet: 'Ja schat, we zijn net mensen.'

Vervolgens ben ik nóg een keer getrouwd. In aanwezigheid van onze exen die een lief liedje zongen, samen met onze kinderen. Eat that, hetero's! Wij hebben zelfs de nog piepjonge traditie 'samengesteld gezin' van jullie afgepakt.

Ik weet niet of ik trouwen eigenlijk ook zo tof zou vinden als ik hetero was. Misschien vond ik het heterohuwelijk dan wel zo tuttig als wijlen Gerrit Komrij het voor paren van het gelijke geslacht vond: 'Een homohuwelijk is een huwelijk in een gruwelijke lachspiegel,' schreef hij ooit in een essay. 'Dat een homoseksueel paar dezelfde rechten zou hebben als een heteroseksueel paar is vanzelfsprekend. Dat kan bij een wet blijven en een vel papier. Bij de aanblik van al die koetsjes, trouwjurken, zalvende ambtenaren, ja, dat hele heterootje-nabootsen, zonk het homoseksuele lood me definitief in de homoseksuele schoenen.'

In 2004, toen Komrij dit schreef, wist ik nog niet wat 'heteronormatieve zelfhaat' was, anders had ik het toen al zo genoemd. Het lijkt rebels, maar het is een veilige manier om je te conformeren aan de bange fantasielozen van het type Forum voor Democratie-jugend. Lekker jasje-dasje geloven dat jij kunt beslissen over de identiteit van een ander, met je traditionele waarden en je incel-harses.

'Heterootje-nabootsen', hoe durf je?

Homoseksualiteit moet 'sinister en verontrustend' zijn, anders is er geen lol meer aan, beweerde Komrij. Hoewel ik me enorm verheug op post-pandemische verontrustende uitjes in sinistere undergroundgelegenheden, vier ik mijn homoseksualiteit grotendeels door met mijn vrouw en kinderen op de bank *Wie is de Mol?* te kijken. Net als al die andere gezinnen doen. Laat me mijn kinderen een jeugd geven vol gezellige zaterdagavonden met natte haartjes en een bakje chips op de bank, als ik dat wil. (Bam, ook alweer toegeëigend.) Een kind heeft niks aan 'sinister en verontrustend'.

Wie dat leven wél wil, kan er nog steeds voor kiezen zich niet te conformeren aan huwelijk en gezin. Sterker nog: eindelijk is het een keuze, en geen veroordeling. Eindelijk mag je uit 'de stilte en de schaduw van het portiek' stappen, zoals Annie M.G. Schmidt dat zo treffend noemde in 'Sorry dat ik besta'. De openstelling van het burgerlijk huwelijk voor paren van het gelijke geslacht is daarmee óók een geschenk voor wie niet wil trouwen. Kies je nu alsnog voor de stilte en de schaduw van het portiek? Des te geiler.

Geef mij dan maar het feestje met ontroerde ouders, serpentines, een versierde tent, de tranen en het sentiment én de smachtende violen bij het happy end, Annie. Een wet is meer dan een vel papier. Een wet verandert levens. Een wet maakt dat je vrijuit hand in hand kunt lopen. Dat deden we al, maar nooit helemaal onbewust van afkeurende blikken – bijvoorbeeld op vakantie in Amerika tussen witte christenen met te strakke bermuda's.

In de nadagen van het presidentschap van Barack Obama waren wij in New York. Het huwelijk voor paren van het gelijke geslacht was net legaal in alle staten van Amerika. Op onze hotelkamer zagen we op tv dat het Witte Huis was uitgelicht in regenboogkleuren. Obama sprak over het geduld dat wij, zijn 'LGBT-brothers and sisters' hadden moeten betrachten om eindelijk hun recht te krijgen.

Het was voor het eerst dat een wereldleider mij zijn zuster had genoemd.

Trotser dan voorheen liepen we hand in hand het hotel uit.

'De hetero's hebben de hele stad, geef ons ook een plek'

MAUD WIEMEIJER

Maud Wiemeijer is scenarist van *Anne+*, de populaire televisieserie en speelfilm over een jonge lesbienne in de grote stad, over haar liefdes en de liefdes om haar heen. Maud is jong – in onze ogen zeker – en mede daarom willen we haar spreken. Want hoe ziet de jonge lesbische wereld eruit? O pardon: de 'queer' wereld, want zo noemt ze het liever.

~

Op haar veertiende wist ze het. Elke ochtend vertrok ze vanuit Edam met de bus naar haar middelbare school in Amsterdam, een montessorischool – niet het Barlaeus, waar haar oudere broer op zat – dat vond ze 'te corporaal'. Toen ze in de derde klas zat deed ze samen met een aantal klasgenoten mee aan een project van het Cinekids Festival. In groepjes keken ze films en hielden daar na afloop met het publiek Q&A's over.

Enter: Daniëlle, begeleider bij het filmfestival. Een vrouw van een jaar of vierendertig, 'niet superknap of zo', maar ze gaf Maud het gevoel dat ze bijzonder was. Op die leeftijd ben je sowieso snel onder de indruk van iemand, dat ook, maar Maud Wiemeijer (1993) was, zoals ze zegt, he-le-maal weg van haar. 'Op een gegeven moment heb ik tegen mezelf gezegd: volgens mij val je op meisjes. Oké, dacht ik, dat is dan een probleem voor later. Daarna heb ik het heel diep weggestopt.'

Ze sprak er niet met vrienden over, maar internet bood uitkomst. Op haar slaapkamer – ze had net haar eigen laptop gekregen – bezocht ze sites als Tumblr, een blogplatform waar Maud vooral in het hoekje fandomes vertoefde: daar kon ze chatten met fans van bepaalde tv-series. Maud zocht naar de series met lesbische karakters.

We zitten aan de koffie en croissants in Café Beis in de Schinkelbuurt in Amsterdam. 'Daar is het altijd heel rustig,' had ze ons aanbevolen. Maud heeft het rustig deze weken, mailde ze ons, het tweede seizoen van *Anne+* is elke dinsdag op NPO3 te zien en ze werkt nu (nog) niet aan een nieuw scenario.

Was je op die sites als Tumblr niet aan het daten?

'Nee, nee, nee. Wel vrienden aan het maken, en chatten over lesbische gevoelens.'

Maar voor de buitenwereld deed je er niets mee?

'Nee.'

Je zei ook niets tegen Daniëlle?

'Nee. Ik wilde er niet mee dealen. Ik was vooral bang dat ik door mijn vrienden als pot gezien zou worden. De middelbare school is al zo'n... Daar wordt zoveel gepraat. Ik heb veel met jongens gezoend in die periode.'

Exit Daniëlle.

'Ik was niet de populairste op school, maar ik hoorde ook niet bij de losers. Ik was niet het meest vrouwelijke meisje. Ik dacht: als ik dan ook nog eens lesbisch ben, vinden mijn klasgenoten me vast lomp. En lomp wilde ik niet zijn. Mijn school was redelijk progressief: er zat een lesbienne op school, een homo en een transjongen. Ik voelde me niet een van hen.'

'Ik weet nog dat ik een keer quasi losjes tegen een vriendinnetje zei: "Ik kijk nu naar *The L Word*. Het gaat over lesbiennes, maar ik vind het gewoon een leuke serie met goeie verhaallijnen en zo." Die vriendin zei: "Die kijk ik ook, ik vind het superleuk." En zij was hetero.'

Zo tastte Maud via een lange omweg af of die vriendin er een probleem mee zou hebben als ze zou zeggen dat ze op vrouwen viel. 'Het uit de kast komen was sowieso een heel, heel lange weg voor mij.'

Op de middelbare school kwamen mensen van het COC langs, wat op Maud een averechts effect had. Het waren 'een ouwe lesbienne en een ouwe homo die over seks kwamen praten'. Niet veel later ging ze 'lacherig' met een vriendin naar een bijeenkomst van de Gender Sexuality Alliance, wat toen nog de Gay-Straight Alliance was: vriendelijke initiatieven op middelbare scholen om genderdiversiteit bespreekbaar te maken.

Het dichtst bij een zoen kwam ze op haar eindexamenfeest in Paradiso. Maud stond met een groep vrienden op de dansvloer. Toen ze wat drinken ging halen, liep het meisje op wie ze toen een crush had met haar mee naar de bar. Daar keken ze elkaar aan, lang, 'minutenlang', zonder iets te zeggen. 'Het was zo'n blik voordat je gaat zoenen.' Maud keek weg en ze liepen door naar de bar. 'Daar heb ik máán-den op kunnen teren.'

Zo'n scene zit in *Anne+*. Anne, gespeeld door actrice Hanna van Vliet, is op een dansfeest, ze kijkt ene Sofie lang aan en dan zoenen ze. In seizoen 2 werkt Anne tot haar eigen frustratie als trainee copywriter bij een creatief bureau, net als Maud heeft gedaan. En Maud heeft ook weleens 'geil, mag ik meedoen?' horen roepen toen ze na het stappen op straat met een meisje stond te zoenen.

Maud is niet Anne, Anne is niet Maud, al neemt Maud wel haar eigen lesbische belevenissen mee de dramaserie in. *Anne+* is een verzameling van Mauds ervaringen, die van actrice Hanna van Vliet en regisseur Valerie Bisscheroux. Clichés waar ze tegenaan lopen, relaties die ze hebben gehad.

Maud wilde vooral een serie maken die ze graag zélf had willen zien toen ze veertien was.

'Alle series gingen over oudere lesbiennes. *The L Word*: carrièrevrouwen in Los Angeles. *Grey's Anatomy*: dokters Callie en Arizona die een verhouding kregen, maar ook al op leeftijd. *Lip Service*, *Loving Annabelle*, *Lost and Delirious*... Ik heb eindeloos veel lesbische films gezien. Vaak gaan die over een moeizame coming-out, of er wordt iemand in elkaar geslagen of er pleegt er eentje zelfmoord. Altijd problemen. Dat wilde ik niet.'

December 2015. Op familievakantie in Indonesië – de ouders van Mauds moeder zijn Indisch – rondhangend in een landhuis dat ze op Java hadden gehuurd, kwam ze op het idee om zelf een televisieserie te maken. Valerie Bisscheroux was de enige persoon uit de filmwereld die ze kende. Al is de term 'filmwereld' wat veel gezegd: Valerie zat op de filmacademie. Maud, eenentwintig toen, studeerde theaterwetenschappen. Ze kenden elkaar van het uitgaansleven in Amsterdam.

'Ik heb haar toen meteen gemaild: ik heb een idee, ik stuur het je zo op. Ik ben de 25ste terug, zullen we de 26ste afspreken?' Wat Maud vervolgens stuurde was dit: 'Het heet *Anne+*. Het gaat over een meisje dat terugkijkt op haar relaties. Elke aflevering gaat over haar met een ander meisje. En de laatste aflevering gaat over haarzelf.'

'Ik wilde iets maken wat er niet was, maar ook verschillende soorten relaties laten zien. Los van dat lesbische, wilde ik vertellen hoe je kunt veranderen door degene met wie je bent. Dat je in elke relatie een beetje verandert.'

Het eerste seizoen van *Anne+* werd door BNNVARA in 2018 uitgezonden en het was meteen een succes. De serie werd genomineerd voor de debuutcompetitie van het Nederlands Film Festival en bracht de cast onder meer naar New York voor het Tribeca Film Festival. In 2020 is het tweede seizoen uitgezonden.

Wanneer had je voor eerst iets met een vrouw?

'Tijdens het eerste jaar van mijn studie werkte ik bij een festival, daar ontmoette ik haar. Ik was negentien.'

Enter Bernadette.

'Ze droeg altijd zwart. Heel mysterieus. Ik vond haar prachtig en ik was smoorverliefd op haar. Op een avond flirtte ze met me en toen was het hek van de dam. Dronken, kotsend op straat, heb ik haar die nacht opgebeld en gezegd dat ik haar leuk vond. Zij antwoordde zoiets als: ik wil je geen pijn doen, maar ik heb je nooit leuk gevonden, laat me met rust.'

Bitch.

'Ja, dat vond ik toen. Nu denk ik: ik was ook zo desperate. Jaren later kwamen we elkaar tegen op een feest van een gezamenlijke vriend. Toen flirtte ze weer met me, kocht drankjes voor me. Ik ben met haar mee naar huis gegaan en we hebben een soort van seks gehad. Zij was dronken, ik was dronken... het liep op niets uit.'

Exit Bernadette.

Was dat het moment dat je het je ouders vertelde?

'Nee. Nou ja, mijn moeder wist het al eerder dan ik, denk ik. Zij vroeg met enige regelmaat of ik al een vriendje had, en dan kwam daar direct achteraan: of een vriendinnetje? In die Bernadette-periode vroeg ze weer: en wat vind je nou leuk, een meisje of een jongen? Ik antwoordde: op dit moment vind ik een meisje leuk. Verder hebben we er niet over gepraat.'

En je vader?

'Ik denk dat mijn vader überhaupt niet nadacht over mijn liefdesleven. Mijn ouders zijn op mijn zeventiende uit elkaar gegaan en hij is vrij snel daarna overleden. Ik heb het hem nog wel kunnen vertellen. Midden in een gesprek zei ik: oké pap, ik moet je nu iets vertellen, mijn broer en mama weten het al. Hij zei: ben je zwanger? Nee, ik val op meisjes. Hij zei: ach lieverd, als je maar gelukkig bent.'

Haar vader overleed toen Maud nog net geen eenentwintig was. 'Wat ik er vooral moeilijk aan vind, is dat ik toen nog niet met mijn ouders over de liefde sprak. Als hij nu nog geleefd had, zou ik denk ik veel met hem hebben gepraat over de liefde en lesbisch-zijn. Hij zou sowieso betrokken zijn bij mijn sociale leven. *Anne+* heeft hij helaas niet meer meegemaakt, terwijl hij mij altijd stimuleerde om te gaan schrijven.

Ik vond het uiteindelijk een verademing om uit de kast te komen. Op de middelbare school en vooral tijdens het eerste jaar van mijn studie hadden al mijn vriendinnen het over jongens en over seks met jongens. Ik kon er niet over meepraten. Ik was niet verliefd op jongens, ik had geen interesse in ze. Toen ik uit de kast kwam had ik ineens iets waar zij niets van afwisten. Ik had iets wat helemaal van mezelf was. Dat gaf me zelfvertrouwen. Ik hoefde niet meer te voldoen aan hun wereld, ik vond het zelfs fijn dat ik lesbisch was. Toen ben ik er helemaal voor gegaan.'

Vanaf dat moment ging Maud veel uit in Amsterdam en bezocht lesbische cafés. In het begin vond ze het spannend, intimiderend vooral, wanneer ze met een paar vriendinnen kroegen als Saarein of Vivelavie binnenstapte. 'Al die ouwe lesbiennes aan de bar die als je binnenkwam prompt hun biertje op de bar zetten en het verse bloed van beneden naar boven inspecteerden.'

Was je uiteindelijk toch de 'pot' van de groep geworden?

'Hm. Ik werkte destijds bij de Stadsschouwburg Amsterdam, daar kenden ze me niet anders dan als lesbienne. Ik raakte bevriend met Jules, nu een van mijn beste vrienden, wij vonden elkaar helemaal in het gay uitgaan. Drie keer per week naar de Exit, zondag naar de Trut. Milkshake Festival. En dan altijd minstens met één iemand zoenen. Met iemand mee naar huis, of zelf iemand mee naar huis nemen. Ik heb dat veel gedaan en vond het heerlijk. Ik dacht, o mijn god, dit is het.'

Anne+ was een bijkomend voordeel. Ineens had Maud een grote lesbische vriendengroep. Weg heteronormen van haar oude vriendenclub, weg intimidatie van de 'ouwe lesbiennes'.

'Je leert mensen kennen omdat je een keer met ze hebt gezoend of omdat je een keer met een vriendin van ze hebt gezoend. En dan kom je elkaar tijdens het uitgaan weer tegen. Op elk feestje zag ik wel iemand met wie ik had gezoend of met wie ik naar bed was geweest.'

Je kwam op je negentiende uit de kast. Had je dat achteraf gezien eerder willen doen?

'Ik weet het niet. Ik heb het idee dat je pas uit de kast moet komen als je er klaar voor bent. Sommige mensen zijn er op hun dertiende zeker van, ik was er pas op mijn negentiende klaar voor. Je moet jezelf niet te snel blootgeven, bedoel ik: als je nog niet klaar bent voor de reacties van de buitenwereld. Je bent het aan niemand verplicht om uit de kast te komen. Trouwens, over het woord "pot" gesproken, ik vind dat een lastige term. Ouwe lesbiennes vinden dat woord... ik wil niemand beledigen...' (kijkt ze nu boven haar tweede kop koffie Jessica aan?) 'een geuzennaam. Zij vinden dat een positief woord, het hoorde bij hun emancipatie. Ze plaatsten zich buiten de maatschappij. Ik noem me nu gewoon lesbisch. Of gay. Wij zeggen ook veel "queer", omdat seksualiteit in onze vriendengroep wat meer fluïde is. Queer is dan een paraplu-term voor niet-hetero zijn, alles op het spectrum.

Ik hoorde laatst iemand zeggen dat ze "overwegend hetero" is. Ze schaamde zich er bijna voor dat ze alleen op mannen valt, ook omdat veel mensen om haar heen queer zijn. Ik hoor het vaker. Een oude vriendin – hetero – ging een keer mee naar de Pride en bekende toen dat ze weleens jaloers op me is omdat ik bij een groep hoor. "Wie ben ik nou?" zei ze.

"Ik ben een wit heteromeisje, waar hoor ik nou bij?" Het was een kwetsbaar moment voor haar. Ik vond dat ontroerend. En ik begreep het ook, ik vind het fijn dat ik anders ben, dat ik die lhbtiq-groep heb.

Ik weet niet wie ik zou zijn als homoseksualiteit helemaal genormaliseerd zou zijn. Dat klinkt een beetje tegenstrijdig. We blijven altijd een minderheid en ergens vind ik dat ook fijn. Het gaat om dat gevoel van saamhorigheid. Ik ga ook bijna nooit meer in heterokroegen uit, dat is nu bijna buitenaards voor mij.

De hetero's hebben de hele stad, geef ons een plek waar je, als je iemand versiert, er zeker van kunt zijn dat die ander ook gay is. Vaak zie je toch veel hetero's in gaybars, omdat het daar gewoon leuk is – het ís er ook leuk – maar hetero's nemen zoveel ruimte in.'

Hahaha.

'Ze nemen echt veel ruimte in. Bijvoorbeeld bij het homomonument tijdens de Pride, dat was echt een homoplekje. Afgelopen jaren waren daar weer zoveel hetero's. Laten we niet vergeten dat de Pride ooit is begonnen als protest. Geef ons iets meer ruimte, hetero's, heb iets meer respect voor onze safe space.'

In het tweede seizoen van *Anne+* zit een aflevering over activisme. Aanleiding was het nieuws over twee vrouwen die in een bus in Londen in elkaar geslagen werden omdat ze weigerden voor het oog van een groep jongens te zoenen. Na het eerste seizoen hadden de makers de kritiek gekregen een utopie te schetsen van het lesbische leven: de dartelende, twijfelde Anne zonder moeilijke coming-out, zonder zelfmoordneigingen of andere serieuze problemen. De donkere clichés uit de weg gaan had soms een te rooskleurig beeld opgeleverd, zo luidde het commentaar.

Maud schreef een aflevering waarin twee jongens in elkaar geslagen worden, al wilde ze dat geweld zelf niet in beeld hebben. 'Homovrienden van mij zeiden dat ze daar niet op zaten te wachten.'

Robbert beaamt dat. Hij noemt de horrorfilm *It*. Toen Stephen King het verhaal over de demonische clown in 1984 schreef waren er net twee homo's in elkaar gemept en dat vond King zo schokkend dat hij die scène in het boek beschreef. Als protest. Maar toen het boek werd verfilmd wilden veel homo's dat niet in de bioscoop zien. Veel te confronterend. Robbert heeft die film ook nooit gekeken, precies om die reden. Toen hij vijfentwintig was zag hij in de serie *Six Feet Under* een homo doodgeschopt worden, dat vond hij meer dan genoeg ellende.

Maud knikt. 'Veel films met gaybashing scènes zijn gemaakt voor hetero's, om hetero's op te voeden. Om te laten zien: kijk eens hoe erg homo's het hebben, wees eens wat liever. Dat was niet ons doel. *Anne+* begon als serie voor queer mensen en dat is het in de eerste plaats ook, maar het werd door een breder publiek bekeken. Wij willen vooral een vrolijke, oprechte serie maken, niet een serie voor hetero's die gecorrigeerd moeten worden. Die aflevering gaat over een homostel van wie de ene activistisch is en de andere niet. Het uitgangspunt is het idee dat je als homo op de barricaden moet staan. Alsof dat een vanzelfsprekendheid is. Ik vind dat een interessante discussie. Als je gay bent, moet je daar dan de hele tijd open over zijn en voor je rechten strijden? Ik denk het niet. Er is iets kroms aan die redenatie. Homo's zijn degenen die in elkaar geslagen worden, maar ook degenen die demonstreren om voor hun rechten op te komen. Dat voelt oneerlijk.'

Maar als je niks zegt verandert er ook niets.

'Dat is zo, maar ik hoop dat *Anne+* helpt. Ook al zit er geen bloed bij.'

‘Grindr was een koude douche: no Asians, no blacks, no femmes’

PETE WU

Journalist Pete Wu is een generatiegenoot van *Anne+*-scenarist Maud Wiemeijer. Het duurde lang voordat hij zijn geaardheid én zijn Aziatische komaf durfde te omarmen. Tegenwoordig stelt Pete zich juist ten doel de minderheden waartoe hij behoort zichtbaarder te maken. Maar we komen erachter dat de zoektocht naar de balans tussen de verschillende culturen die hem hebben gevormd nog niet ten einde is.

~

De uitzending van het programma *Holland’s Got Talent* van 16 november 2013 vormde een kantelpunt in het leven van Pete Wu (1985). In de veelbesproken aflevering van de talentenjacht maakte presentator Gordon een grappig bedoelde opmerking over de afkomst van de Chinese deelnemer Xiao Wang. Meer dan 2,1 miljoen mensen zagen hoe Gordon de dertigjarige promovendus economie en bedrijfskunde begroette met: ‘Welk nummer ga je zingen, nummer 39 met rijst?’ Nadat de tenor wonderschoon ‘La donna e mobile’ uit *Rigoletto* van Verdi ten gehore had gebracht, stelde het jurylid dat dit ‘de beste Chinees is die ik in tijden heb gehad, en het is dit keer geen afhaal!’

Het Meldpunt Discriminatie diende een klacht in bij RTL.

Vicepremier Lodewijk Asscher veroordeelde de 'grap'. Aziatische media doken op het incident en noemden Gordon 'het meest racistische jurylid in een tv-show ooit'. De zanger zelf sprak van een 'onschuldig grapje, dat niets met racisme van doen had'. Hij betreurde de ophef, maar bood geen excuses aan. (Op dit standpunt kwam Gordon zeven jaar later, begin 2020, pas terug.)

Voor de meeste Nederlanders was de discussie over de vermeende grap van Gordon niet meer dan een dankbaar gespreksonderwerp bij de koffieautomaat en genereerde de stroom berichten in de media wellicht een vrolijke glimlach tijdens de lunchpauze. Maar in het hoofd van de jonge homoseksuele Chinees-Nederlandse journalist Pete Wu, destijds 28, ging een knop om. Tot dat moment vermeed hij in zijn werk alle verhalen en onderwerpen die hem op een persoonlijke manier raakten. 'Ik was altijd bang dat mensen dachten: o, heb je hém weer met zijn Aziatische achtergrond en zijn andersgeaardheid. Maar dit raakte mij, heel erg. Ik voelde dat ik daar iets mee moest doen. Dat er publiekelijk, in een programma dat door zoveel Nederlanders wordt gezien, door een bekend persoon met invloed zo makkelijk een grap werd gemaakt over iemand met dezelfde afkomst als ik. Ik heb vaak in die situatie gezeten en dat altijd genegeerd.

Ik heb aan Oost-Aziatische Nederlanders in mijn omgeving gevraagd wat zij van de opmerkingen van Gordon vonden en schreef daarna een persoonlijk verhaal voor de website Vice. Het was de eerste keer dat ik in een nieuwsverhaal het woord "ik" gebruikte. Een interessante ervaring. Ik had altijd geprobeerd om zo objectief mogelijk te zijn, óók als het ging over lhbtiq-zaken of de Chinees-Nederlandse gemeenschap. Maar ik besefte opeens dat ik dat niet kon en ook niet moest willen. Integendeel: ik kon net zo goed vol in die onderwerpen gaan hangen en mijn eigen vragen centraal stellen. Het was het begin van een ontdekkingstocht. Ik wilde niet lang daarna een interviewserie maken met bekende Aziatische Nederlanders. Maar ik kon ze nauwelijks vinden, óf ze wilden niet meedoen.'

De ouders van Pete komen uit een dorp bij Wenzhou, een havenstad in de oostelijke provincie Zhejiang en verhuisden in de jaren zeventig naar Middelburg. Eind jaren tachtig openden ze een restaurant met een snackbar in het Brabantse Hoogerheide – later volgde een snackbar in Tilburg. Pete, zijn zusje en zijn oudere broers balanceerden in hun jeugd doorlopend tussen twee culturen. Buiten lonkten de liberale westerse normen en waarden, binnenshuis domineerde vooral de Aziatische cultuur, waarin gezin en loyaliteit aan je familie boven alles staan. 'Ik wil vooral niet praten in algemeenheden,' waarschuwt hij meteen. 'Ik ken het verhaal van mijn ouders, maar ik weet niet hoe representatief dat is voor andere Chinezen in Nederland. Of voor andere Chinezen in China. Sinds de jaren tachtig bestaat hun wereld vooral uit een snackbar van dertig vierkante meter waarin ze heel hard werken om hun kinderen een betere toekomst te bieden.'

Je vertelde je ouders op je dertigste dat je homo bent. Hoe reageerden ze?

'Ik kwam uit de kast omdat mijn moeder me voortdurend foto's stuurde van mogelijke bruiden: dochters van familieleden en vrienden uit Nederland en China. "Kom, laten we de banden weer eens aanhalen met die en die – wist je trouwens dat ze nog een ongetrouwde dochter hebben?" Voor mijn ouders begon de tijd te dringen, ik had al lang gekoppeld moeten zijn aan een vruchtbare vrouw met wie ik voor nageslacht kon zorgen. Bij de zoveelste potentiële bruid die ik in mijn mailbox kreeg, dacht ik: nu ga ik vertellen dat ik vrouwen helemaal niet leuk vind. Ik zat op een terras en had een borrel op. Ik had het WhatsAppbericht heel zorgvuldig geformuleerd: ik vind jongens leuk, en niet meisjes. Dus niet: ik val niet op meisjes, dan zouden ze het misschien niet hebben begrepen.'

Waarom deelde je het nieuws per WhatsApp?

'Bij mijn ouders thuis ontstond nooit een situatie waarin ik me veilig genoeg voelde om het te zeggen. Er zijn vast ouders die hun kinderen op de thee vragen zodat er een moment wordt gecreëerd waarin je zo'n gesprek kunt aangaan. Maar dat gebeurde bij mijn ouders niet – die waren eigenlijk altijd aan het werk. Ik was ook bang dat ze het niet in één keer zouden snappen als ik het gewoon zou zeggen. Daarom wilde ik het opschrijven, zodat ze het een aantal keer zouden kunnen herlezen.'

'Mijn vader reageerde vooral boos. Hij zei: "Nu kun je geen gezin stichten. Hoe moet dat dan later met je begrafenis, als er geen kinderen zijn om je naar je graf te dragen?" Dat was voor hem het belangrijkste. Mijn moeder vroeg: "Waarom heb je hiervoor gekozen? Is het een ziekte, kunnen we het oplossen?"

"Ik ben geen goede mama, ik weet je heeft moeilijke tijd geweest", schreef ze in een appje. Ze weten niets van homoseksualiteit. De enige homo die ze kennen is André van Duin. Ik dacht de hele tijd: ik stel ze teleur als ik het vertel. Ze verstoten me uit de familie. We zijn opgevoed met het idee dat het gezin de hoeksteen is van het leven. Het leek me verschrikkelijk om daar geen deel meer van uit te mogen maken. Ik was er eerder nog niet klaar voor, ik wilde zowel financieel als emotioneel onafhankelijk van m'n ouders zijn voordat ik het durfde te zeggen. Voordat ik uit de kast kwam, zei mijn vader elke keer als hij op televisie een homo zag, dat het vieze mensen waren. We werden opgevoed met het idee dat mannelijkheid goed is.'

Hoe belangrijk is mannelijkheid in de Aziatische cultuur?

'Ik kan me een familiefeestje herinneren toen ik een jaar of acht oud was. Ik had het enorm naar mijn zin, maakte grapjes, praatte met iedereen. Toen we thuiskwamen kreeg ik enorm op mijn kop: waarom was ik zo sociaal? Sociaal zijn wordt geassocieerd met de gastvrouw spelen, en dat is niet iets voor mannen. Ik ben me toen bewust meer timide gaan gedragen. Mannelijkheid in Azië is composed, kalm, geen emoties tonen. Nooit meer zeggen dan wat strikt noodzakelijk is.

Er is eigenlijk geen enkele taal die mijn ouders en ik delen en waarin we persoonlijke gesprekken kunnen voeren. Ik spreek nu wel een klein beetje het Wenzhouhua, het dialect van de streek waar zij vandaan komen. Maar het is een lastige taal: ik weet niet eens welke woorden er zijn voor "homo" of "uit de kast komen". Zij wel, maar dat waren geen woorden die zij nodig hadden toen ze in China woonden. Diepe gesprekken over filosofische, persoonlijke of maatschappelijk relevante issues kan ik door die taalbarrière eigenlijk niet met ze hebben.'

De eerste keer dat Pete zich realiseerde dat hij een man leuk vond, was op de middelbare school toen hij een enorme crush ontwikkelde op zijn leraar Nederlands. De onzekere tiener zat in een klas vol jongens, waar hij probeerde mee te praten met gesprekken over meisjes en hoe je die moest versieren. In de *Breakout* en de *Hitkrant* had hij weleens iets gelezen over homoseksualiteit – het werd altijd behandeld als een probleem. Dit, in combinatie met de opmerkingen van zijn vader, zorgde ervoor dat hij vreesde als gay een weinig rooskleurige toekomst tegemoet te gaan. 'Ik heb nog geprobeerd te masturberen op vrouwen, maar dat leidde tot niets. Ik heb gehuild van schrik toen ik me realiseerde dat ik verliefd was op een man. Maar ik voelde ook dat er niets aan te doen was. Dit was wie ik was en daar moest ik mee leven.'

De jonge homo had echter geen idee wat hij precies met zijn gevoelens aan moest; andere gays om erover te praten kende hij niet. Pete was zijn hele puberteit bezig met 'bommen ontmantelen', zoals hij het zelf noemt: zorgen dat hij niet opviel vanwege zijn Aziatische roots of zijn geaardheid. 'Ik wilde erbij horen, en dit was in mijn hoofd de enige manier om dat te doen.' Ondertussen ging hij in films en series op zoek naar homoseksuele rolmodellen: lange tijd dacht Pete dat alle gays waren zoals Nathan Lane in *The Bird Cage* of Sean Hayes in *Will & Grace.*

Hij vond troost in een boek als *A Home at the End of the World* van Michael Cunningham, dat een gay verhaallijn had. In zijn dagboek probeerde Pete zijn ontdekkingstocht te verwoorden, al schreef hij nooit over mannen maar over vrouwen, uit angst dat iemand het ooit zou lezen en zijn grote geheim op die manier naar buiten zou komen. Die periode omschrijft hij nu als 'vermoedelijk de eenzaamste tijd van mijn leven'.

Wanneer durfde je eindelijk werk te maken van je gay-zijn?

'Toen ik Engels ging studeren in Utrecht. Mijn wereld werd opeens een stuk breder: ik kwam mensen tegen die wél over gevoelens durfden te praten en die wél vroegen wat mij bezighield. Dat voelde als een enorme opluchting na die benauwde periode waarin ik mijzelf helemaal had weggedrukt en nooit mijn hart had gelucht.'

Wanneer had je voor het eerst contact met een andere homo?

'Ik was tweeëntwintig, studeerde film-, theater- en televisiewetenschappen en raakte in gesprek met een jongen in een Hyves-groepje over The Killers, een Amerikaanse band waar we allebei fan van waren. We chatten en spraken af elkaar te ontmoeten in Kafé België in Utrecht. Daar legde hij opeens zijn hand op mijn knie. Ik raakte in de war, ik wist niet dat hij óók gay was. Het lag nooit in de lijn der verwachtingen dat iemand mij ooit op die manier leuk zou vinden.'

Je bent een leuke man. Waar haalde je dat idee vandaan?

'Ik denk dat dat te maken heeft met de Aziatische stereotypen die je meekrijgt in films en televisieprogramma's. Aziatische mannen zijn nooit James Bond. En als ze eindelijk wél het meisje krijgen, zoals in *Fast & Furious 6*, gaan ze direct dood. Het waren altijd de stille rare sidekicks. De rekennerd, of die ene man die naast Ushi staat, het Aziatische typetje dat Wendy van Dijk jarenlang speelde. Ik heb daar hardop om gelachen, maar later besefte ik ook dat die beperkte representatie ervoor zorgde dat ik mijzelf nooit bijzonder hoog had zitten. De weg terug is een proces waar ik al jaren aan werk, het is nog steeds niet in balans.'

Had je vóór dat moment in Kafé België nooit de behoefte aan seksueel contact met andere mannen?

'Dan had ik mij letterlijk en figuurlijk moeten blootgeven: dat is iets wat je niet hoort te doen, zo zijn wij opgevoed. Je wilt niet opvallen en je wilt geen risico lopen dat mensen je kunnen pakken. Dus stopte ik die emoties ver weg, het bestond gewoon niet.'

Heeft je coming-out ook geholpen om je te ontworstelen aan die gesloten cultuur?

'Het zit nog steeds niet in mijn karakter om het achterste van mijn tong te laten zien. Maar ik werd door mijn geaardheid wel geconfronteerd met een situatie die mij dwong om mijzelf te veranderen. Ik had snel door: ik ben gay en als ik gelukkig wil worden, dan moet ik met mijzelf in het reine zien te komen. Ik heb daar hard voor moeten werken.'

De relatie met 'de man van de knie' duurde een halfjaar. Zijn buurmeisje trof hem na de break-up huilend aan op straat – snikkend bekende Pete haar dat hij op mannen viel. Hij was drieëntwintig en het was de eerste keer dat hij die woorden hardop uitsprak. 'Dat is toch helemaal niet gek?'

was haar nuchtere antwoord. En eigenlijk was dat de reactie die alle vrienden gaven toen hij zijn grote geheim schoorvoetend met meer mensen deelde. Toen viel het muntje: het is niet erg om andersgeaard te zijn. Na een halfjaar in de VS te hebben gestudeerd, ging Pete aan de slag bij de NOS en kreeg zijn eerste officiële vriendje – met de man van de knie moest alles in het geniep, omdat deze ook nog in de kast zat.

'Een écht vriendje maakte het voor mij allemaal veel tastbaarder. Het werd ook makkelijker om andere mensen te vertellen dat ik een relatie had omdat we vaak samen waren, in het openbaar.'

Je vertelt in je boek De bananengeneratie *– over het spanningsveld tussen de twee culturen waarin je leeft – uitgebreid over je ervaringen met de datingapp Grindr. Wanneer ontdekte je die?*

'In 2009, toen die eerste relatie op de klippen was gelopen. Ik was vrijgezel, ik was uit de kast, ik was klaar om de homowereld te gaan verkennen. Maar het downloaden van Grindr was een koude douche. Hoe vaak ik niet las dat andere mannen op de app geen interesse hadden in mannen met een Aziatisch uiterlijk: "No Asians, no blacks, no femmes." Het is niet een vakje dat je aan kan kruisen: mensen moeten echt de moeite nemen om die tekst bewust te tikken.'

Hoe voelde dat?

'Natuurlijk tastte dat mijn zelfbeeld aan. Ik was eindelijk uit de kast, maar kreeg meteen te horen dat er in de westerse wereld amper een markt is voor mensen zoals ik. Het heeft lang geduurd voordat ik na die eerste ervaringen op Grindr kon aanvaarden dat ik er ook mannen zijn die mij wél aantrekkelijk vinden.'

Is die aversie tegen Asians in de scene een universeel probleem, en heb je enig idee waar dat beeld vandaan komt?

'In de homogemeenschap is stoer en mannelijk toch nog

de norm. Het clichébeeld is dat Aziatische mannen niet aan die norm voldoen: ze worden vaak gezien als wat vrouwelijker, minder gespierd, minder behaard. De Marlboro Man zal nooit worden vertolkt door een Aziaat. Het is deels ook historisch te verklaren: begin twintigste eeuw deden Chinese immigranten in de VS veel werk dat traditioneel aan vrouwen toebehoort, zoals strijken, wassen, naaien. Tegen dat stereotype moeten we honderd jaar later op Grindr nog steeds opboksen.'

Er is ook een groep mannen die juist wél op Aziaten valt.

'In mijn boek vertel ik over een Amerikaan die heel duidelijk alleen maar met mij op date wilde vanwege mijn Oost-Aziatische uiterlijk. Hij ratelde maar door over zijn fascinatie met Azië en hoe fantastisch hij het vond dat ik daarvandaan kom – terwijl ik ben geboren in Middelburg. Hij had een hele fantasie ingevuld en vond dat ik het als een compliment moest zien dat ik daar een hoofdrol in mocht spelen. Dat was op dezelfde manier confronterend: wéér stond mijn afkomst centraal, terwijl ik op zoek was naar iemand die geïnteresseerd was in Pete, niet in "de Aziaat". Gelukkig word ik er steeds beter in om de gekkies eruit te filteren. Als iemand in zijn profiel als hobby's sushi, anime en reizen naar Japan noemt, word ik gelijk argwanend.'

Zit je nog steeds op Grindr?

'Nee, het was niet mijn app. Ik date tegenwoordig liever via Tinder. Dat systeem is gestoeld op beloning: als je allebei dezelfde kant op swipet, weet je al dat er een bepaalde klik is. Op Grindr negeren mensen je soms echt.'

Heb je op dit moment een relatie?

'Nee, maar ik sta er wel open voor. Het is op een bepaalde manier moeilijker geworden om te daten sinds ik bij mijn ouders uit de kast ben gekomen. Mijn gelukkigste liefdesjaren tot nu toe waren toen ik dat nog niet had gedaan. Onbewust hou ik altijd rekening met de mogelijkheid dat ik iemand vroeger of later aan mijn ouders moet gaan voorstellen. Vroeger kon ik daten wie ik wilde, want ik wist vrij zeker dat dat moment er nooit zou komen. Nu die kans er wel is, speelt toch door mijn hoofd: zouden mijn ouders deze man goedkeuren? Wat zullen ze van zijn baan vinden? Sinds ik vijf jaar geleden uit de kast kwam, hebben we het er hooguit vijf keer over gehad. Drie keer probeerden zij mij ervan te overtuigen dat ik alsnog een vrouw moest zoeken en snel kinderen moest krijgen. Mijn moeder zei dat ze het nooit zou accepteren, mijn vader gaf me een jaar de tijd om weer "gewoon hetero" te worden. Dus als ik toch iemand mee naar huis neem, moet die natuurlijk wel overdonderend geweldig zijn. Tegelijkertijd wil ik mij niet door die emoties laten leiden en blind gaan voor de man die voelt als de liefde van mijn leven. Ik moet er vrede mee hebben dat ik altijd een balans moet zoeken tussen het Westen en het Oosten die allebei deel van mij uitmaken.'

Wat zou je je twijfelende ik van vijftien voor advies willen geven?

'Als ik eerder uit de kast was gekomen, hadden mijn ouders vermoedelijk harder hun best gedaan om mij toch hetero te krijgen – uit de goedheid van hun hart. Ik zou tegen de vijftienjarige Pete willen zeggen: it gets better. Het voelt nu eenzaam, maar je bent absoluut niet de enige met deze gevoelens en er zijn genoeg mensen in de wereld die jou helemaal accepteren zoals je bent.'

Thomas van der Meer (1986) is schrijver en verpleegkundige. In 2019 verscheen zijn debuutroman Welkom bij de club *over zijn ervaringen als transman. Na zijn transitie werd hij niet alleen man, maar ook homo.*

Hoe de wereld in elkaar steekt

THOMAS VAN DER MEER

'Straks ben je een homo,' zei de psycholoog. 'Wat vind je daarvan?'

'O, prima,' zei ik.

De psycholoog hoorde bij mijn transitietraject. Hij onderzocht of ik realistische verwachtingen had van een leven als man en mijn antwoord op zijn vraag stemde hem weinig hoopvol. In mijn dossier noteerde hij dat ik naïef was.

Ik dacht dat mijn leven eindelijk zou beginnen als ik eruitzag als een jongen.

Toen ik een paar maanden testosteron gebruikte – ik leek al een beetje op een jongen, maar nog niet heel erg – liep ik met een homoseksuele collega op straat. We liepen langs een groep jongens met petjes en scooters. 'Homo's!' riep een van hen. De anderen lachten en een plastic flesje stuiterde over de straatstenen onze kant op.

'Hoorde je dat?' vroeg ik verrukt aan mijn collega. 'Ze bedoelden mij ook!'

Uit de kast komen als homo hoefde ik niet: mijn ouders verwachtten niet dat ik na mijn transitie opeens met een meisje zou thuiskomen. Het was voor iedereen logisch dat ik homo werd.

Kort na mijn transitie zat ik naast een leuke jongen in de

trein. Hij legde zijn hand op mijn been, de reiziger tegenover ons bekeek ons fronsend. Toen ik dit later aan mijn collega vertelde, vroeg ik me af of ik me die fronsende blik niet had ingebeeld. Het kon toch niet zo zijn dat de allereerste keer dat ik in het openbaar als homo met een jongen flirtte, iemand meteen afkeurend naar mij keek?

'Wen er maar aan,' zei hij.

In het team op mijn werk heb je die Marokkaan, die dikke met die bril en die homo. Die homo, dat ben ik. Alles wat ik heb en ben is wankel, omdat anderen mogen stemmen over mijn rechten. Dat wiebelige gevoel zit ergens op de achtergrond, maar het is er wel altijd.

'We denken dat emancipatie een cadeau is dat we altijd mogen houden, maar dat is niet zo,' zegt Erwin Olaf in een documentaire over zijn leven. 'Het moet beschermd en verdedigd worden.'

Je zou kunnen zeggen dat de psycholoog dus gelijk had, dat hij beter wist dan ik hoe de wereld in elkaar steekt, maar zo eenvoudig is het niet.

'Door iemand naïef te noemen, diskwalificeer je diens standpunt als niet-tot-de-aard-van-de-wereld-behorende, maar grijp je daarmee niet de macht om te bepalen wat de wereld wórdt, in plaats van wat hij ís?' vraagt Rebekka de Wit zich af in haar bundel *Afhankelijkheidsverklaring*. Omdat het haar zo vaak is overkomen, onderzoekt ze wat er gebeurt wanneer je voor naïef wordt uitgemaakt. 'Misschien moeten we rekening houden met de mogelijkheid dat ons wereldbeeld de wereld veroorzaakt, in plaats van omgekeerd.'

Op mijn eerste Canal Parade ging ik tussen de feestgangers op de kade staan, net voorbij een brug. Er kwam een boot aan – een lege, platte schuit, die moeilijk te zien was in het donker onder de brug. Ik stond op mijn tenen te turen. Over het laadruim was een doek gespannen en precies op het moment dat de boot voorbij de brug voer en het licht raakte, liet het doek los en sprong de bemanning tevoorschijn. Sterke, blinkende lijven werden voor mijn neus onthuld. De vlag werd gehesen en voorop spreidde een dragqueen haar armen.

Ontroerd keek ik de boot na. Ik dacht: dit is óók hoe de wereld in elkaar steekt.

‘Ik wil graag het rolmodel zijn dat ik als meisje niet had’

CARRY SLEE

Het contrast tussen de verhalen van de dertigers en schrijver Carry Slee, met haar eenenzeventig jaar de oudste geïnterviewde, is groot. Zij en haar vriendin Elles besloten samen door het leven te gaan in een tijd waarin de lhbtiq-emancipatie nog in de kinderschoenen stond. Ze stichtten een gezin toen de maatschappij daar nog op geen enkele manier klaar voor leek te zijn. Nu geldt Carry als een boegbeeld van de queer-gemeenschap.

Op papier is Carry Slee (1949) de oudste persoon die we voor onze reeks portretten spreken. Maar tegelijkertijd zullen er weinig leeftijdsgenoten van haar zijn die nog steeds zo’n aansluiting weten te vinden bij jongeren. Met bijna 6 miljoen verkochte boeken en een kast vol prijzen is Carry een van de meest succesvolle schrijvers van Nederland. Ze levert sinds 1989 gemiddeld drie boeken per jaar af, met als (commerciële) hoogtepunten *Spijt!* en *Afblijven.* Haar oeuvre maakte zaken als discriminatie, pesten, drugs en niet-hetero zijn voor inmiddels zeker twee generaties bespreekbaarder.

Ze vindt het lastig om te beoordelen wat er in een halve eeuw tijd op het gebied van homo-emancipatie is veranderd. Voor het eerst tijdens de verder bijzonder geanimeerde conversatie moet ze even nadenken; peinzend kijkt ze uit het raam, langs de weilanden op de dijk waar haar rustieke woning staat.

'De discriminatie is er nog steeds,' is haar eerste antwoord. 'Ik had misschien gehoopt dat dat ooit anders zou worden. Maar daarmee benoem ik natuurlijk geen verschil.' Ze formuleert in heldere, korte zinnen, net zoals ze schrijft. 'Er is meer openheid, dat is een enorme verbetering. Toen ik jong was, spraken mensen niet over hun geaardheid. Toen ik lesgaf op school had ik een aantal collega's met een partner van hetzelfde geslacht. Maar er werd niet over gepraat: niet bij de koffieautomaat, niet in de lunchpauze. Alles gebeurde stiekem. Het is een grote verworvenheid dat dat anno 2021 anders is dan vijftig jaar geleden.'

Maar misschien zijn er in de afgelopen decennia meer zaken níét veranderd dan wél; ze weet het niet zeker. Carry en Elles lopen nog steeds niet hand in hand en tonen in het openbaar zelden affectie naar elkaar. 'Gek eigenlijk hè,' veroordeelt Carry zichzelf. 'Dat doen we gewoon niet, nog steeds niet. Misschien komt dat ook doordat wij uit een tijd komen waarin dat voor lesbische koppels not done was.' Ze noemt ervaringen op die ervoor zorgden dat het tweetal zichzelf aanleerde publiekelijk niet te klef te doen. Het restaurant in Utrecht waar werd gevraagd of ze weg wilden gaan omdat andere gasten aanstoot namen aan twee vrouwen die elkaars handen vasthielden: 'Ik heb tot op de dag van vandaag spijt dat we nota bene de rekening nog hebben betaald.' In Zwitserland werden ze, toen al samen met hun dochters, van de camping gestuurd na antihomoklachten van andere gasten. 'Dat was een raar gevoel. Aan de andere kant waren we samen zo sterk dat het me niet zoveel uitmaakte wat de mensen dachten.'

Al als jong meisje was Carry Slee anders dan anderen. Ze gedroeg zich 'jongensachtig' en leefde naar eigen zeggen toen al in haar eigen wereldje. 'Ik trok mijn eigen plan en had nooit door wat anderen van mij verwachtten. Ik werd voortdurend verliefd op moeders of vriendinnetjes. Een meisje dat in mijn straat woonde, werkte in de fietsenstalling van haar vader. Ik was daar elke avond, gewoon om dicht bij haar te kunnen zijn. Zij was niet lesbisch en ik wist het van mijzelf ook nog niet. Maar ik werd blij van haar aanwezigheid.' De vader van het meisje werd toch erg nerveus van de verliefde elfjarige Carry. 'Ik kreeg op een gegeven moment te horen dat ik niet meer welkom was. Wekenlang ben ik letterlijk ziek geweest van liefdesverdriet.'

Zelf worstelde Carry nooit met het idee dat ze vooral op vrouwen viel. 'Ik was er eigenlijk helemaal niet mee bezig. Iedereen was toch weleens verliefd op een ander meisje? Ik zocht denk ik voor een deel de liefde die ik van mijn moeder niet echt kreeg. En ik vond het ook zo'n groot woord, lesbisch. Ik nam één vriendin in vertrouwen, die riep meteen: "nee joh, dat bén je niet!" En daarmee was het onderwerp afgesloten.'

Carry was meer bezig met de vraag wat haar plek in het leven moest zijn en hoe ze gelukkig zou kunnen worden. In eerste instantie dacht zij het geluk te vinden bij Ruud, de man met wie de schrijfster zes jaar samenwoonde. 'Hij was heel lief, ik voelde me bij hem enorm op mijn gemak. Het was oprecht een mooie tijd; we hebben elkaar opgevangen toen we dat allebei nodig hadden. Achteraf bezien waren we meer broer en zus dan minnaars. We vreeën wel, maar met de kennis van nu haalde ik uit die fysieke relatie niet wat ik uit vrijen met Elles haal. Dat was een ander niveau.'

Ze leerde haar grote liefde kennen op de Academie voor Expressie door Woord en Gebaar, waar zij allebei een opleiding volgden. 'Zodra ik haar zag, wist ik dat ik Elles wilde.' Het duurde echter twee jaar en heel wat dates voordat Elles er ook achter was dat ze eigenlijk een voorkeur voor vrouwen had. 'Ik voelde dat we voor elkaar bestemd waren. Ze gaf me steeds kleine signaaltjes: als we ging borrelen, mocht ik een arm om haar heen slaan. De volgende keer mocht ik haar een voorzichtige zoen geven. Daar maakte ik uit op dat er inderdaad méér speelde.'

Toen Elles op een avond vroeg of ze thuis langs kon komen, wist Carry meteen hoe laat het was. 'Het was direct aan: twee jonge mensen die barstten van de hormonen. Je kunt je niet voorstellen wat een ontlading dat is als je twee jaar om elkaar heen hebt lopen draaien.' Het waren de progressieve jaren zeventig: in eerste instantie probeerden de twee vrouwen samen met Ruud door het leven te gaan. Maar uiteindelijk bleek deze constructie toch niet te werken. Carry schreef over deze periode het boek *De toegift*. 'Het moest allemaal maar kunnen in die tijd. Ruud vond het natuurlijk heel opwindend. Maar ik wilde Elles niet delen, het voelde onprettig en ook oneerlijk naar Ruud. Ik heb hem toen gevraagd te vertrekken; hij vond het lastig, maar deed het wel.'

Met de komst van Elles van den Berg in haar leven vielen alle puzzelstukjes voor Carry op hun plek. In haar nieuwe liefde vond de twintiger alles wat zij hiervoor had gemist in het leven en in zichzelf. Samen konden de twee verliefde, gelukkige vrouwen de hele wereld aan, zo voelde het. Haar ouders reageerden opvallend ontspannen op het nieuws; het scheelde dat een van de werknemers in het naaiatelier van haar vader openlijk lesbisch was. En in de vrijzinnige gangen van de Academie voor Expressie keek eigenlijk niemand op van lhbtiq'ers.

Overigens heeft Carry nooit de behoefte gevoeld de gayscene verder te gaan verkennen. 'Ik vind het soms zelfs eng hoe homo's en lesbiennes automatisch naar elkaar toe trekken,' peinst ze. 'Het is geweldig als andere mensen zich daar goed bij voelen. Maar het feit dat je allebei op vrouwen valt, betekent voor mij niet direct dat je een klik hebt. Er zijn duizenden verschillende soorten hetero's die niets met elkaar delen behalve het feit dat ze op het andere geslacht vallen – datzelfde principe geldt net zo goed voor lhbtiq'ers.'

Buiten hun vertrouwde artistieke bubbel leidde de relatie wel tot gefronste wenkbrauwen. Carry ging na de opleiding werken als dramadocent op een katholieke school in Zaandam. 'Het was natuurlijk niet de bedoeling dat ik de leerlingen daadwerkelijk ging vertellen dat ik met een vrouw samenwoonde,' herinnert zij zich nog goed. 'Maar dat deed ik wél. Er zaten alleen maar meisjes in mijn klas; statistisch gezien moesten één of twee van hen dezelfde gevoelens als ik hebben. Voor die twee wilde ik een voorbeeld zijn.'

Een dieptepunt op discriminatiegebied was de geboorte van hun eerste dochter. In de jaren zeventig werd het nog als revolutionair gezien als lesbische koppels bewust moeder wilden worden.

'Elles en ik hebben in een Amsterdamse kliniek een consult aangevraagd over kunstmatige inseminatie. Het was een raar, merkwaardig gesprek: de vrouw die het gesprek leidde, stelde heel intieme vragen over ons seksleven. We zagen totaal niet in wat dat te maken had met het krijgen van een kind. Maar je beantwoordt alles toch maar: je wilt graag dat zaad, dus je gaat verder dan je in andere omstandigheden was gegaan.'

Uiteindelijk zagen ze af van ki: zij wilden dat hun kinderen een aanwijsbare vader zouden hebben. Een vriend bleek bereid donor te worden, de conceptie vond plaats op natuurlijke wijze. Carry beviel in het Wilhelmina Gasthuis aan de Overtoom, maar de tolerantie was ver te zoeken. 'Toen we met z'n tweeën binnenliepen, vroeg de vroedvrouw waar mijn man was. Ik zei blij: mijn vriendin en ik krijgen een kind! "O, bent u er zo een," was de kille reactie.' Elles werd meteen naar huis gestuurd; Carry werd urenlang op een donker kamertje gelegd, alleen met haar weeën.

'Je zou zo'n pottenhaatster nu voor de Tuchtraad slepen voor de manier waarop ze met ons omging,' verzucht ze ruim veertig jaar later. 'Maar we zeiden natuurlijk niets. Het voelde alsof dat de prijs was die wij als niet-hetero's moesten betalen voor de hulp bij de bevalling.' Pas toen Carry volledige ontsluiting had, was er een verpleegster zo aardig om Elles in te seinen dat ze moest komen.

Ook de administratie van de gemeente Amsterdam was in die tijd nog niet ingericht op niet-heteroseksuele ouders. 'We kregen een brief met de bevestiging van de inschrijving van Nadja. "Voor de ongehuwde moeder" stond erboven; Nadja was geregistreerd als een "onwettig kind". Ook juridisch was er nauwelijks iets te regelen voor onze dochter. Het wettelijk gezag in geval van overlijden kon je niet vastleggen. We hebben wel een testament opgesteld, zodat onze dochter als we allebei zouden overlijden alles zou erven.'

Toen Elles twee jaar later beviel van hun tweede dochter Masja, kreeg toenmalig dramadocente Carry geen vrij van school. De directeur zag niet in waarom zij bij de bevalling van 'zomaar iemand' aanwezig zou moeten zijn. Dat was de druppel die ervoor zorgde dat ze ontslag nam.

Carry en haar vriendin namen zich voor zich voortaan niet meer dwars te laten zitten door types die het fatsoen en respect voor hun samenzijn niet konden opbrengen. Het was zij tegen de rest; samen met hun kinderen creëerden zij hun eigen veilige wereld. In het gezin moest een open, toegankelijke sfeer heersen waarin alles bespreekbaar was, een gevoel dat Carry zelf in haar jeugd nog weleens had gemist. De moeders deden zichzelf tegenover hun kinderen bewust nooit voor als onfeilbaar, zoals de generatie daarvoor dat wél had gedaan. Als er fouten werden gemaakt, was er altijd de vrijheid om binnen het gezin te zoeken naar oplossingen.

Het was voor dochters Nadja en Masja vreemd om te merken dat de open en respectvolle norm die binnen het gezin gold, in de boze buitenwereld lang niet altijd de maat was. 'Toen Nadja een jaar of vier was, werd zij door de moeder van een vriendinnetje uitgehoord: waarom zij geen vader had, en wie haar verwekt had. Het is bizar om dat aan een kind van die leeftijd te vragen. Voor haar was het tot die tijd heel logisch om twee moeders te hebben, nu voelde zij zich opeens anders en vreemd. Het is frustrerend dat je je kinderen niet tegen dat soort haat en discriminatie kan beschermen. Het is belangrijk dat we zulk gedrag nooit normaal gaan vinden.'

Overigens verdwenen dergelijke opmerkingen en vragen als sneeuw voor de zon toen Carry eind jaren tachtig haar debuut maakte als schrijver en snel succes oogstte met boeken als *Confetti conflict* en *Verdriet met mayonaise.* 'Opeens was ik niet meer vieze pot Carry Slee, maar Carry Slee van de bekende boeken. Opeens wilden klasgenootjes graag bij ons thuis komen.'

Het ontbrak nooit aan liefde in het moderne gezin van de twee vrouwen. Maar met terugwerkende kracht constateert Carry wel dat hun dochters bepaalde vanzelfsprekende informatie niet hebben meegekregen door de afwezigheid van een vaderfiguur. 'Zoals gays die zijn opgevoed in een heteronormatief gezin na de coming-out hun eigen weg moeten vinden, zo moesten Nadja en Masja dat ook,' legt ze uit. 'Je krijgt in een familie met twee moeders van huis uit een andere norm mee, namelijk die twee moeders. Zij hebben nooit gezien hoe een man en een vrouw in een heterorelatie met elkaar omgaan; die interactie en chemie hebben ze zelf moeten uitvinden.' De verwekkers van Nadja en Masja spelen geen actieve rol meer in hun leven. 'We hebben die keus bij onze dochters gelegd, maar zij voelen geen echte connectie met hun vaders. We hoopten zelf dat zij wel leuk contact zouden krijgen. Maar Masja zei laatst dat wat wij voor ogen hadden, veel te gecompliceerd was. We wilden een kind zonder dat de vader een plek in ons leven zou krijgen, maar hij moest wel een rol spelen in het leven van onze dochters. Dat is natuurlijk een ingewikkelde situatie.'

Het merendeel van de boeken van Carry Slee gaat over mensen die er niet helemaal bij horen – het beeld dat zij al vanaf haar jeugd van zichzelf had. Toen ze jong was, bedacht kleine Carry al verhaaltjes voor haar poppen en knuffels; Elles was degene die haar na haar ontslag als docent aanspoorde om in te zetten op een carrière als schrijver. Het werk van Carry wordt geprezen om de realistische manier waarop ze de schaduwkanten van het leven van tieners weet te beschrijven en bespreekbaar weet te maken; ze neemt haar lezers en hun problemen altijd serieus. 'Ik schrijf de boeken die ik zelf als kind graag had willen lezen. Over problemen met ouders, eenzaamheid, je onbegrepen voelen. In mijn jeugd had je alleen Joop ter Heul, die altijd vrolijk was en een vader en moeder had die nooit fouten maakten.'

Bovendien bevatten haar tientallen boeken bovengemiddelde veel 'roze' en samengestelde gezinnen. De hoofdpersonages van haar allereerste boek, Rik en Roosje, hadden al twee moeders. In *Confetti conflict* heeft de vader van de held een vriend. *Joël* gaat over een transgender en in *Paniek* worstelt een jongen met zijn coming-out. 'Ik stop geen roze plotlijntjes in al mijn verhalen, dat zou wat te veel van het goede zijn,' lacht ze. 'Maar ik voel vaak een behoefte om ons in de papieren wereld zichtbaar te maken. Net zoals we zichtbaar moeten zijn in de echte wereld.'

Carry is sinds het begin van haar schrijverscarrière open over het feit dat ze een vriendin heeft en een gezin. 'Ik wil mezelf niet verloochenen, ik ben er trots op dat ik lesbisch ben. Als kinderen me tijdens een voorleesbijeenkomst vragen of ik een man heb, vertel ik altijd dat ik een vriendin en twee dochters heb. Ik wil graag het rolmodel zijn dat ik als jong meisje niet had. In brieven die ik van kinderen krijg, doen zij geregeld de hartelijke groeten aan mijn gezin.'

Carry ontvangt bijna elke week mails van jonge lhbtiq'ers die niet uit de kast durven te komen. 'Ik vind het zorgelijk dat nog steeds veel jongeren zo enorm tegen hun coming-out opzien. Je zou denken dat we daar na al die jaren toch wat verder in zouden zijn dan toen ik die leeftijd had. Het is nooit goed om je gevoelens te negeren en weg te drukken omdat je bang bent niet geaccepteerd te worden. Dat is ook altijd het advies dat ik geef aan jongens en meisjes die schrijven dat ze bang zijn voor wat komen gaat als ze zeggen dat ze anders zijn.' Soms krijgt ze in de loop der tijd meer mails van dezelfde afzender. 'Ik kreeg vorige maand een heel epistel van iemand die ik eerder zulk advies had gegeven. Ze zei: dank je wel, ik heb nu een ontzettend leuke relatie en ben helemaal happy. Van zulke reacties word ik heel gelukkig.'

Haar taboedoorbrekende oeuvre en die open houding die ze de afgelopen decennia bezigt, leverden haar een aantal prestigieuze onderscheidingen op. In 2010 werd ze benoemd tot Officier in de Orde van Oranje-Nassau. Vier jaar later volgde de Bob Angelo Penning, de belangrijkste Nederlandse prijs op het gebied van lhbtiq-emancipatie. 'Een hele generatie groeit dankzij Slee op met lievelingsboeken waarin het gewoon is om lesbienne, homo, bi of transgender te zijn,' prees het COC bij de uitreiking. De schrijver glimlacht. 'Natuurlijk, het is altijd leuk als je wordt gewaardeerd. Maar ik ben al zo lang lesbisch, hè. Het grootste goed in dit leven blijft dat je jezelf vindt.'

Carry en Elles zijn inmiddels zesenveertig jaar samen. Tijdens het gesprek, dat vanwege de corona-epidemie via Zoom plaatsvindt, komt Elles even de kamer binnen om haar vriendin een kopje thee te brengen. Liefdevol geeft zij haar een tedere kus op het voorhoofd en verdwijnt weer uit beeld. Carry kijkt met een glimlach opzij.

Ze zijn nog steeds niet getrouwd, maar tekenden wel een samenlevingscontract. 'Dat contract dekt juridisch veel af voor de kinderen. We vonden het onzin om na drie decennia nog te gaan trouwen louter omdat het kon. Het is goed dat het kan, dat de wet ons niet meer ziet als minder dan een heterokoppel. Maar ik heb nooit gedroomd van een grote bruiloft, ik hou helemaal niet van jurken. We zijn al zo lang samen, dat is alle bevestiging die we nodig hebben.'

De moeders betreuren het wel dat de wet voor hun twee dochters te laat kwam. 'De kinderen waren inmiddels volwassen, dus het had niet veel nut meer. Maar als die trouwwet er eerder was geweest, dan hadden onze dochters allebei Slee kunnen heten.' Nu hebben de zusjes allebei een andere achternaam. 'Dat heeft op school vaak tot onnodige vragen geleid, dat was best vervelend.'

Er is geen geheim om lang en gelukkig samen te blijven, stelt Carry. 'Als je van elkaar houdt, is dat vanzelfsprekend. Dan blijf je bij elkaar, je hebt al zoveel samen gedeeld. Ik vind het heel mooi en ontroerend om elkaar ouder te zien worden. Toen Elles een leesbril kreeg, moest ik even huilen. Ik kan me niet voorstellen ooit met een partner te zijn die onze kinderen niet heeft zien opgroeien.' Het is belangrijk om te erkennen dat je allebei door de jaren heen verandert, voegt ze daar na een korte pauze aan toe. 'Niemand blijft tijdens een leven dezelfde persoon. Dus je moet nooit te krampachtig vasthouden aan de vorm die in het verleden voor jullie werkte. Geef elkaar de ruimte als de ander daar soms de behoefte aan heeft.'

Zo is Elles een fervent wereldreiziger, terwijl Carry zichzelf een 'kluizenaar' noemt. 'Ik ben het gelukkigst als ik thuis lekker kan tutten en moederen. Elles is vaak op reis geweest zonder mij. Het is niet gezellig als je een paar weken zonder elkaar moet leven. Maar als een ander dat nodig heeft, dan is dat prima. Blijf altijd op elkaar letten en zie wat de ander nodig heeft in het leven.'

Doen lhbtiq-koppels dat beter dan heterokoppels?

'Ik weet niet veel van heterokoppels. Maar ik denk het wel. Ik denk dat je in een heterorelatie sneller gaat leven naar de gevestigde rolpatronen omdat je denkt dat dat zo hoort. Wij hebben in onze relatie natuurlijk ook rolpatronen ontwikkeld. Maar die zijn vooral zo gegroeid omdat de één bepaalde dingen beter kan of leuker vindt dan de ander. Niet omdat ze nou eenmaal zo horen. Het is als homo of lesbienne veel gemakkelijker om dingen anders te doen dan anderen. Je wordt sneller gedwongen om na te denken wat je nou écht wilt in het leven en waar je écht voor staat. Ik heb dat altijd als een heel groot voordeel ervaren.'

‘In de machocultuur van de topsport is het nog steeds not done dat je homo bent’

BARBARA BAREND

Ze rekent zichzelf tot de burgerlijke homo’s. In de zin van: keurig getrouwd, koopwoning, twee blakende kinderen. Toen ze met Alette trouwde was ze vijf maanden zwanger, inmiddels is Seb tien en wandelt ook dochter Livia van zeven in hun huis in Aerdenhout rond. ‘We staan om zeven uur ’s ochtends op en dan wordt de havermoutpap gemaakt en de jus geperst.’ Maar is sportjournalist/presentator Barbara Barend wel zo burgerlijk als ze zelf beweert? Wij vinden haar vooral strijdbaar, zeker in de benauwde wereld van het betaald voetbal. Een gesprek met een activistische ‘gezinsvrouw’.

Barbara Barend is de drijvende kracht achter de sportglossy *Helden* en schuift regelmatig als voetbalanalist bij radio- en tv-programma’s aan. We spreken haar coronaproof via Zoom. Haar haar nog nat van het douchen, ze is vanavond nog snel even naar de sportschool gegaan. Een grote kop thee in haar handen, haar vrouw Alette legt de kinderen op bed.

Hoeveel homoseksuele voetballers ken je?

‘Rafael van der Vaart heeft me ooit verteld dat er in zijn team bij Real Madrid iemand speelde die ook met jongens zoende. Iedereen vond dat normaal. Rafael zei: het zal mij een zorg zijn, Bar. Maar hij was dat niet gewend.’ Ze kent meer verhalen. Van een Nederlander die in de eredivisie speelt bijvoorbeeld. Hij had Barbara tijdens een avondje stappen geadviseerd om haar wenkbrauwen te epileren ('welke jongen doet dat nou?!') en in een telefoongesprek een dag later vertelde hij haar dat hij op 'Justin Timberlake-achtige jongens' viel. Dus je bent homo? vroeg ze. Zijn antwoord: 'Als ik daarvoor uitkom word ik gelyncht.'

'Voetbal is een machosport,' benadrukt Barbara Barend (1974). 'En in die machocultuur is homo-zijn nog steeds not done. Tegelijkertijd zijn er in de topsport veel lesbiennes – niet alleen bij voetbal. De tennisster Navrátilová was al jong openlijk lesbisch. Sabatini heeft al jarenlang een vriendin. Veel van onze hockeyvrouwen zijn openlijk met een vrouw. De machocultuur kent twee gezichten: het maakt het voor homomannen moeilijk om voor hun geaardheid uit te komen, voor lesbische vrouwen makkelijker.

Mijn moeder is ooit het eerste vrouwenvoetbalteam van Buitenveldert begonnen, dat is nu de grootste vrouwenvoetbalvereniging van Europa. Merel van Dongen, die nu voor Atlético Madrid speelt, komt daar ook vandaan. Mijn moeder was toen een van de vijf heterovrouwen in dat team. Het was geen issue. Andersom, als twee heteromannen met vijftien homo's voetballen, voelen ze zich bedreigd, denk ik. De meeste homohaat komt volgens mij voort uit angst voor je eigen mannelijkheid.'

Om deze cultuur in Nederland te veranderen is het volgens Barbara nodig dat een of twee voetballers uit de kast komen. Dan zal blijken dat de reacties niet zo negatief zullen zijn als gevreesd. Het is wel van belang dat er een goed vangnet is. Trainers, medespelers en coaches moeten uitstralen: don't you mess with us, blijf van onze teamgenoot af. Die veiligheid is er nog te weinig in het voetbal. Aan de andere kant ben ik er ook van overtuigd dat we als homo's een groot deel van de ellende over onszelf afroepen. We zijn bang voor wat gaat komen, maar vaak gaat er niets mis.'

Soms wel, en dat weet ze. En niet alleen in de voetballerij. In april 2017 werden Jasper en Ronnie uit Arnhem door een groep jongeren met een betonschaar in elkaar geslagen omdat ze hand in hand liepen. Barbara las dat nieuws en vond het opvallend – 'zielig', zoals zij het verwoordt – dat die jongens verklaarden dat ze normaal nooit 'provoceerden'. Ze kwamen terug van een feest, hadden wat gedronken, het was laat, stil op straat, en dus pakten ze elkaars hand.

'Toen dacht ik: jezusmina, dat dat niet meer kan!' Ze twitterde: 'Kunnen deze hele week alle mannen (hetero en homo) alsjeblieft gewoon hand in hand lopen...' De hashtags #handinhand en #allemannenhandinhand waren geboren. De actie had volgens Bas Heijne 'iets hypocriets', maar de meeste mensen reageerden positief. Dj's fotografeerden zichzelf hand in hand met een collega, politici en BN'ers deden hetzelfde. Het was een geslaagde actie, al relativeert ze die meteen: 'Uiteindelijk verandert er niet zoveel. Dit weekend zijn er weer twee homo's uitgescholden en bespuugd.'

Word je daar cynisch van?

'Ik word er vooral heel boos van. De vaders van onze kinderen doen er alles aan om te vermijden dat ze op straat zichtbaar homo zijn. Zij zullen nooit hand in hand lopen, elkaar een betekenisvolle blik toewerpen of genegenheid tonen. Dat is toch te triest voor woorden? Het is inmiddels hun tweede natuur. Hele keurige jongens die de vernedering van uitgescholden worden gewoon niet willen meemaken.'

En jij en je vrouw, lopen jullie hand in hand?

'Alette vindt het niet altijd prettig, maar we doen het soms wel. Maar goed, vrouwen lopen sowieso wel vaker hand in hand. Of in ieder geval gearmd.'

Hoe vinden jullie kinderen dat?

'Onze kinderen zijn nog jong. Zij vinden het gewoon héél stom als we hand in hand lopen. Wij mogen elkaar niet aanraken, niet kussen, maar dat vinden alle kinderen van hun ouders. En verder, wij zijn de norm, hè. Zij zeggen trots: mijn papa's zijn homoseksueel, mijn mama's zijn lesbi. Seb en Liv vinden het vooral fantastisch dat ze twee moeders en twee vaders hebben, en dan ook nog al die opa's en oma's. Ze worden overspoeld met liefde. Zij zien vooral de voordelen. Op school zijn veel kinderen jaloers op hen, al die cadeaus die ze krijgen. Het is een vrolijk en leuk leven.'

Worden ze er op school op aangesproken dat ze homo-ouders hebben?

'Nee joh. Onze kinderen vertellen het onbevangen aan iedereen. En andere kinderen zijn wat dat betreft heel onschuldig. Die vragen: jij hebt twee mama's, hoe kan dat? Dan leggen mijn kinderen het uit en komt er een "o" en lopen ze door. Onze zoon vertelde laatst dat hij klasgenootjes met "homo" hoorde schelden. Het is zo'n braverd, hij is naar die kinderen toe gelopen en zei: ik vind het niet leuk dat je dat zegt, want mijn papa is homoseksueel en die is hartstikke lief. Die kinderen schrokken natuurlijk en zeiden sorry.

We wonen in een brave buurt, vergeet dat niet. We zijn een gezin als elk ander gezin. Wat we weleens van andere ouders terugkrijgen is dat ze het fijn vinden dat hun kinderen ook eens zien dat er nog iets anders bestaat dan alleen heteroliefde. Of ze zeggen jaloers: "jullie kunnen de kinderen bij de vaders stallen en dan lekker samen weggaan!" We hebben op school of in de buurt nog nooit iets naars meegemaakt.'

Barbara en Alette hebben de kinderen al jong verteld hoe de familiebanden in elkaar zaten. De vader is altijd in beeld geweest, en ze hadden afgesproken dat als hun zoon vragen zou gaan stellen, ze die zouden beantwoorden. 'Psychologen zeggen dat kinderen rond een jaar of vier dingen willen weten, maar Seb was nog geen twee. Hij kon ook al heel goed praten. Hoe zat het nou, want alle kinderen hebben toch een papa? Wie is mijn papa dan? Is opa Frits mijn papa?

Hij hoorde mij natuurlijk papa tegen Frits zeggen. Ik weet nog precies waar we zaten en dat ik Alette aankeek, en toen zeiden we: ja weet je, die ene vriend die altijd langskomt... dat is je papa. Toen was hij nog te jong om het echt te snappen. Seb woont bij ons, en zag zijn vader toen eens in de drie weken. Ze zien elkaar nu vaker. En Liv weet niet anders omdat ze Seb altijd papa heeft horen zeggen. Ze zijn bij het afzwemmen, verjaardagen en ze staan soms ook op het schoolplein. Voor Vaderdag krijgen ze cadeaus.

We hadden eens een schoolvoorstelling in Bloemendaal en iedereen kreeg twee kaartjes per kind. Alleen de ouders mochten komen. In onze envelop zaten vier kaartjes, dus ik ging terug naar school. Zei het hoofd van de school: nee, het is geen vergissing, jullie kinderen hebben toch ook vier ouders? Zo schattig. En dat op de katholieke basisschool Antonius.'

In 2012 was Barbara Barend samen met Mariska de Haas, destijds hoofdredacteur van het *Katholiek Dagblad*, te gast bij *Pauw & Witteman* om over het lesbisch ouderschap te debatteren. Seb was net geboren en Barbara had zich verbaasd over het feit dat Alette, als 'meemoeder', haar zoon moest adopteren om als ouder rechten te hebben, ook al waren ze getrouwd.

Voordat de Wet lesbisch ouderschap werd ingevoerd zat het zo: een niet-biologische moeder kon alleen juridisch ouder worden via een adoptieprocedure – ook wanneer de moeders getrouwd waren. Wat een rechtsongelijkheid betekende, aangezien een niet-biologische vader (stel je een heterostel voor dat gebruikmaakt van een zaaddonor) zijn kind gewoon bij de burgerlijke stand kon erkennen.

Op 30 oktober 2012 stemde de Tweede Kamer in met de Wet lesbisch ouderschap, die op 1 april 2014 werd ingevoerd. Daarmee kwam er een einde aan die ongelijkheid en werd de positie van de moeder-zonder-navelstreng versterkt. Oftewel, de niet-biologische moeder in een lesbisch huwelijk werd automatisch juridisch moeder. En wanneer de vrouwen niet getrouwd waren (en zijn), dan volstaat, net als bij de niet-biologische vader, een bezoek aan het gemeentehuis. Met één maar: gehuwde niet-biologische moeders worden alleen juridisch ouder wanneer de donor anoniem is. Is de donor bekend, dan moet de biologische moeder kiezen of de donor óf haar partner het juridische ouderschap krijgt.

Afijn, tijdens de discussie tussen Barbara en de hoofdredacteur van het *Katholiek Nieuwsblad* lag het wetsvoorstel nog bij de Tweede Kamer.

Mariska de Haas begon het gesprek: 'Ik vind dat ieder kind recht heeft op een lieve vader en een lieve moeder. Hoe kun je als zoon opgroeien met twee moeders en dan later een goede vader worden en een goede echtgenoot?'

'Er is maar één ding dat telt voor een kind,' antwoordde Barbara, 'en dat is dat het in een liefdevolle en veilige situatie opgroeit.'

Mariska: 'Nee, dat is bij een hond.' Waarmee zij zichzelf voor de verdere discussie diskwalificeerde.

Terugkijkend neemt Barbara die vrouw totaal niet serieus. 'Gert-Jan Segers van de ChristenUnie doet zulke uitspraken uit geloofsovertuiging, maar De Haas deed het voor de pr. Zij was raar en evil. Ik heb vroeger ook weleens een discussie met André Rouvoet gehad, dat vond ik een goeie politicus. Ik zei hem: u bent zo'n leuke man, hoe kunt u nu tegen het homohuwelijk zijn? Hij zei: "Ik zal heel eerlijk zijn, ook wanneer we aan de macht zouden komen, zouden we het homohuwelijk nooit meer terugdraaien. Het zijn verworvenheden van het land. Mijn keuze is het niet, maar ik ben wel blij dat jij die keuze kunt maken." Die man zou nooit zeggen: een hond heeft liefde nodig, een kind een vader en moeder.'

Barbara belde ook voormalig SP-leider Emile Roemer – toen hij nog niet 'voormalig' was. Bij de Wet lesbisch ouderschap lag zijn partij in de Eerste Kamer dwars, 'niet het CDA'. Twee SP-Eerste Kamerleden, onder wie een oud-kinderrechter, vonden het wetsvoorstel niet in het belang van het kind. 'Ik zei tegen Roemer: kun jij je partij tot de orde roepen, anders ga ik actievoeren. Dit kan niet, jij bent niet de SGP, Emile! De wet is erdoorheen gekomen, dus ik denk dat hij die twee Kamerleden tot de orde heeft geroepen.'

Hoe kom je zo strijdbaar?

'Nou, kom op zeg, als we die macht hebben...'

Jij belt meteen met iedereen.

'Ja. Ik wil namen en rugnummers weten. Als ik in de positie ben om Emile Roemer te bellen, dan vind ik dat ik dat moet doen. Anders verandert er niets.'

Wanneer wist jij dat op vrouwen valt?

'Heel laat. Ik heb veel vriendjes gehad, brak veel jongensharten. Het interesseerde me niet, dan zag ik weer de volgende en dan ging ik weer door. Totdat ik twee-, drieëntwintig was en ik een sportvrouw interviewde, en dacht: wat gebeurt hier? Ik kon over niets anders meer praten. Mijn moeder zei: Bar, je bent gewoon straalverliefd. Ik had het niet echt door. Het heeft een jaar geduurd. We belden af en toe en zij zei toen tegen me: weet je dat ik op vrouwen val? Dat was voor mij een soort kassa die rinkelde, ke-tsjing! O, ik ben gewoon verliefd op jou! Niet lang daarna nam ze me mee naar een vrouwenfeest. De volgende dag heb ik het maar uitgemaakt met mijn vriend.

Als ik terugdenk waren er eerder al momenten dat ik ongemakkelijk werd van vrouwen. De sportvrouw' – ze noemt haar naam liever niet, het wereldje is te klein – 'en ik hebben even iets gehad. Ik was nog nooit zo verliefd geweest. Daarna volgde een periode dat ik met mijn beste vriendin naar vrouwenfeesten ging met vreselijke namen als de Liplickers en de Pussylounge.'

Werd je in die vrouwenwereld ook een hartenbreker?

'Daar was ik veel te verlegen voor. Bovendien vond ik het best een moeilijke scene. Veel drugs, en ik ben niet van de drugs. Het was ook een hele harde scene waar iedereen het met elkaar deed. Zo ben ik niet.'

Het duurde nog jaren voordat ze uit de kast kwam. 'Uiteindelijk heb ik het, met mijn capuchon op mijn hoofd, tegen mijn zus gezegd. Ik moet je iets heel ergs vertellen. Ze zei: kom, we gaan naar papa en mama. Mijn vader vroeg meteen wat er was. Voor ik iets kon zeggen zei mijn moeder: Frits, hou je mond nou eens, ze wil ons vertellen dat ze verliefd is op een vrouw, zie je dat dan niet? Mijn vader vond het moeilijk dat ik er zo lang alleen mee rond had gelopen. Hij ging twijfelen aan zijn opvoeding. Wat hebben we verkeerd gedaan, waarom kon onze eigen dochter het niet eerder vertellen?

Als klein meisje was ik al anders dan mijn leeftijdsgenootjes. Ik wilde op voetbal. Ik had ruzie met leraren omdat ik erg druk was. Ik was anders en slim en ik kwam op voor zwerfkatten. Ik was altijd kleren aan het inzamelen. Toen ik erachter kwam dat ik op vrouwen viel dacht ik, o please, laat me nu niet wéér anders zijn. Ik hoopte dat het weg zou gaan. Ik wilde normaal zijn, trouwen, kinderen krijgen.'

Vind je dat je ouders iets verkeerds hebben gedaan?

'Nee, helemaal niet. Mijn moeder zei toen ik een jaar of vier, vijf was al tegen hem: Frits, ik denk dat Bar later met een meisje thuiskomt. Het maakte hun niets uit. Zij dulden er ook geen vragen over. Mensen zeiden weleens tegen mijn moeder: ik heb het gehoord, wat erg voor jullie. Als iemand zei: "Hoe is dat nou, dat je ene dochter...?" Dan vulde ze aan: "dat ik een dochter heb die heteroseksueel is? Ja, dat was even wennen dat ze met een man thuiskwam." Ik heb de felheid niet alleen van mijn vader...'

Heb je het gevoel dat je obstakels bent tegengekomen vanwege je geaardheid?

'Ik denk dat het een combinatie is: vrouw, lesbisch en mijn niet al te diplomatieke manier van uiten. Die combi maakt me niet altijd even geliefd. Al is dat de laatste tijd wel minder geworden. Sinds ik moeder ben, ben ik denk ik minder fel. Soms heb ik weleens spijt van dingen die ik doe omdat het gewoon niet zo handig is, maar ik wil mezelf niet verloochenen. Ik ben liever gewoon open. Ik steek liever mijn nek uit dan dat ik per se die baan moet hebben.'

Ben je ooit een bepaalde functie misgelopen omdat je zo uitgesproken bent?

'Dat kan je nooit bewijzen.'

Heb je dat gevoel ooit gehad?

'Ik heb weleens van mensen gehoord dat het zo is... Maar ik ben daar niet gefrustreerd over, het is zoals het is. Toen ik begon was ik de enige vrouw bij EK's en WK's, nu zijn er veel meer meiden. Ik heb een weg geplaveid voor andere vrouwen, die er nu makkelijker over kunnen wandelen, en zichzelf kunnen zijn. Zo zag je bij het WK vrouwenvoetbal van 2019 veel vrouwelijke analisten. Ik heb er hard voor gestreden dat er vrouwelijke commentatoren kwamen, dat er vrouwen op de bank zaten om over voetbal te praten. Eindelijk kwam bij de NOS het besef dat het goed zou zijn als niet alleen Pierre van Hooijdonk en Ronald de Boer over vrouwenvoetbal zouden praten. Bij het afgelopen WK was Suse van Kleef de ontdekking, net als Daphne Koster en Leonne Stentler. Het zijn serieuze analisten. Bij Fox en Veronica spelen vrouwen ook een prominente rol. Dat is mooi om te zien.'

Je bent strijdbaar op elk vlak, maar tot je coming-out had je het idee dat je niet kon trouwen en geen kinderen kon krijgen.

'Dat veranderde snel daarna. Toen ik uit de kast was, had ik het gevoel dat het laatste puzzelstukje gelegd was. Ik was altijd een gelukkig mens, maar na mijn coming-out was ik helemaal vrij. Niets stond me nog in de weg. Ik wilde mijn hele leven al kinderen, dus als het me gegeven is, dacht ik, krijg ik kinderen.'

Barbara heeft voor Alette één lange relatie gehad. Andere scharrels nam ze af en toe mee naar huis, maar met meisjes was ze nooit zo'n losbol. Het ging haar te veel aan het hart. Aan Alette is ze gekoppeld door een vriendin. Maar toen de afspraak gemaakt was, durfde ze niet. Die vriendin moest mee naar de date. Het was een zwoele zomeravond. Barbara weet nog wat Alette aanhad, ze weet nog dat Alette aan kwam lopen en dat ze dacht: wat is die knap! Met haar handen onder de tafel appte ze haar vriendin, die naast haar zat, 'jezus wat een lekker ding, je hoeft niet te blijven, ga maar'.

Maar die vriendin bleef mooi zitten, die vond het veel te leuk om erbij te zijn. Vele uren later zei Alette dat het tijd was om naar huis te gaan. Barbara: 'Toen zei ik: "Ik weet niet, hoor, maar ik ga met jou mee." Ik ben nooit meer weggegaan.'

We sluiten het gesprek af. De thee is onaangeroerd gebleven, de haren zijn droog. Barbara Barend noemt zichzelf burgerlijk, zeggen we achteraf tegen elkaar, maar dat is ze alleen in het clichébeeld van huis-huwelijk-kinderen. Ze bedoelt het niet als een negatief waardeoordeel, ze ziet haar burgerlijke leven als een verworvenheid, als een van de strijden die ze heeft geleverd.

Cornald Maas (1962) is televisiepresentator en schrijver. Hij is onder meer bekend van het programma Volle Zalen, *en als commentator van het Songfestival – waar hij in deze column niet over schrijft.*

~

Homoseksualiteit is geen verdienste

CORNALD MAAS

In 1978 zag ik in de plaatselijke bioscoop van Bergen op Zoom de film *Saturday Night Fever*. Tony Manero ontsnapte in de discotheek aan het verstikkende milieu van zijn thuisbasis Brooklyn – en ik was diep onder de indruk. Ik was vijftien jaar, boekte goede schoolresultaten, was slecht in sport en puberde nauwelijks. Er ging die avond een wereld voor me open. Net voor het uitgaan föhnde John Travolta, die Manero speelde, zijn haar en monsterde hij zijn lichaam voor de spiegel, slechts gekleed in een zwarte slip, kettinkjes in de aanslag als tooi van zijn verleidelijke borsthaar. Ik was blij dat ik veilig was opgeborgen in het donker en m'n vrienden me niet konden zien: ik schaamde me voor wat nog niet tot me wilde doordringen.

Het gebeurde vaker. Tijdens de wekelijkse gymnastieklessen, als ik in de kleedkamer stiekem naar andere jongens keek, en mezelf intussen wijsmaakte dat ik dat vooral deed omdat ze zoveel sportiever en mannelijker waren dan ik. Of op het moment dat een vriend en ik tegelijkertijd op bezoek gingen bij hetzelfde meisje om verkering te vragen, zij voor hem koos en ik jaloers was – niet omdat ik haar kwijt was maar omdat zij hém confisqueerde.

In mijn jongenskamer hingen posters van Grace Jones,

Kate Bush, ABBA en – salonfähig vanwege hun optreden in Wim T. Schippers' *Waldolala* – Luv. Ik hing geen foto's aan de muur van John Travolta, Peter Frampton of Boney M.'s Bobby Farrell.

Tijdens mijn studententijd in Leiden zorgde ik ervoor dat ik tijdens de kennismakingstijd een slaapplek verwierf naast de mooiste jongen van het jaar. Met mijn nieuwe beste vriend deelde ik dagelijks lief en leed, en we bleven ook geregeld bij elkaar logeren. Er wilde maar geen belletje gaan rinkelen – ook niet toen een oudere homoseksuele student me voorhield dat ik later vast hand in hand met een jongen over het Leidse Rapenburg zou wandelen, en dat ik me dan zou herinneren dat hij me dat had voorspeld.

Pas toen ik na mijn studententijd in Amsterdam in de wereld van de kunsten en de media belandde viel alles op z'n plek. Ik was vijfentwintig, sloeg m'n slag en haalde de schade in, zogezegd. Maar wat bleef knagen: dat ik zo lang zoiets cruciaals als mijn homoseksualiteit niet onder ogen had willen zien. Dat vroeg om meer kennis en besef. Dus ik stortte me – bijna als een soort boetedoening – op informatie over de voorvechters die in aanzienlijk minder vrije tijden hun nek hadden uitgestoken en zo het pad hadden geplaveid voor mensen als ik.

Ik las over vormgever en homovoorvechter Benno Premsela, die in 1964 als eerste op tv openlijk over zijn homoseksualiteit sprak. Ik verdiepte me in de Stonewall-rellen in New York in 1969 – het begin van de Gay Pride Parades. Ik deed research voor de uitzending van Paul de Leeuw waarin René Klijn als aidspatiënt voor het eerst zijn verhaal deed. En ik besloot dat ik voortaan, als het te pas zou komen, mijn verantwoordelijkheid zou nemen en iets zou vertellen over mijn homoseksualiteit – in de krant, in een talkshow, tijdens Amsterdam Pride, of in een boek als dit. Niet omdat homoseksualiteit een verdienste is, of een 'vak,' en al helemaal niet omdat ik om die reden van het Songfestival zou houden. Maar simpelweg omdat ik eerder minder onwetend en minder beschaamd had willen zijn, en een duidelijk verhaal me toen waarschijnlijk geholpen zou hebben.

‘Ik identificeer mezelf niet als homo, ik wórd geïdentificeerd als homo’

BAS HEIJNE

Bas Heijne duidt de wereld. En dus heeft de denker, essayist, schrijver en NRC-columnist, bekroond met de P.C. Hooftprijs, ook nagedacht over de homoseksuele wereld. Hoe is de acceptatie van homoseksualiteit de afgelopen decennia veranderd? Wat is zijn kijk op het homohuwelijk? Welke (impliciete) vooroordelen bestaan nog steeds? En hoe ervaart hij de ‘gay community’? ‘Jonge mensen die ik spreek definiëren zichzelf niet heel sterk. Ik ook niet.’

‘Mijn homoseksualiteit is voor mij altijd volkomen vanzelfsprekend geweest, dat moet ik misschien meteen duidelijk maken,’ begint Bas Heijne (1960). We zijn bij hem thuis aan een Amsterdamse gracht, de muren van zijn woning zijn bekleed met boeken. Het is een van zijn twee huizen. Bas woont voor de helft van de tijd in Parijs, en steeds vaker voor méér dan de helft van de tijd. Hij zet koffie en begint meteen na te denken en te praten, iets wat bij hem vaak samengaat.

‘Als onderwerp ben ik nooit intens met homoseksualiteit bezig geweest. Ik heb er zelf ook geen worsteling mee gehad, ik vond het altijd volstrekt normaal. En ja, er zijn mensen die moeite hebben met homoseksualiteit, maar dat is niet mijn probleem. Eigenlijk is dat altijd mijn grondhouding geweest, al kan ik dat nu beter verwoorden dan toen ik jong was.'

Wanneer had je voor het eerst gevoelens voor een jongen?

'De eerste keer dat me iets opviel was rond mijn dertiende. Ik was met mijn ouders in het buitenland op vakantie, aan de kust in Italië. Daar had ik een Italiaans vriendje en op een gegeven moment merkte ik dat ik wel heel erg naar die zwembroek van hem zat te kijken. Dat was nog niet expliciet seksueel. Op mijn vijftiende was ik op vakantie in Marokko, daar ontmoette ik een jongen. We waren in het water aan het spelen en toen voelde ik zijn aanraking. Toen hebben we een beetje gerommeld. Ik heb nog een tijd met hem gecorrespondeerd, het voelde als een soort verliefdheid, we stuurden elkaar cadeautjes. Maar ook toen dacht ik: het is nog niet echt iets. Ik besloot toen wel dat als ik echt een vriendje zou krijgen, ik niet tegen mijn ouders zou liegen.'

Tijdens weer een andere zomervakantie ontmoette Bas een jongen uit Maastricht.

'Ik woonde nog bij mijn ouders in Zwanenburg. Die jongen had een relatie, maar het waren de jaren zeventig en alles kon in linkse kringen. "Dubbele relaties" heette dat. Het was een stel dat al lang bij elkaar was en ik kreeg iets met een van die twee. Dat moest allemaal in de sfeer van: geen jaloezie. Ik weet niet of dat nu zo'n vliegende start was – maar ik weet niet of er überhaupt mensen zijn die een vliegende start hebben. Nu denk ik: het was gewoon een ervaring. Het heeft drie maanden geduurd en daarna ging het uit.'

Was dat voldoende reden om het je ouders te vertellen?

'Ja. Mijn vader zei meteen: als je maar gelukkig bent, we houden van je. Bij mijn moeder duurde het een maand tot ze eraan gewend was, maar daarna wilde ze alles weten.'

Heb je nooit gedacht dat je leven er anders uit zou gaan zien omdat je op mannen viel?

Bas schudt zijn hoofd. 'Nou ja, ik moet geen geschiedvervalsing plegen, maar ik kan me geen moeilijke periode herinneren. Echt niet. Mijn moeder las veel Gerard Reve en in *Lieve jongens* stond een passage die ik vaak stiekem heb opengeslagen. Toen kon ik die gevoelens nog niet helemaal duiden, maar ik heb nooit gedacht dat er iets niet klopte aan mezelf.

Daarna ging ik op verkenning, ik ging uit in Amsterdam. Het was de tijd van de disco, van decadentie, maar ook de tijd van het linkse homoactivisme, van de Rooie Flikkers uit Nijmegen. Ik had daar niet echt iets mee. Ik zocht romantiek, maar iedereen ging vreemd. Er heerste een soort collectieve bindingsangst. Rare jaren waren het. Ik kwam uit de kast – of tja, ik heb eigenlijk nooit ergens in gezeten – toen ik zeventien was, in 1977. Er was nog geen aids in die tijd, dat was het grote verschil. Of, het was er wel, maar niemand wist het. We zaten toen in een periode tussen de verkramptheid waarin homoseksualiteit maatschappelijk niet werd geaccepteerd – de generatie vóór mij – en de tijd van Harvey Milk, voorvechter van homorechten en de eerste openlijk homoseksuele politicus in Californië die in 1978 werd vermoord door een homofoob. Vlak voor die moord kwam de Amerikaanse zangeres Anita Bryant met haar homohaatcampagne. Net toen ik het mijn ouders had verteld, was er een benefietconcert met Mies Bouwman in het Concertgebouw: Miami Nightmare – "tegen de heksenjacht op homo's in Amerika", zoals dat heette.

Vlak na mijn coming-out werd de homobeweging mainstream. Want Mies Bouwman is wel mainstream te noemen. Ik weet nog dat ik in Londen naar een homoclub wilde, vijf trappen op liep, moest aanbellen en dat er dan een luikje openging. Die periode heb ik nog net meegemaakt. En ik weet ook nog dat later café April in de Reguliersdwarsstraat openging waar de deuren gewoon openstonden. Het werd even heel hip om homo te zijn.'

En toen kwam aids. In 1981 werden de eerste Nederlandse aidspatiënten in ziekenhuizen opgenomen, de VS was toen al opgeschrikt door de 'gay cancer' of 'homoziekte', zoals het in het begin gelabeld werd. In Afrika was de pandemie inmiddels uitgebroken.

'In Nederland was er een korte periode van vrijheid waarin homoseksualiteit breed geaccepteerd werd, alles kon en alles mocht. Tot die klap. Dat is precies de periode waarin ik ben opgegroeid. Begin jaren tachtig kreeg je de Rock Hudson-achtigen, daarna kwam Freddie Mercury.'

Acteur Rock Hudson stierf in 1985, Mercury in 1991. Was je besmet met hiv, dan betekende dat in die tijd je doodvonnis. Je had meestal nog een of twee jaar te leven. De eerste aidsdoden in Nederland vielen in 1983. Vooral mannen overleden. Tussen 1983 en 2007 stierven in Nederland bijna 4.500 mensen aan aids. Wereldwijd, geteld vanaf het begin van de pandemie, staat het aantal aidsdoden op 33 miljoen.

'De angst kwam, ook bij mezelf. Veel mensen die ik tegenkwam bij het uitgaan waren er ineens niet meer. Ik kende Frans Kellendonk, de schrijver die in 1990 aan aids overleed. Daar was ik ook een keer mee naar bed geweest, wat voor mij geen gevolgen had, en in het laatste jaar van zijn leven heb ik Kellendonk veel bezocht. Ik heb ook een week voor hem gezorgd. Dat was een ervaring die me getekend heeft.

De angst was enorm. Susan Sontag schreef erover in *AIDS and its Metaphors* in 1989. Mensen dachten dat de heksenjachten weer zouden gaan beginnen. Dat homo's als besmettingsgevaar werden gezien en weer maatschappelijke paria's zouden worden. Dat is niet gebeurd.'

Waarom niet?

'Het omgekeerde gebeurde, tenminste in Nederland en andere Europese landen. Dat vind ik een van de meest intrigerende ontwikkelingen, want iedereen zat klaar voor een ramp.

Afgezien van drugsverslaafden, waren homoseksuelen de meest voor de hand liggende groep om door de aidsepidemie gestigmatiseerd te worden. In plaats daarvan werd het lijden van de aidspatiënt in de jaren tachtig door een breed publiek omarmd. Prinses Diana bezocht aidspatiënten in ziekenhuizen. Tom Hanks speelde een aidspatiënt in de film *Philadelphia* en won daar zijn eerste Oscar voor. De Bennetonreclame met die doodzieke man op bed... Men bleek zich te kunnen vereenzelvigen met mensen die gruwelijk moesten lijden.'

'Ik denk dat de aidsepidemie een rol heeft gespeeld in de acceptatie van homoseksualiteit en zo dus ook mede de weg naar het homohuwelijk bereid heeft. Door aids werd homoseksualiteit zichtbaar als iets wat niet buiten de maatschappij stond. We moesten over homoseks praten. Zo raakten mensen ermee vertrouwd, ook mijn ouders, die ineens hoorden over veilige en onveilige seks. Ria Bremer die in haar tv-programma *Vinger aan de pols* vragen stelde over kontneuken: het was voor het eerst dat er in een actualiteitenprogramma zo'n woord werd uitgesproken. En Noraly Beyer van het NOS Journaal die vertelde over een verzoek om condoomautomaten in mannengevangenissen te plaatsen. "Over homoseks in de bajes wordt dus ook niet meer moeilijk gedaan." Ik hoor het haar nog zeggen. Dat is echt Hollands denken: in mannengevangenissen wordt gerommeld, dan kun je het maar beter veilig maken. Juist door die aidscrisis werd homoseks veel bespreekbaarder. Vóór aids kwam de buitenwereld met vragen als: Hoe doen jullie het? Wie is dan het mannetje? Dat was in de aidstijd in één klap voorbij.'

Kun je verklaren waarom er zo positief werd gereageerd?

'In de jaren tachtig hadden Nederlanders over het algemeen een heel progressieve en tegelijk pragmatische houding. Tegenwoordig zie je het tegendeel gebeuren, als het over prep gaat bijvoorbeeld. (Prep is een medicijn dat voorkomt dat je hiv oploopt, het virus dat de ziekte aids veroorzaakt.) In Engeland en Frankrijk was prep al snel makkelijk te verkrijgen, in Nederland niet. Laatst las ik een stuk in NRC *Handelsblad* over de trage, moeizame facilitering van een middel dat kan helpen een eind te maken aan de grootste pandemie van de twintigste eeuw. Daar kwam een arts in voor die het gewoon niet graag voorschreef. Hij vond dat hij daarmee vrije seks bevorderde en dat wilde hij niet.'

Dat is het Nederland van nu?

'Ik denk niet eens dat de samenleving in ideologische zin veranderd is, maar er is een soort zuurheid gekomen, een backlash. Natuurlijk zaten er ook nadelen aan die progressieve, pragmatische houding, maar veel mensen hebben nu spijt en vinden dat ze destijds te ver zijn gegaan: met kraken, met softdrugs, met homoacceptatie. Ik hoor mensen zeggen dat we in van alles "doorgeschoten" zijn, dat de vrijheid om het leven vorm te geven ten koste gaat van hun welzijn. Men is doodsbang dat er misbruik van hun tolerantie wordt gemaakt. Bovendien ligt homoseksualiteit in sommige migrantengemeenschappen nog altijd moeilijk, zeker binnen de eigen kring. Lange tijd was een progressieve bovenlaag dominant, nu is er een brede wrokkige laag bij gekomen die het debat naar zich toe heeft getrokken. Via sociale media heeft iedereen een podium. Dat zou een verklaring kunnen zijn.'

In zijn werk heeft Bas Heijne zich nooit uitbundig over zijn homoseksualiteit uitgelaten. 'Ik ben niet de Erwin Olaf van de essayistiek.' Hij staat niet op de barricades, maar als het nodig is laat hij van zich horen. Zo hield hij de George Mosse-lezing, een jaarlijkse lezing ter bevordering van de studie van homo-/lesbische geschiedenis. En toen paus Benedictus XVI stelde dat homoseksuelen 'de essentie van het menselijk wezen' vernietigen, fileerde Bas deze omfloerste homohaat in zijn column. Een jaar later, in 2013, pleitte hij vanwege Poetins antihomobeleid voor een boycot van de Olympische Winterspelen in Sotsji.

De sympathiek bedoelde hand-in-handactie, naar aanleiding van het geweldsincident in 2017 in Arnhem waarbij de twee mannen Jasper en Ronnie door een groep jongeren in elkaar werden geslagen, had volgens hem 'iets hypocriets'. 'Zoveel hetero's hebben wel een of meer homoseksuele ervaringen gehad. Erken dat eens, in plaats van de bevoogdende solidariteit van zo'n nietsverplichtende hand-in-handactie.' In zijn wekelijkse column voor NRC *Handelsblad* schreef hij hierover: 'Homo's, vooral als het over mannen gaat, worden altijd neergezet als een afgebakende mensensoort, waar je iets tegen kunt hebben of waar je voor op kunt komen.'

Hij verbergt zijn homoseksualiteit niet, maar hij ervaart die niet als zijn identiteit, vertelt hij. Bas Heijne beschouwt, dat is wat hij doet, en dat hij dan toevallig homo is, nou, dat is toevallig.

Twee jaar geleden trouwde hij met Peter. Ogenschijnlijk achteloos tussen komma's en het wereldnieuws weggemoffeld, benoemde hij het in een van zijn columns: '(...), omdat ik van de zomer eindelijk eens ga trouwen, (...)' schreef hij. Bas en Peter ontmoetten elkaar vijfendertig jaar geleden. Peter Verduyn Lunel – solofluitist bij Phion, voorheen Het Gelders Orkest – schreef in 1986 een reactie op een stuk van Bas in het studentenblad *Folia*. Waar dat over ging, of waar Peter op reageerde weet hij niet meer. Of Peter wist dat Bas homo was? 'Misschien wel, maar hij was nergens op uit.'

Tegen het homohuwelijk was hij nooit. 'In het begin was er in homoseksuele kringen veel weerstand tegen het homohuwelijk. Het werd gezien als een buigen voor de heersende normen, maar ik heb altijd gevonden dat je recht hebt om burgerlijk te zijn. Het feit dat je toevallig homo bent betekent niet dat je per se creatief of artistiek moet zijn. Als jij gezellig met een gezin om zes uur de pan op tafel wil hebben dan moet dat ook kunnen.'

Je bent niet meteen getrouwd toen het kon, twintig jaar geleden, maar twee jaar terug. Waarom?

'Peter en ik hoefden niet zo nodig te trouwen. Het was en is gewoon heel leuk tussen ons en met trouwen plak je er zo'n plaatje op. Ik hoef er geen lijntje omheen te trekken. Mijn verjaardag vier ik ook nooit. Als ik de dag voor mijn verjaardag leuk met mensen eet dan is dat mijn verjaardag.

De aanleiding om te trouwen was vooral praktisch. Op een gegeven moment heb je veel bezit en was het verstandig om iets te regelen. En toen vonden we dat we net zo goed konden trouwen. Waarom niet, we weten echt wel dat we bij elkaar blijven.'

Ze trouwden in Amsterdam bij Sloterplas omdat daar nog ruimte in de agenda was, en kozen voor de dag dat het gratis kan. Vier getuigen, geen feest. 'Ik ben wel romantisch, maar ik ben niet van de voorgeprogrammeerde romantiek. Ik vond juist de alledaagsheid van onze trouwdag zo mooi. Dat niemand er meer poeha van maakt als twee mannen in het huwelijk treden.'

Op een terras van een gaycafé in zijn andere woonplaats Parijs zag hij kortgeleden een verandering in de bediening. Voorheen werkte daar een spierbundel in T-shirt, maar laatst kreeg hij zijn koffie van een ober van wie hij niet kon zeggen of het een jongen of een meisje was. 'Er was geen etiket op te plakken. Het was een soort elf. Die verschillende vormen van gender vind ik leuk om te zien, die ober van vroeger was toch vaak een licht pornografisch afgetraind lijf in een wit T-shirt. Die onbepaaldheid van nu, dat is eigenlijk precies wat ik altijd heb gekoesterd. Dat je niet hoeft te kiezen, dat je niet in een hokje hoeft te gaan zitten.'

Was jij non-binair avant la lettre?

'Ik noem het poreus. Het heeft ook met mijn temperament te maken, met mijn blik, ik heb niet echt een gevoel van wie ik zelf ben. Ja, ik ben een man, maar ik heb niet een definitief idee van wat een man dan is. Ik hou het het liefst zo open mogelijk, als een staat van onbewustzijn. Het maakt het leven rijker. Dat zou voor mij het einddoel van een emancipatieproces zijn: openheid – of het nou gaat over kleur of seksuele voorkeur.

Die stuwende werking van de aidsepidemie op de acceptatie van homoseksualiteit... iets vergelijkbaars zie je nu met internetpornografie. Iedereen die nu opgroeit ziet porno, dat is nu eenmaal zo. Je kunt kritisch zijn over de seksualisering van de samenleving, over jongeren die denken dat ze zich in bed moeten gedragen als pornoacteurs. Maar mensen zien seks nu ook in allerlei soorten en maten, ook mannen met mannen en vrouwen met vrouwen. Homoseks wordt door pornografie gedemystificeerd, het wordt steeds normaler. En als ik in Frankrijk en Nederland jonge mensen spreek, hoor ik dat biseksualiteit meer en meer de norm is.

Dat is echt nieuw, denk ik. Al heb je natuurlijk altijd periodes gehad dat biseksualiteit in was, ook in de tijd dat ik begon, in die "dubbele relatie"-tijd. Maar door datingapps als Grindr is het nu veel makkelijker om op verkenning te gaan.'

Groeit daarmee weer een nieuwe progressievere generatie op?

'Ik denk het wel. Jonge mensen die ik spreek definiëren zichzelf niet heel sterk. Ik ook niet. Wat ik zei: het feit dat ik homo ben is voor mij volkomen vanzelfsprekend, maar ik identificeer mezelf niet als homo. Ik wórd geïdentificeerd als homo.'

Je voelt geen gemeenschapszin, geen gay connection?

'Niet in expliciete zin. In wat de homo-identiteit zou moeten zijn, zit iets heel conformistisch. Ik pas daar niet in. Intellectuele beschouwing is niet per se onderdeel van de Nederlandse gay culture. Op een gegeven moment was ik in een bar in New York en daar stond iemand wéér Cher na te doen. Terwijl, veertig jaar geleden stond er óók al iemand Cher na te doen. Ik hou van Cher, maar dan denk ik: is er nou echt zo'n innerlijk behoefte om haar na te doen? Of is dit je conformeren aan een sociaal idee van wat de homocultuur is?'

Je had het net over een nieuwe progressieve generatie, maar je ziet ook veel antihomosentiment, in Polen, in Hongarije...

'Er is ook een felle tegenreactie, zeker. Kijk naar de zogenaamde lhbtiq-vrije zones in Polen. Ook jongeren uit de SGP-gelederen en die rond Thierry Baudet zeggen dat mannen mannen moeten blijven en vrouwen vrouwen en dat er niet aan de genderrollen mag worden getornd. Er woedt nu overal een politiek-ideologische strijd. Voor autoritaire leiders als Orbán is de postmoderne seksualiteit de vijand. Het idee dat de grens tussen mannelijk en vrouwelijk wordt opgeheven, het "they" en "them" van de non-binaries, dat is voor veel mensen, ook in Nederland, bedreigend.'

'Ik heb al vroeg met mezelf afgesproken: zolang ik mijn eigen leven mag leiden, is homoseksualiteit een vanzelfsprekend onderdeel van mijn leven, maar als ik als homo word gediscrimineerd of word geconfronteerd met antihomosentimenten, dan reageer ik als homo. Hannah Arendt heeft gezegd: "Wenn man als Jude angegriffen ist, muß man sich als Jude verteidigen." Als je als Jood wordt aangesproken, dan reageer je als Jood.'

Dus als je wordt aangevallen op je homoseksualiteit?

'Dan is het meteen de beuk erin. Dan neem ik stelling, daar ben ik heel fel op. Want homoseksualiteit is altijd een maatschappelijke lakmoesproef: als mensen gaan zieken tegen homoseksuelen, ook tegen andere minderheden natuurlijk, is dat altijd een indicatie dat er iets grondig mis is in de maatschappij.

Er is ook nog zoiets als impliciete achterstelling. Juridisch gezien is de positie van de homo goed geregeld in Nederland, maar er is een verschil tussen officiële acceptatie en sociale acceptatie. Ik provoceer vrienden en kennissen weleens met de uitspraak dat NRC *Handelsblad* niet snel een homoseksuele hoofdredacteur zal krijgen. Ik word dan vreemd aangekeken, sommigen vinden het een schok dat ik er zo over denk, maar ik denk het dat waar is. Dat heeft niet te maken met uitgesproken vooroordelen, laat staan met homofobie, dat heeft te maken met impliciete vooroordelen. Mensen zijn groepsdieren, ze zoeken iets op waar ze affiniteit mee hebben. Ze kunnen zich sommige mensen gewoonweg niet in een bepaalde positie voorstellen.

Kijk, haast niemand zal nog roepen dat hij homo's haat of dat hij een racist is. Dat kun je als beschaving zien, maar dat wil niet zeggen dat vooroordelen of discriminatie verdwenen zijn. Of de hekel. Dat gaat impliciet. Zoenen in het openbaar vind ik van iederéén vies, wordt er dan gezegd. Of ze hebben het over het beschermen van kinderen als argument om homo's achter te stellen. Of: nee, ik heb niets tegen homo's, hoor, maar die gayparades, dat seksgedoe op die boten, dat hoeft van mij niet.

Ik snap dat je je als homo sterker voelt met een uitgesproken identiteit, in de lhbtiq+ met de regenboogvlag erbij, maar dat is niet mijn manier. Misschien is dat een generatieding. Identiteit is een weermiddel tegen de buitenwereld. Als je wordt aangesproken als homo, als Jood, als iemand van kleur, dan kun je niet anders dan als homo, Jood of iemand van kleur reageren – dan heb je die identiteit. Maar de fluïditeit van de identiteit, het juist niet jezelf vastpinnen, dat poreus zijn, vind ik het ideaal. En daar ontken ik mijn eigen seksualiteit niet mee, wat sommige mensen denken.

Als je je openstelt kom je dingen tegen die je nog niet kende, net zoals mijn ouders toen ze ineens met een zoon werden geconfronteerd die homo is, zoals iedereen steeds nieuwe ervaringen in zijn ideeën moet inpassen. Ook ik keek eerst vreemd op bij die non-binaire ober in Parijs, en vervolgens kantelt er ook iets in mij. Daar moet je jezelf misschien in oefenen, maar dat is waar ik voor ga.'

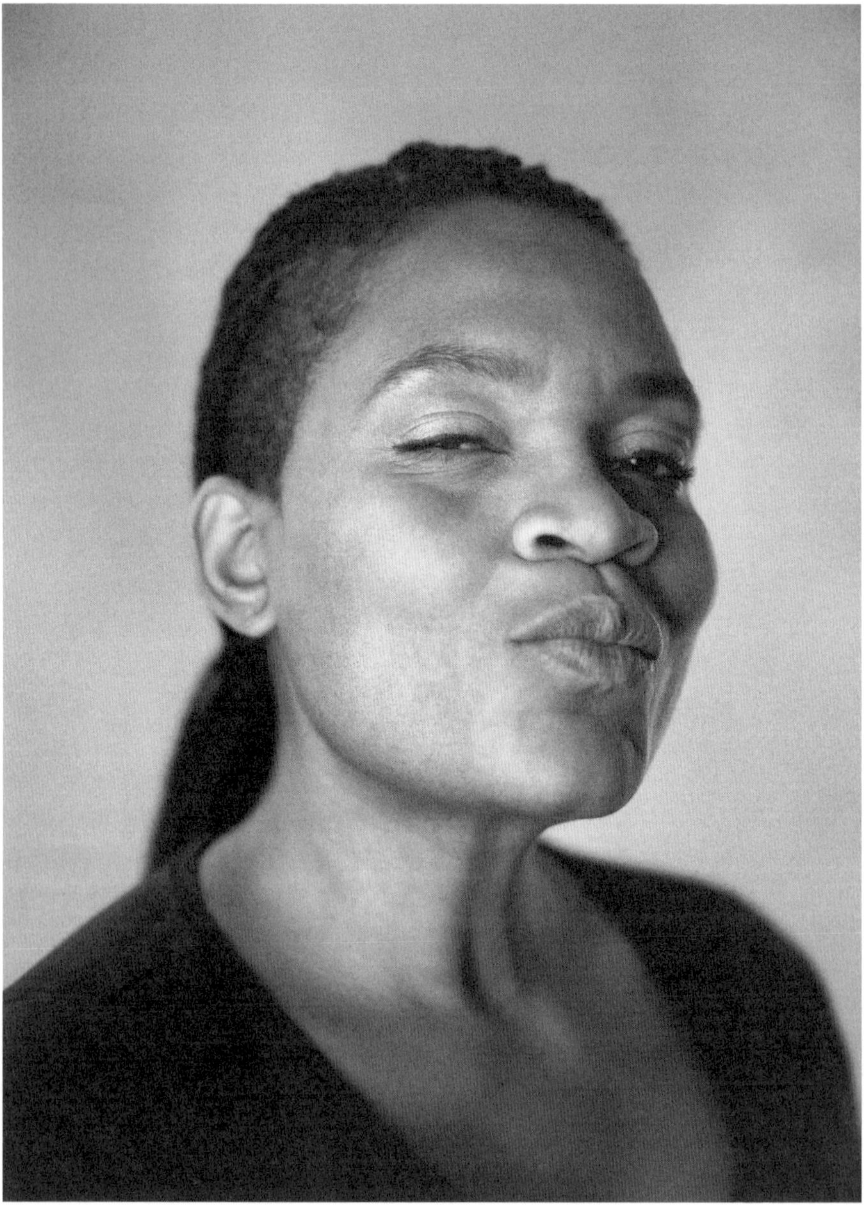

‘Heteroseksualiteit gaat over botsen en over het elkaar aanvullen, daar ben ik nu echt te oud voor’

ROMANA VREDE

Romana Vrede was lange tijd ‘gewoon Romana’, waarna ze een ‘heteroseksuele fase’ had. Nu is ze queer. Uiteraard is ze ook de winnaar van de prestigieuze Theo d’Or. We zijn benieuwd hoe ze zich staande houdt in de conservatieve toneelwereld, een wereld waarin ze als acteur bovendien een dienstbare rol aanneemt. ‘Het doet af en toe echt pijn,’ vertelt ze. ‘Dan sta je weer een rol te spelen die barst van de stereotypes en clichés. Welke wereld is dit, denk ik dan.’

Ze heeft een theorie: tot je puberteit ben je wie je bent, daarna heb je een heteroseksuele fase, totdat je ouder wordt, bij zinnen komt en weer uit de ‘heteroseksuele kast’ stapt. ‘Mensen zeggen weleens dat homoseksualiteit een fase is. Ik zeg dat heteroseksualiteit een fase is, een periode waarin je probeert te voldoen aan de eisen van de heteronormatieve maatschappij.’ Zo gezien heeft Romana Vrede dus nooit ‘in de kast’ gezeten, ze had gewoon een heteroseksuele fase.

Een potje staand plassen luidde voor haar die fase in. Ze was een jaar of acht en ontdekte dat er van meisjes andere dingen worden verwacht dan van jongens. ‘Die twee vriendjes hingen met hun piemel boven het urinoir en ik ging ook zo staan – ik kon staand plassen in die tijd – maar door hoe zij reageerden wist ik, o, dit is dus anders... meisjes moeten zitten.'

Romana Vrede (1972) is op haar vierde met haar moeder, haar oudere zus en twee oudere broers uit Suriname naar Rotterdam geëmigreerd, vlak voor de coup van Desi Bouterse in 1980. Haar moeder verdiende als trambestuurder geld voor het gezin, terwijl Romana in die jonge jaren 'gewoon Romana' was. Een kind dat buiten speelde, kikkers en muizen ving, vlotten bouwde en keer op keer in sloten viel. 'Ik had een grote mond en was niet bang. Mijn moeder vond dat nooit een probleem, die hield wel van mijn stoere attitude. Je hebt allerlei soorten meisjes, zei ze. Mijn zus had tieten en van mij dachten mensen dat ik een jongen was. Ik ben geen jongetje! riep ik dan boos terug: het feit dat jij mijn gender niet snapt is jouw probleem.'

Met meisjes had ze niet zoveel, die waren tuttig en flauw en alleen maar aan het kletsen. 'Als een klasgenootje met zo'n stemmetje zat te piepen had ik de neiging haar te schoppen of een klap in het gezicht te geven. Ik ergerde me aan die aanstellerij.' Pas op de montessorischool, haar middelbare school, werd het haar duidelijk dat er van meisjes ander gedrag verwacht werd dan klappen uitdelen en kikkers vangen.

'Van mijn zestiende tot mijn twintigste heb ik geprobeerd aan de heteronorm te voldoen, hoewel ik meisjes toch echt mooier vond. Mensen om me heen beaamden dat ook: meisjes zíjn ook veel mooier, maar met jongens heb je een relatie. Dat is dat heteronormatieve dat je moet leren. Toen ik mijn eerste vriendje kreeg, kwam ik erachter dat ik bi was. Ik vond die relaties met jongens ook heel leuk, met Michel, met Jean-Marc, met André, maar ik heb wel altijd tegen hen gezegd dat ik biseksueel was. Hoewel ik toen nog nooit iets met een vrouw had gehad.'

Was je toen al wel verliefd geweest op een vrouw?

'Ja, nee, ik herkende het gewoon niet als verliefdheid. Daar heb ik sowieso moeite mee: te herkennen dat ik verliefd ben. Ik denk alleen maar: ik vind haar tof, maar ik heb geen flings.'

Nooit?

'Nee.'

Waarom zei je dan tegen die vriendjes dat je biseksueel was?

'Omdat ik meisjes mooier vond. En spannender, aantrekkelijker. En opwindender.'

Hoe reageerden die jongens daarop?

'Die vonden dat best. Zeven van de tien vrouwen zeggen volgens mij tegen hun man dat ze biseksueel zijn. Echt, heel veel. Dat zouden we eens moeten onderzoeken. Aan de man moeten vragen: is je vrouw biseksueel? Ik denk dat de meesten zouden antwoorden: ik denk wel dat ze daarvoor open zou staan.'

Als geiligheidje...

'In eerste instantie dacht ik ook: ik word opgewonden van een vrouw, maar later besefte ik dat ik een relatie met een vrouw wilde. Ik denk dat het voor meer vrouwen zo geldt. Je lichaam spreekt eerder dan je hoofd. Maar je beseft dat niet omdat je vastzit in die heterowereld.'

Heeft iedereen een heteroperiode, ook hetero's?

'Ik denk het wel. Uiteindelijk zijn we allemaal queer. Ik geloof mensen niet die zeggen dat ze 100 procent hetero of 100 procent gay zijn. De wereld is niet binair. Het is niet man-vrouw. Yin-yang. Dat is een ouderwetse voorstelling van de man-vrouwverhoudingen die je ook constant op het toneel terugziet. Ik denk dat iedereen op het spectrum ergens tussen homoseksueel en heteroseksueel in zit.'

Als mensen vragen wat je bent, wat zeg je dan? Lesbisch, bi, queer?

'Ik denk dat ik nu queer zou zeggen. Queer en gay. Lesbisch zeg ik niet.'

Waarom niet?

'Ik vind het zo Hollands, zo ouderwets. Gay of queer past beter bij me. Ik heb een mannelijke en een vrouwelijke energie in me, dat vind ik mooi. Mijn androgyniteit wil ik altijd behouden. Als ik mijn seksuele geaardheid in een Nederlands woord moet vatten, dan zeg ik homoseksueel. Of homosensueel.'

Homosensueel?

'Ja.'

Je had het over een spectrum, waar zit jij op dat spectrum?

'Ik denk 70-30. 70 procent val ik op vrouwen, 30 procent op mannen. Het wisselt.'

'Ik geloof dat heteroseksualiteit ook met vruchtbaarheid te maken heeft, want de balans was precies andersom in mijn heteroseksuele leven: dus 30-70. Dat viel midden in mijn vruchtbare periode, van mijn twintigste tot mijn vijfendertigste.'

En als je in een relatie zit, is er dan ruimte om die biseksualiteit te consummeren?

'Die behoefte is er niet echt. Die 70-30 heeft voor een groot gedeelte te maken met de aantrekking die ik nu tot vrouwen heb, maar ook met het leven dat daarbij hoort.'

Wat voor leven is dat?

'Gelijkwaardig. Ik hou van de gelijkwaardigheid en de rust van een relatie met een vrouw. Heteroseksualiteit gaat over botsen en over het elkaar aanvullen, daar ben ik nu echt te oud voor.'

Ga je niet te veel uit van stereotype man- en vrouwbeelden? Een man kan ook meer 'vrouwelijke' eigenschappen in zich dragen en een vrouw kan 'mannelijker' zijn...

'Jazeker. Toch kan ik juist niet tegen de gedragscodes van de heterowereld, het gedrag dat mannen en vrouwen van elkaar verwachten. Ik denk genderdiffuser, veel vrijer. Maar het heeft voor mij ook met de mannelijke energie te maken, met testosteron. Ik heb daar geen behoefte aan.

Laatst kwam ik een vriend tegen met zijn nieuwe partner en ik vroeg heel naïef: is dat je broertje? Dat is eigenlijk een soort belediging, dat wéét ik, maar ik zag iets moois, een daadwerkelijk samensmelten of zo.'

In de homowereld heersen toch ook allerlei stereotyperingen?

'Absoluut, maar als iemand tegen me zegt: jij bent echt een pot, want je draagt geen make-up en niemand mag de deur voor je openhouden, dan vind ik dat jammer maar niet echt erg. Want ik vind het juist wél fijn als je voor mij de deur openhoudt. Mijn tassen draagt. Doe dat eens een keer! Bied het eens aan! Maar zo'n stereotypering vind ik minder dwingend dan wanneer er tegen me wordt gezegd dat ik zachter moet praten of met m'n benen over elkaar moet zitten. Alsof ik geen echte vrouw zou zijn wanneer ik te hard praat.'

Met haar rol als slimme, jonge advocaat Susan in *Race* won Romana Vrede in 2017 de Theo d'Or, al ging haar carrière niet in één rechte lijn richting deze toneelprijs en ook niet regelrecht naar haar rol als tafeldame bij *De Wereld Draait Door* waarmee ze landelijke bekendheid verwierf.

Romana sloot zich op haar zestiende eerst aan bij de Jehovah's Getuigen, waar ze rust in het geloof vond totdat ze er drie jaar later, na seks met een jongen, uit werd gegooid. Ze switchte naar housefeesten, werd danseres in de Now&Wow-club en was model.

Toen ze een keer deelnam aan een workshop van het Onafhankelijk Toneel werd haar gezegd dat ze eerst maar eens naar de toneelschool moest. Toevallig waren er net die week auditierondes in Arnhem. Ze werd aangenomen. Terwijl haar moeder in de avonduren een rechtenstudie volgde, vertrok de jongste van het gezin, de kikkervanger, naar de Arnhemse toneelacademie.

Met diploma op zak klopte Romana weer bij het Onafhankelijk Toneel aan en maakte daarna deel uit van dat gezelschap. Sinds 2017 is ze aangesloten bij Het Nationale Theater van Eric de Vroedt, waarvoor ze binnenkort *Faust* speelt.

Relaties had ze met mannen – voornamelijk. Met André was ze veertien jaar samen en met hem kreeg ze Charlie, haar inmiddels achttienjarige verstandelijk beperkte, autistische zoon. Ze maakte een toneelstuk, een documentaire en een boek over hem. 'Vertrouwen. Vertrouwen.' heeft ze in typemachineletters in de zachte kant van haar linkeronderarm laten tatoeëren. 'Charlie heeft dat in een droom tegen mij gezegd.'

Sinds de relatie met André voorbij is, is ze met vrouwen. 'Ik had behoefte aan een andere vorm van liefde. Ik merkte dat ik toch meer richting gay ging dan biseksualiteit en toen moest ik op mijn zesendertigste voor het eerst echt uit de kast komen.'

Haar broers en zus reageerden 'relaxed.' Haar ene broer wilde vooral foto's van haar vriendin zien. Haar andere broer, in eerste instantie geschrokken omdat hij via haar zus had gehoord dat er 'iets' was, reageerde quasi verbolgen: 'Bel me alleen als er iets belangrijks is!' En haar moeder? Die was inmiddels naar Suriname teruggekeerd en daar officier van justitie geworden. Ze wapperde even met de bijbel, maar 'toen ze klaar was met die rant was ze weer normaal'.

Is jouw familie representatief voor de Surinaamse cultuur?

'Dat weet ik niet, hoor.'

Het lijkt er toch op dat er in de Surinaamse cultuur veel homofobie is.

'Dat is een enorm vooroordeel!' Als Romana boos is, is ze fel. 'Dat is echt een belachelijk vooroordeel! We horen zoveel verhalen van witte ouders die hun kinderen verketteren en de deur uit trappen omdat ze uit de kast komen en dan vraag jij mij: is dat een typisch Surinaams ding? Die clichés zijn gevaarlijk. Pas als we de feiten op een rijtje hebben, kunnen we er iets over zeggen. Clichés houden zichzelf in stand. Want wat ik nu ook antwoord, wat blijft hangen is: Romana Vrede had een makkelijke coming-out, maar dat is ongewoon voor de Surinaamse cultuur.'

Ze vertelt over een project waar ze aan werkt, over verzet in de tijd van de slavernij. Het verzet van witte, bruine en zwarte mensen. 'Bij slavernij hebben mensen toch altijd de neiging om te zeggen: ja, maar dat was toen normaal. Dat is weer zo'n cliché, een aanname. Het was níét normaal, het is nooit normaal geweest. Iedereen is zich altijd bewust geweest dat zwarte mensen ontmenselijkt werden om de slavernij goed te praten. De witte mensen zochten, met de bijbel in de hand, naar argumenten om dat toch te kunnen doen. Er was al verzet tegen slavernij in die tijd zelf... Net zoals we nu goedlullen hoe we met het milieu omgaan, terwijl iedereen echt wel weet hoe we de aarde verwoesten. We maken onszelf blind om onrecht te rechtvaardigen.'

We incasseren de tik. Ze heeft gelijk.

Voel jij je thuis in de toneelwereld als zwarte queer vrouw?

'Hm. Ons idee van wat gender is, is nog gebaseerd op de vijftiende en zestiende eeuw. De mannenrollen in de tijd van Shakespeare en later Goethe waren stereotypen, vrouwenrollen ook. We leven nu in de eenentwintigste eeuw en we spelen nog steeds voorstellingen die gebaseerd zijn op dat ouderwetse denken over man en vrouw.'

Vooral het klassieke repertoire...

'Nieuwe stukken soms ook nog. Het toneelvak rust op een heel oude traditie die niet snel verandert. Ons eurocentrische klassieke theaterrepertoire blijft onze basis, dus ook in bewerkingen en in nieuwe voorstellingen heb je nog steeds de stereotype mannen- en vrouwenrollen. Daar komen we niet zo snel vanaf.'

Waarom is dat?

'Het is een heel conservatief beroep. Het gaat altijd om mannen met macht en vrouwen die daaronder lijden.'

Hoe merk jij dat in je werk?

'Niemand heeft me ooit gevraagd om Julia te spelen. Of Juliette of Ophelia.'

Omdat je biseksueel slash lesbisch bent?

'Nee, omdat ik niet pas bij het stereotype beeld dat mensen van die rollen hebben.'

Vanwege je huidskleur of vanwege je geaardheid?

'Beide. Ook vanwege mijn gedrag en voorkomen, want Ophelia bijvoorbeeld is degene die zo in het water' – Romana legt als bij een appelflauwte de bovenkant van haar hand op haar voorhoofd – 'tussen de bloemen zelfmoord pleegt.'

Meestal is ze de kenau, de moeder, de verdorven vrouw, de gevaarlijke vrouw. 'Maar nu ga ik *Faust* spelen. En in *Race* speelde ik een popperig advocaatje, dat vond ik heel leuk om te doen en ik won er een prijs mee.

Wat je speelt, moet je niet zijn: dat is volgens mij de kracht van acteren. Wanneer je mensen op het toneel ziet roken, zie je of het echte rokers zijn. De roker rookt achteloos. De niet-roker rookt prachtig, voor diegene is het choreografie, een poëtische toevoeging aan het personage.'

Wat een argument is om de rollen juist om te draaien.

'Daarom.'

Zo bezien is het niet dus erg dat homopersonages en transgenders door hetero's worden gespeeld...?

'Dat is wat anders. Vroeger werd alles door witte mannen gespeeld. Mannen speelden vrouwen, mannen schminkten zich en speelden zwarte mannen, mannen zetten een eyelinerstreep bij hun ogen en speelden Aziaten. Daarom vind ik juist dat homorollen door homo's moeten worden gespeeld, transgenderrollen door transgenders. We leven in een tijd dat dat nog nodig is. Als dat eenmaal gelijkwaardig is, kun je daar best mee spelen, maar tot die tijd...

De film *Girl* gaat over een transgender meisje dat ballerina wil worden, de hoofdrol wordt gespeeld door een jongen. Ook in de *The Danish Girl* wordt een transvrouw vertolkt door een man. Ik denk dat het belangrijk is om zo'n personage te laten spelen door iemand die echt queer is. *The L Word*, *La vie d'Adèle*: Heterovrouwen die lesbiennes spelen. Ik vind die series en films allemaal fantastisch, maar het is toch een klein beetje queerfacing. Het wordt toch een beetje belachelijk gemaakt.'

Maar dan kun je als homo ook geen heterorollen meer spelen.

'Nee, dat is niet de machtspositie. Als de gays, de queers en de transgenders de wereld hebben overgenomen, pas dan moeten we de witte heteromannen weer emanciperen.'

Acteren teert op een oude traditie, zeg je, maar jij propageert juist vrijheid en diversiteit. Waarom oefen je dit vak uit?

'Het doet af en toe echt pijn. Dan sta je weer een rol te spelen van een hedendaags script dat barst van de stereotypes en clichés. Welke wereld is dit, denk ik dan. En dan krijg ik te horen dat het de hedendaagse wereld is en dat ik in een bubbel leef. Dan nog blijft de vraag: moeten we dit een podium geven? Als ik dan verzoek of het script aangepast kan worden, krijg ik vaak te horen: dit is wat ik wil, ik ben de baas. Hoe vaak regisseurs dat wel niet tegen me hebben gezegd: ik ben de baas.'

Heb je weleens een rol geweigerd?

'Meerdere, maar dat waren vaak rollen in een serie of een film. Het is gevaarlijk om in stereotype beelden te blijven zitten. De transvrouw is psychotisch of de hoer die wordt vermoord. De Surinaamse familie is anti-gay. De pedofiel blijkt homo, de homo heeft aids, de zwarte lesbienne is agressief. Als er een lesbische relatie in een film zit dan komt er altijd een man voorbij en dan blijkt die ene, die knappe, toch voor de piemel te gaan. Allemaal nergens op gebaseerd. En de witte heteroman is altijd weer de held.'

Die luxe om te weigeren heb je nu je bekend bent?

'Dat deed ik vroeger ook al. Ik heb nooit gedacht: mijn carrière gaat boven mijn principes.'

De toneelwereld is niet alleen conservatief, jouw rol als acteur – we weten dat je daar de voorkeur aangeeft boven 'actrice' – is ook nog eens dienstbaar.

'Acteurs zijn net golden retrievers. Dat is ook hun kracht. Een acteur is een trouwe hond die precies probeert te vatten wat de regisseur wil, als een blindengeleidehond. De regisseur is dan de blinde. Sinds kort heb ik in mijn contract voor tv en film staan dat ik niet kom als de hele crew wit of straight is. In de cast zit meestal wel diversiteit, maar in de crew niet, en dan kom ik niet. Als de regisseur of producent dan zegt dat-ie geen diversiteit kan vinden, dan heeft mijn management een lijst met namen van cameramensen, lichtontwerpers, kostuumontwerpers, visagisten. Dat is heel fijn om te doen. Het is een regel waar Amerikanen zich al aan moeten houden hè, die moeten minstens 30 procent diversiteit hebben.'

Vergelijkbaar met een vrouwenquotum in het bedrijfsleven.

'Mensen moeten moeite doen om de wereld eerlijker te maken. De wereld draait nu om positieve discriminatie. Nepotisme. Namelijk: je kiest niet voor de persoon die de beste is voor de positie, maar je kiest voor degene die je kent. Kwaliteit is in deze witte mannenwereld juist géén argument om iemand aan te nemen. Ik zou het fijn vinden als ze zouden stoppen met de positieve discriminatie. Ik denk niet dat ik voor de rest van mijn leven blijf acteren, het begint me steeds meer op te breken. Het probleem zit in het DNA van de sector. Toen ik dertig was zat de uitdaging voor mij in het op toneel staan. Nu denk ik: maar wat vertellen we daar dan? Dan kom ik erachter dat we vaak ouderwetse verhalen vertellen. *Acteur komt op van rechts, schrikt want haar man is eerder thuisgekomen...* Daar heb ik helemaal geen zin meer in. Waarom schrikt ze? Waarom is ze met een man? Waarom komt ze thuis? Waarom heeft ze een jurk aan? Geen zin meer in.'

Zou je nog met mannen daten, die 30 procent van de 70-30-verhouding?

'Ja, ik denk het wel. 20 procent, denk ik trouwens, in plaats van 30.'

Het is tijdens dit gesprek met 10 procent afgenomen?

'Ik zei dat het wisselt, hè.'

Maartje Wortel (1982) is schrijver. Ze debuteerde in 2009 met de verhalenbundel Dit is jouw huis, *ontving de* BNG *Literatuurprijs voor* IJstijd *en in 2019 verscheen haar nieuwste roman* Dennie is een star.

~

Een irritant gesprek

MAARTJE WORTEL

Met twee exen zit ik aan tafel in mijn woonkamer. Er staat een plaat van Kendrick Lamar op. Hij rapt: Bitch sit down, be humble. We hebben het er al vaak over gehad in onze vriendengroep, die inmiddels bijna volledig uit homoseksuele vrouwen bestaat. Zitten of staan? Als in: ben jij de baas of onderwerp je je? Het is een onzinnige vraag. En een seksistische vraag bovendien. Het is de moderne variant op: ben jij de man of de vrouw? En als die vraag gesteld wordt gaat het meestal niet over werk, maar over seks.

Staan zeg ik.

Mijn exen beginnen te lachen. Dat lijkt me in dit geval geen goed teken.

Kijk, zeggen ze. Daar gaat het mis. Jij laat anderen geloven dat je staat omdat jij denkt dat je staat. Je staat, je komt zelfverzekerd over, maar daarna raak je verlegen en ga je snel en beschaamd zitten. Ze zeggen dat ik heteroseksuele meisjes aantrek omdat die meisjes ervan uitgaan dat ik het werk doe.

Waarom zouden ze dat in godsnaam denken, hoe denken jullie over heteroseksuele meisjes? vraag ik. Of over mannen?

Ze zijn nieuwsgierig maar lui, zegt een van die exen.

De meisjes of de mannen?

Die meisjes natuurlijk.

Het hele gesprek irriteert me, het lijkt godbetert wel of ik met een oude witte man praat, het slaat nergens op, want in je seksuele identiteit is nogal wat variatie mogelijk, het is bovendien afhankelijk van degene met wie je naar bed gaat. Daarbij maakt het weinig uit wat iemands geslacht is. Je kunt zitten én staan, eerst staan dan zitten of andersom, staand zitten, etc.

Ik denk aan de heteroseksuele meisjes met wie ik naar bed ben geweest. Die zijn 1: helemaal niet zo heteroseksueel. En 2: allerminst lui. Het is opvallend te noemen dat mensen op basis van hun seksuele voorkeur vooroordelen over elkaar hebben, terwijl we de vooroordelen van een ander over onze eigen 'soort' ten strengste afkeuren. Daardoor draagt iedereen bij aan een universele angst, ongeacht je sekse, geaardheid, huidskleur, namelijk: buitengesloten worden. Een ander afkeuren is soms ook identiteitsbepaling: dit is NIET wie ik ben, maar het oordeel is vaak slechts gebaseerd op een idee. (Lees: angst.)

Maar jij gaat ook weleens met een man naar bed toch? zegt een van de exen die daar zelf niet aan moet denken. Ik knik.

Dat ís toch ook heel anders? vraagt ze.

Klopt. Maar dat komt door mezelf, bij een vrouw denk ik: leuk voor mij dat ik met haar naar bed mag en bij een man denk ik: leuk voor hem dat hij met mij naar bed mag. Daardoor hou ik altijd de controle. Ik val juist op vrouwen omdat ik bij een vrouw nooit weet wie ik ga zijn, laat staan dat ik ooit zal begrijpen wie zij is. En toch begrijp ik het intuïtief. Om precies dat spanningsveld gaat het.

Ik denk aan wat een van mijn goede vrienden ooit zei toen we aan zijn keukentafel (altijd maar die tafels) spraken over de liefde. Hij zei: Het gaat erom dat je in gelijke mate tegen elkaar opkijkt. Het woord ‘homo’ betekent letterlijk: gelijk, of je nou staat of zit. Je kiest misschien niet je seksuele geaardheid, maar je kiest wel hóé je seks hebt. Sit down, be humble.

Flo de Goede (1980) is striptekenaar en illustrator. Samen met Edward van de Vendel bedacht hij poëzie in stripvorm. De Goede bracht daarnaast meerdere, semi-autobiografische strips uit onder de naam Flo.

Reconstructie: Hoe Nederland als eerste land ter wereld het 'homohuwelijk' invoerde

Dat partners van hetzelfde geslacht in Nederland mogen trouwen voelt anno nu als een vanzelfsprekendheid. Maar dat was het lange tijd niet. Integendeel, de weg naar de openstelling van het huwelijk op 1 april 2001 was lang, moeizaam en telde veel hordes die alleen door vasthoudendheid van enkele hoofdrolspelers konden worden geslecht.

Aan het begin van de lange weg naar de openstelling van het burgerlijk huwelijk staat Mies Bouwman. De in 2018 overleden televisie-icoon verleende in oktober 1977 haar medewerking aan een grote protestavond in het Concertgebouw in Amsterdam tegen Anita Bryant. Deze christelijke Amerikaanse zangeres had zich dat jaar ontpopt tot het gezicht van de antihomolobby toen zij het voor elkaar kreeg dat discriminatie van homo's in Miami niet langer strafbaar was. Haar haatcampagne leidde internationaal tot een stormvloed aan protesten. Zo ook in Nederland. Op verzoek van toenmalig TROS-programmamaker Henk Krol presenteerde Mies Bouwman een benefietconcert. Onder de noemer 'Miami Nightmare' toonden verschillende grote artiesten hun solidariteit met de homo-emancipatie.

'Die enge Bryant predikte haat tegen homo's in Amerika,' vertelde Bouwman in 2011 in *HP/De Tijd*. 'Er waren afschuwelijke verhalen van homo's die zelfmoord pleegden.' Mede dankzij de steun van Bouwman stonden Nederlandse sterren als de Zangeres Zonder Naam, Martine Bijl, Jos Brink en Robert Long in de rij om mee te werken. 'In die tijd vonden sommige mensen homo's walgelijk. Ik dacht alleen maar: waar zijn we mee bezig?!'

Henk Krol (toen 27) spreekt na bijna een halve eeuw nog over die avond alsof het gisteren was. 'Het was, na de eerste Roze Zaterdag in juni 1977, de eerste keer dat een homo-evenement werd georganiseerd op een grote publieke locatie,' vertelt hij niet zonder trots. 'Tot die tijd vonden gay-avonden plaats in nichtenkroegen in achterafstraatjes. Van die plekken waar je eerst op de deur moest kloppen en er door een luikje gekeken werd of je wel deugde voordat je naar binnen mocht. In die jaren bestond homoseksualiteit voor veel Nederlanders gewoon nog niet en de meeste gays bleven hun hele leven veilig in de kast zitten.'

Dankzij de medewerking van Mies Bouwman werd er die avond in het Concertgebouw meer geld ingezameld dan verwacht. Het grootste deel van de ruim 100.000 gulden werd gebruikt om namens de Nederlandse homogemeenschap twee grote advertenties in Amerikaanse media te plaatsen (waaronder *Time Magazine*) waarin de woede en afkeuring over de uitspraken van Anita Bryant kenbaar werd gemaakt. Maar er was geld over, vertelt Krol, en ze besloten een stichting op te richten die zou verkennen of een rechtsgeldige relatiebezegeling voor homoseksuelen en lesbiennes mogelijk zou kunnen worden: de Stichting Vrije Relatierechten. Later ging deze organisatie op in de Stichting Vrienden van de *Gay Krant*, het blad waarvan Krol tussen 1980 en 2012 hoofdredacteur was. Op deze manier kon hij zaken die destijds belangrijk waren voor de homogemeenschap beter onder de aandacht van het grote publiek krijgen.

Zelfs het COC was mordicus tegen

De *Gay Krant* plaveide met een lange reeks artikelen over een periode van zo'n vijftien jaar de weg voor de daadwerkelijke openstelling van het burgerlijk huwelijk, betoogt Krol. 'Zelfs binnen de homogemeenschap was er in de jaren tachtig nog veel discussie en verschil van mening over het nut en de noodzaak van zo'n stap. Veel gays vonden dat wij ons niet gelijk moesten stellen aan hetero's. Homo's en lesbiennes waren vrijgevochten en anders, waarom zouden wij iets burgerlijks willen als trouwen?' Zelfs homobelangenorganisatie COC was lange tijd mordicus tegen: homo's en lesbiennes zaten toch niet te wachten op een truttig papiertje als een trouwakte? 'Natuurlijk is zo'n mening ieders goed recht. Maar als je het wél wilt, moet die mogelijkheid er zijn. Het ging en gaat erom dat we dezelfde keuzes kunnen maken als heteroseksuelen. Doordat we daar in de *Gay Krant* op bleven hameren, zijn mensen er meer over na gaan denken.'

In mei 1988 werd Krol benaderd door jurist Jan Wolter Wabeke, op dat moment werkzaam als officier van justitie en kantonrechter in Dordrecht. 'De ongelijkheid en de vraag of er juridisch grote obstakels waren om deze rechten gelijk te trekken, intrigeerden me enorm,' herinnert Wabeke zich. Zijn interesse werd gewekt toen er onder zijn leiding onderzoek werd gedaan naar uitkeringsfraude. Het ging om gevallen waarin alleenstaanden met een uitkering verhulden dat ze samenwoonden. Het stoorde hem dat in die fraudezaken, in het belang van de overheid, samenwonenden van gelijk geslacht werden gekenmerkt als 'getrouwd stel'. Maar tegelijkertijd werd dat soort samenwonen helemaal niet als een huwelijk beschouwd.

Homoseksuelen die hun verbintenis wettelijk wilden bestendigen, waren toentertijd aangewezen op notariële akten, zogenoemde 'relatiecontracten' en hadden geen recht op de voordelen die aan die huwelijkse staat werden verbonden, zoals bijvoorbeeld nabestaandenpensioen. 'Ik baalde ervan dat ik jarenlang dezelfde pensioenpremies moest betalen als mijn getrouwde collega's maar dat mijn partner, als ik zou overlijden, daar geen cent van zou terugzien.'

Na een grondige studie samen met hoogleraar economie Arnold Heertje constateerde Wabeke dat er in de wet eigenlijk geen echte beletsels, en zelfs mogelijkheden te vinden waren om de openstelling van het huwelijk voor paren van gelijk geslacht te bewerkstelligen. 'De wettelijke tekst over het huwelijk was volledig op man en vrouw gericht,' legt hij uit. 'Maar er stond nergens expliciet dat deze verbintenis alleen tussen een man en een vrouw kon worden gesloten. Het systeem bleek met kleine aanpassingen volledig geschikt voor een universeel huwelijk.' De jurist kon echter, gezien zijn positie als officier van justitie, niet zelf het boegbeeld worden van deze strijd en zocht een 'volhouder die wist hoe de media werkten'. Bijkomend voordeel was dat Krol, die lang werkzaam was geweest als VVD-woordvoerder, de weg kende in politiek Den Haag.

Er werden mensenrechten geschonden

De twee mannen bedachten een campagne. In de denktank die zij daarvoor oprichtten namen ook familierechtadvocaat Loes Gijbels en universitair docent Kees Waaldijk plaats. Jurist Waaldijk – toen werkzaam aan de Universiteit van Maastricht, inmiddels hoogleraar Sexual Orientation Law in Leiden – had zijn studenten recent de hypothetische rechtsvraag gesteld of het huwelijk openstond voor partners van hetzelfde geslacht, en zo nee, of de rechter daar verandering in kon brengen. Hij publiceerde hier in 1987 een artikel over in het juridische vakblad *Ars Aequi*.

'De *Gay Krant* schreef over de wens dat het zou moeten kunnen,' vertelt Waaldijk. 'In mijn stuk werd – met de Nederlandse wet in de hand – voor het eerst verkend wat de juridische mogelijkheden waren. Een van de conclusies was dat met het ontzeggen van het huwelijk aan homo's en lesbiennes de mensenrechten geschonden werden.'

In die tijd bogen diverse rechtsorganen zich over verwaarloosde aspecten in het familierecht, herinnert de hoogleraar zich. 'Het Europees Hof voor de Rechten van de Mens zorgde bijvoorbeeld voor een doorbraak op het gebied van de positie van buiten het huwelijk geboren kinderen. Dit stimuleerde de Hoge Raad in Nederland om ook de ouderlijke macht van ongehuwde heterostellen beter te regelen. Misschien kon de rechter ook de positie van paren van gelijk geslacht verbeteren.'

De eerste concrete stap was het initiëren van een testcase van twee partners van hetzelfde geslacht die zich bij een gemeente zouden melden om te trouwen. Hiermee wilden Krol en Wabeke een proefproces uitlokken waarin de juridische mogelijkheden die zij zagen ook door een rechtbank concreet geformuleerd zouden worden. Frans en Gerard, een koppel dat was gerekruteerd via de *Gay Krant*, meldden zich kort daarna bij de gemeente Amsterdam om zich als getrouwd stel te laten registreren. Dit verzoek werd zoals verwacht geweigerd omdat dit volgens de burgerlijke stand officieel niet mogelijk was voor partners van hetzelfde geslacht. Nadat de mannen protest hadden aangetekend, oordeelde de rechtbank begin 1990 dat het aan de politiek was om zich te buigen over de vraag of de wet hier niet een regeling voor zou moeten treffen.

Kort daarvoor waren ook twee vrouwen een vergelijkbaar proefproces begonnen. In die zaak kwam de Hoge Raad in oktober van datzelfde jaar tot een vergelijkbare conclusie. De eis van de vrouwen werd afgewezen, maar tussen de regels door lieten de rechters in hun uitspraak doorschemeren dat het niet meer dan billijk was als er voor Nederlandse paren van gelijk geslacht een trouwregeling in het leven werd geroepen.

Ondertussen stuurde de *Gay Krant* een enquête naar alle (toen nog) 650 Nederlandse gemeenten met de vraag of zij ervoor open zouden staan een paar van hetzelfde geslacht te trouwen. Daarbij werd ook het voorstel gedaan om naast de gemeentelijke basisadministratie een trouwregister open te stellen voor vrijwillige registratie van samenwonenden van gelijk geslacht. Zo'n register had natuurlijk geen wettelijke status, maar Krol en Wabeke gingen ervan uit dat de discussies die de enquête zou aanzwengelen in honderden gemeenteraden extra publicitaire munitie opleverden voor hun zaak.

'Elke vrijdag bezocht ik een paar gemeentes om de discussie aan te gaan,' vertelt Krol. 'Het draagvlak voor een openstelling van het huwelijk groeide gestaag. Dat merkte ik ook in de Tweede Kamer, waar ik doorlopend probeerde het vuurtje warm te houden en de druk op te voeren.' Wabeke herinnert zich nog een discussie met een aantal topambtenaren van Justitie. 'Het argument kwam ter tafel dat homo's niet zouden mogen trouwen omdat het huwelijk bedoeld is om kinderen te krijgen. Toen heb ik gevraagd wie er in het gezelschap gesteriliseerd was of een gesteriliseerde partner had, omdat deze mensen volgens die redenering ook niet het recht zouden hebben om in het huwelijk te treden.'

Een cruciaal kantelpunt

Langzaam maar zeker kwam er beweging in het maatschappelijke debat over een mogelijke openstelling van het burgerlijk huwelijk voor homo's en lesbiennes. Tientallen gemeenten openden alternatieve trouwregisters voor koppels van hetzelfde geslacht. Een cruciaal kantelpunt vormde het aantreden van het kabinet-Kok in augustus 1994, de eerste Nederlandse coalitie in driekwart eeuw zonder christelijke partijen. Een van de nieuwe D66-parlementariërs was Boris Dittrich, tot die tijd rechter in Alkmaar, die kort daarvoor in een interview had beloofd dat de openstelling van het huwelijk een van zijn belangrijkste doelen als Kamerlid zou worden. 'Dat werd op dat moment nog gezien als een absurd plan dat nooit daadwerkelijk zou worden verwezenlijkt,' blikt Dittrich terug.

Toch werd deze toezegging zijn inzet voor de notitie Leefvormen in het familierecht die staatssecretaris Elisabeth Schmitz na het aantreden van het kabinet opstelde. In de beleidsnota werden allerlei veranderingen en moderniseringen in de wetgeving op het gebied van relaties voorgesteld. Zo hamerden Dittrich en zijn 'partners in crime' Anne Lize van der Stoel (VVD) en Mieke van der Burg (PvdA) ook op het goed regelen van de rechten voor de 20.000 kinderen die door lesbische paren werden opgevoed maar destijds wettelijk als 'tweederangs kinderen' werden gezien. Bij het overlijden van een van de twee partners was er geen enkele juridische garantie dat de andere partner het gezag over hun kind zou krijgen.

'Die onderwerpen lagen heel gevoelig bij conservatieven binnen de VVD en een deel van de achterban van de PvdA die daar helemaal niet op zaten te wachten,' vertelt Dittrich. 'Er was ook angst voor de beeldvorming in het buitenland.' Niet alleen ideologisch – Nederland stond toen internationaal bekend als een land dat soms doorsloeg in zijn tolerantie – maar ook praktisch: sommige politici waren bang dat Nederland zich zou isoleren binnen de internationale rechtsgemeenschap door als enig land ter wereld partners van gelijk geslacht te laten trouwen. 'Stel bijvoorbeeld dat twee mannen in Nederland trouwen en in Frankrijk gaan wonen, terwijl Frankrijk hun huwelijk juridisch niet erkent. Als een van de mannen vervolgens in theorie zou besluiten in Frankrijk met een vrouw te trouwen, dan was hem vermoedelijk geen strobreed in de weg gelegd. Bij dat soort mogelijke complicaties likten juristen al bij voorbaat hun vingers af.'

Het op dat moment hoogst haalbare voor koppels van hetzelfde geslacht leek het geregistreerd partnerschap te zijn. Dit plan stond dan ook in de notitie die in 1995 door het kabinet werd gepresenteerd; over het mogelijke 'homohuwelijk' werd met geen woord gerept. Deze registratieoptie bood homoseksuelen en lesbiennes juridisch vrijwel dezelfde rechten als getrouwde hetero's, alleen werd het anders genoemd. 'Je krijgt dus bijna dezelfde rechten, maar mag het niet hetzelfde noemen,' luidde toen ook al de kritiek van Krol. 'Dát is pas discriminatie. Er is bovendien niemand die een feest gaat vieren nadat twee mensen een contract tot geregistreerd partnerschap hebben getekend. We merkten dat deze tussenoplossing dan ook niet goed viel in de homogemeenschap.'

In het collectieve geheugen

Deze 'polderoptie' ergerde ook Dittrich, die binnen D66 begon te lobbyen voor een stelliger geluid over dit onderwerp. 'Ik schreef een notitie voor de fractie met daarin alle voor- en nadelen van de openstelling van het huwelijk voor paren van gelijk geslacht. Hier mocht ik vervolgens van de fractie werk van maken. Gelijke rechten was een speerpunt voor de partij en er was toch niemand die echt geloofde dat we dit daadwerkelijk zouden realiseren.' Dittrich vertelde over zijn plan in een interview met het *Algemeen Dagblad*: de krant pakte flink uit met het nieuws dat Nederland binnenkort mogelijk het eerste 'homohuwelijk' zou kunnen sluiten. 'Feitelijk blijft "homohuwelijk" natuurlijk een vreemde term, want het is júíst geen aparte regeling voor homoseksuelen. Maar het was wel een woord dat in het collectieve geheugen bleef hangen en de maatschappelijke discussie verder aanwakkerde.'

De Kamer stemde ondertussen schoorvoetend in met het instellen van een commissie die de juridische en maatschappelijke voor- en nadelen van een mogelijke openstelling van het burgerlijk huwelijk zou verkennen. Ook jurist Waaldijk maakte daar deel van uit. 'Ik heb duidelijk uitgelegd dat we aan het dralen waren in Nederland,' vertelt hij. 'Geregistreerd partnerschap was een stap waarmee we internationaal gezien inmiddels achter in de rij aansloten: in Denemarken, Zweden, Noorwegen en IJsland hadden partners van gelijk geslacht die rechten al enkele jaren.' In de VS en in Canada werd in die periode heel actief nagedacht en ook al geprocedeerd over openstelling van het huwelijk. 'Sterker nog, in januari 2001 heeft een progressieve dominee in Toronto twee same-sexkoppels officieel getrouwd, maar in eerste instantie werden deze twee huwelijken door de Canadese overheid niet erkend.' Dit gebeurde pas in 2003, toen Canada het eerste niet-Europese land werd waar het huwelijk werd opengesteld voor paren van gelijk geslacht. Zuid-Afrika volgde in 2006, als eerste land op het Afrikaanse continent.

De Haagse commissie vol juridische zwaargewichten, onder wie hoogleraar staats- en bestuursrecht Tijn Kortmann van de Radboud Universiteit, deed er uiteindelijk twee jaar over om te constateren dat er geen doorslaggevende juridische bezwaren konden worden aangevoerd tegen huwelijken en adoptierechten voor partners van gelijk geslacht. Een motie die het kabinet opriep werk te maken van nieuwe wetgeving werd aangenomen in april 1998, tijdens de laatste vergadering voor de Tweede Kamerverkiezingen in mei. Onder de tegenstemmers bevonden zich opvallend veel VVD'ers, zoals partijleider Frits Bolkestein. Staatssecretaris Schmitz reageerde zuinigjes en beloofde de kwestie wederom in de coalitie te zullen bespreken.

Alsof het de gewoonste zaak van de wereld was

De onderhandelingen voor het kabinet Paars II in 1998 bleken uiteindelijk cruciaal om de steeds bredere roep om openstelling van het burgerlijk huwelijk het laatste zetje te geven. 'D66 verloor bijna de helft van zijn zetels. Maar de PvdA en VVD wilden graag door met deze coalitie en hadden ons dus nodig,' vertelt Boris Dittrich. 'De openstelling van het huwelijk was voor ons belangrijk en voor de andere twee partijen geen breekpunt. Zo is het in het regeerakkoord terechtgekomen. Als er op dat moment nog VVD'ers en PvdA'ers tegen waren, hielden ze hun bezwaren voor zich om het akkoord niet in zijn geheel te blokkeren.' Behalve het homohuwelijk zorgde D66 er ook voor dat adoptie door partners van gelijk geslacht in het regeerakkoord belandde, een andere belangrijke mijlpaal in de Nederlandse lhbtiq-emancipatie.

Job Cohen was als nieuwe staatssecretaris van Justitie belast met het opstellen van de nieuwe wetgeving. 'Het was vrij eenvoudig om het hele project door beide Kamers te loodsen,' vertelt hij ruim twintig jaar later. Alleen de SGP trok tijdens het debat fel van leer tegen het volgens de gereformeerden immorele karakter van het paarse voorstel. 'De toorn van God zou worden geopenbaard vanuit de hemel over alle goddeloosheid en ongerechtigheid van de mensen,' citeert Dittrich. 'Het huwelijk van man en vrouw moest tegen destructieve krachten beschermd worden en de homoseksuele levenswijze moest actief worden ontmoedigd.'

Deze kritiek maakte geen indruk op de drie niet-christelijke coalitiepartijen die zich middels het regeerakkoord al aan de openstelling van het burgerlijk huwelijk hadden gecommitteerd. Bovendien bleek er inmiddels veel meer draagvlak te zijn voor het plan dan voorheen: uit een grote enquête bleek dat driekwart van de Nederlandse bevolking op dit moment vóór de introductie van het homohuwelijk was. De Kamer nam het voorstel op 12 september 2000 aan met 109 stemmen vóór en 33 tegen. 'Ik herinner me dat het aannemen van het plan ook nauwelijks opzien baarde,' vertelt Cohen. 'Alsof iedereen het de gewoonste zaak van de wereld vond dat het eindelijk een keer geregeld was.'

Om de revolutionaire Nederlandse stap voor de rest van Europa te verantwoorden, organiseerde het ministerie van Justitie een conferentie voor alle Europese landen om de plannen toe te lichten. 'In eerste instantie was de houding van veel collega's: daar heb je die gekke Hollanders weer! Maar achteraf snapten de meeste landen wel waarom we het deden en waarom we het belangrijk vonden. Dat zie je ook terug in het tempo waarin andere Europese landen volgden nadat bij ons de nieuwe wet was bekrachtigd.'

29 landen volgden

De verdediging van het wetsvoorstel in de Eerste Kamer, half december, was het laatste debat van Cohen als staatssecretaris van Justitie; de PvdA-prominent werd een maand later geïnstalleerd als burgemeester van Amsterdam. Door deze toevallige speling van het lot kon Cohen in de nacht van 31 maart op 1 april 2001 eigenhandig de eerste vier gelijkgeslachtelijke koppels ter wereld in de echt verbinden, wat hij meteen na aanvaarding van het wetsvoorstel met Henk Krol afsprak. Om middernacht werd de tekstwijziging van artikel 30 van het Burgerlijk Wetboek officieel van kracht. Het ging in principe om een minimale wijziging: voortaan luidde het artikel dat 'een huwelijk kan worden aangegaan door twee personen van verschillend of van gelijk geslacht'.

De vier koppels waren gekozen na een oproep in de *Gay Krant*; hoofdredacteur Krol en de denktank wilden graag dat deze acht mannen en vrouwen een mooie diverse doorsnede van de Nederlandse homogemeenschap zouden vormen. Cameraploegen van onder andere BBC, CNN en Reuters sloegen de ceremonie in de Stopera in Amsterdam gade. De afgeladen raadszaal was versierd met rozen en rode bloemblaadjes. Elk koppel had twintig gasten meegenomen. Het enige protest tegen de eerste homohuwelijken kwam van een groepje christenen uit Boskoop en Waddinxveen die met borden met daarop teksten als 'Laat ons wederkeren tot de Heere' voor de Stopera stonden.

'Ik heb van tevoren met de vier stellen gesproken,' reconstrueert Cohen die dag. 'Pas toen drong het grote belang van deze stap, deze vorm van gelijkberechting, voor honderdduizenden Nederlanders tot mij als mens door. De persoonlijke verhalen die deze mannen en vrouwen met mij deelden, raakten mij diep.' Naderhand moedigde Cohen zijn progressieve collega in San Francisco aan om eenzelfde stap te zetten; de burgervader van Moskou, die anti-lhbtiq was, kreeg een brief met uitleg waarom Nederland juist wél voor openstelling van het huwelijk had gekozen.

Behalve tientallen genodigden van de vier koppels zaten ook alle voorvechters die zich de afgelopen kwarteeuw hard hadden gemaakt voor de nieuwe wet in de zaal. Dittrich, Waaldijk en Wabeke – die inmiddels niet meer als officier van justitie werkte – werden 'ambassadeurs' die na april 2001 in talloze landen lezingen gaven over de nieuwe wettelijke verworvenheden van de Nederlandse lhbtiq'ers. 'We hadden wel verwacht dat België snel zou volgen,' vertelt Wabeke. 'Maar bijvoorbeeld het overwegend katholieke Spanje en een aantal Zuid-Amerikaanse landen verrasten me, op een positieve manier.' Eind 2020 is het homohuwelijk gelegaliseerd in 29 van de 193 landen in de wereld, iets meer dan 15 procent.

Naast de juridische rechtsgelijkheid die met de nieuwe wet werd gerealiseerd, was vooral de grotere publieke zichtbaarheid van gelijkgeslachtelijke relaties een belangrijke stap voorwaarts. 'Tot in de jaren negentig hielden veel homostellen en lesbische stellen zich op de vlakte, uit angst voor negatieve maatschappelijke gevolgen,' aldus jurist Waaldijk. 'Voortaan mocht deze groep de liefde voor elkaar trots en in volledige openbaarheid voor de wet betuigen – tot in het stadhuis aan toe.'

Dat Nederland op 1 april 2001 een bijzondere mijlpaal had gerealiseerd, wist Boris Dittrich wel. 'Maar pas in de jaren daarna kwam bij mij echt het besef wat de impact van de nieuwe wet op andere landen en lhbtiq'ers in andere delen van de wereld was.' Als directeur pleitbezorging minderheden van Human Rights Watch reisde hij vanaf 2006 de hele wereld over om het Nederlandse homohuwelijk onder de aandacht te brengen. 'In 2012 mocht ik een deskundigenbericht indienen in de Amerikaanse procedure toen de Supreme Court van de Verenigde Staten zich over de openstelling van het huwelijk boog. Pas op dat moment in Washington realiseerde ik me ten volle wat we met een relatief klein groepje Nederlandse homoactivisten en Kamerleden eigenlijk voor elkaar hebben gebokst.'

Het eerste lesbische bruidspaar over hun huwelijk twintig jaar geleden

'HET HAD NIET GOED GEVOELD ALS ER OM MIDDERNACHT GEEN VROUWENKOPPEL BIJ HAD GESTAAN'

Helène Faasen en Anne-Marie Thus (toen 35 en 31) waren het eerste lesbische koppel ter wereld dat officieel in de echt werd verbonden. Hun jawoord in de Stopera was een geweldige maar surrealistische ervaring die de vrouwen voor één nacht bombardeerde tot internationaal boegbeeld van de Nederlandse homogemeenschap.

Na bijna een etmaal vooral op adrenaline te hebben geleefd, arriveerden Helène en Anne-Marie die zondagochtend 1 april 2001 tegen zonsopgang in hun hotelsuite. De kersverse echtelieden verlangden vooral naar bed en naar het wassen van hun keurig gelakte haren. In de kamer stond de televisie op CNN, waar twee internationale nieuwsfeiten elkaar afwisselden: de arrestatie van de Joegoslavische oud-president Slobodan Milošević én het huwelijk van de twee Nederlandse vrouwen (en drie mannelijke koppels) een paar uur daarvoor. 'Ik weet niet wat gekker was: dat wij breaking news waren op CNN, of dat we dat samen met Milošević waren,' blikt Helène twintig jaar later terug. 'Het was vooral erg surrealistisch.'

Tijdens een lang gesprek waarin de vrouwen vrolijk herinneringen ophalen aan die bijzondere gebeurtenis beklemtonen ze meermaals dat ze ook maar 'heel normaal' zijn. Oud-notaris Helène en avondhoofd in een verpleeghuis Anne-Marie werden op een dansavond begin december 1998 door vriendinnen aan elkaar gekoppeld. Om alles juridisch te regelen lieten ze zich als partners registreren toen het eerste kind op komst was. 'Maar we hadden liever een huwelijk gehad,' zegt Anne-Marie. 'Het voelde toch second best: het was niet een feest zoals we ons dat hadden voorgesteld.'

In de *Gay Krant* van eind 2000 stond een advertentie waarin werd gevraagd om koppels die het aandurfden pioniers te zijn van de openstelling van het burgerlijk huwelijk voor partners van hetzelfde geslacht. De stellen moesten, om praktische redenen, wel uit Amsterdam komen. 'We bleken de enige vrouwen te zijn die zich hadden aangemeld,' vertelt Anne-Marie. 'Dat maakte de keuze om ermee door te gaan een stuk eenvoudiger. Het had niet goed gevoeld als er om middernacht geen vrouwenkoppel bij had gestaan.'

Het toekomstige echtpaar nam de taak die het op zich had genomen zeer serieus. 'We wisten dat veel mensen hard hadden gewerkt om dit moment te realiseren,' legt Anne-Marie uit. Ook voor hen bleek de spontane toezegging flink wat voeten in aarde te hebben. 'De meeste vrouwen doen er een jaar over om de juiste trouwjurk te vinden,' zegt Helène. 'Wij hadden drie weken om er twéé te regelen.'

Een bruidswinkel in Badhoevedorp bood uitkomst, mits ze genoegen namen met de magazijncollectie. Het koppel wilde niet te veel opvallen naast de zes mannen, maar liep ook tegen een paar praktische bezwaren aan. 'Veel trouwjurken zijn best wijd. Als je twee vrouwen in twee van dat soort jurken naast elkaar zet, kunnen ze elkaar eigenlijk geen hand geven.'

De gemeente Amsterdam en de denktank van de *Gay*

Krant hadden de vier stellen van tevoren gewaarschuwd voor de enorme media-aandacht die zij over zich heen zouden krijgen. 'Ik vond het al bijzonder als AT5 en *Het Parool* kwamen kijken,' lacht Helène. 'Dus je kunt je onze verbazing voorstellen toen we in de weken voorafgaand aan de ceremonie journalisten van BBC *World Service* en *The Washington Post* aan de lijn kregen.' Jurist Jan Wolter Wabeke gaf alle toekomstige echtlieden een korte mediatraining. 'Hij gaf tips als: geef geen antwoorden die op een vreemde manier uit de context kunnen worden gehaald. Of zorg ervoor dat je in je antwoord altijd de vraag van de journalist herhaalt.' De meeste interviewverzoeken kwamen voor de twee vrouwen. 'Bij de mannen hadden verslaggevers meer keus,' zegt Anne-Marie. 'Maar netto worden lesbiennes in den vreemde als minder "bedreigend" en dus toegankelijker ervaren.'

Op de dag zelf werden ze vooral geleefd: ze renden een etmaal lang van persbriefing naar interview en van diner naar feest. Een deel van de avondmaaltijd werd gemist omdat de make-up nog niet klaar was; de rit naar de Stopera was in een Volkswagen Kever, het enige automerk dat de ceremonie wilde sponsoren. Voor het gebouw stonden vijf satellietwagens en een muur van journalisten, cameraploegen en fotografen. 'Het was onwerkelijk: we moesten ons, los van elkaar, een weg naar binnen worstelen,' herinnert Anne-Marie zich. Peter en Frank, het koppel dat binnen de selectie bruidsparen de leerscene representeerde, hielpen de vrouwen met hun slepen de trap op.

Burgemeester Job Cohen had eerder die week al een avondlang gesprek met de vier stellen gehad en refereerde hieraan in zijn toespraak. 'Hij gaf ten overstaan van de wereldpers toe dat hij eerst het nut van het homohuwelijk niet zo inzag,' vertelt Helène. 'Maar dat hij van standpunt was veranderd en zich realiseerde waarom dit voor zoveel homo's en lesbiennes zo'n belangrijk moment was. Het was zó goed dat hij alle toehoorders leerde dat je altijd je eigen ideeën en meningen tegen het licht moet blijven houden.' Cohen was twee minuten voor middernacht klaar. In de stilte die viel, begon iemand ritmisch te klappen. De honderden aanwezigen haakten snel aan. De hele zaal bruiste op dat moment van de energie, voor hen was dit een van de dierbaarste momenten van die dag.

Een paar minuten later gaven ze elkaar het jawoord. Op dat moment vergaten ze beiden dat ze met dat ene woordje onderdeel werden van de wereldgeschiedenis, ze hadden alleen maar oog voor elkaar. 'We gingen op dat moment helemaal in elkaar op,' vertelt Helène. 'Ik was nerveus voor mijn "ja". Zo'n belangrijk woord moet je niet met overslaande stem uitspreken, maar met volle overtuiging.' Vreemd genoeg hebben de vrouwen geen enkele eigen foto in het bezit van dat ene intieme moment. Ze mochten vanwege de drukte geen eigen fotograaf meenemen in de zaal en weten nog steeds niet of iemand dat specifieke ogenblik überhaupt heeft vastgelegd. 'Iedereen waarschuwde dat een gewone bruiloftsfotograaf het geen seconde zou overleven tussen de vechtende persfotografen,' legt Anne-Marie uit. Veel fotografen die in de Stopera aanwezig waren, schonken het koppel overigens wel andere afdrukken waar ze op stonden. 'Alleen voor een plaatje van het aansnijden van de taart hebben we een rekening gekregen.'

Sinds 2001 kloppen de internationale media nog steeds met regelmaat bij de vrouwen aan voor persoonlijke interviews, reportages of duiding van land nummer zoveel waar het burgerlijk huwelijk wordt opengesteld voor partners van hetzelfde geslacht. 'Het zijn vaak ontzettend aardige journalisten die hopen met hun item of programma iets te kunnen veranderen in hun eigen land,' vertelt Anne-Marie. 'Zulke verzoeken kunnen we niet weigeren: we zetten meestal ook wat tulpen en vlaaien neer op tafel, ze houden in het buitenland enorm van zulke couleur locale. Hoe vaak we niet voor een cameraploeg met onze kinderen de eendjes hebben gevoerd om te bewijzen hoe gewoon we zijn! We doen het graag, als daardoor weer een paar mensen snappen dat het niet raar is om gay te zijn.'

Zeker voor landen in Azië, waar homoseksualiteit nog in de taboesfeer zit, moeten de twee Nederlandse vrouwen elke keer weer uitleggen dat zij een vrij standaard leven leiden, net als de meeste hetero's. Vaak leren ze van de informele gesprekken zelf ook nieuwe dingen over lhbtiq'ers in andere delen van de wereld; soms ergeren ze zich aan cameraploegen die zich te vrij voelen in hun huis. 'Een Chileense verslaggever bleef maar zoeken naar pornografische vrouwenfoto's aan de muur,' herinnert Helène zich. 'Want die móést elke lesbienne toch in huis hebben hangen?'

Het activisme reikt overigens verder dan de regelmatige interviews. Jurist Helène was een van de experts die de staatscommissie Herijking Ouderschap adviseerde en Anne-Marie was een van de oprichters van NELFA, het Network of European LGBTIQ* Families Associations. De lobbygroep heeft zelfs een adviserende stem in het Europese Hof en praat mee met een groep juristen die voor de EU wetgeving op het gebied van familierecht toetsen en aandragen.

'We hebben het hier in Nederland natuurlijk ontzettend goed,' beklemtoont Helène. 'Vrijwel alles is geregeld of staat op het punt geregeld te worden. Onze situatie staat niet in verhouding tot die in landen als Polen of Hongarije, waar de homorechten achteruithollen. Er zijn nog steeds 72 landen in de wereld waar je de doodstraf krijgt omdat je van mensen van hetzelfde geslacht houdt.' Anne-Marie kijkt haar vrouw aan.

'We zijn allebei opgevoed met het idee dat je soms je verantwoordelijkheid moet nemen. We zijn bij toeval in een positie beland waarin we hopelijk een klein verschil kunnen maken als het gaat om gelijke rechten in landen waar lhbtiq'ers het veel minder goed hebben dan wij. Het had niet goed gevoeld als we die kans niet met beide handen hadden aangegrepen.'

‘Mensen denken dat activisme uit boosheid voortkomt, maar mijn drijfveren zijn vooral liefde en hoop’

NAOMIE PIETER

We spreken met Naomie Pieter omdat ze zo strijdbaar is. Ze botst, discussieert, buigt mee, valt om en knokt door. Eerst bevocht de choreografe haar plek in de wereld als lesbienne, daarna won ze landelijke bekendheid als een van de aanjagers van het antiracismedebat. ‘Voor het eerst besefte ik dat mijn gay-zijn niet alleen iets Nederlands of iets westers is. Het komt ook bij mij vandaan, van mijn eiland. Het was zo’n verademing om dat te ontdekken, omdat ik mezelf eindelijk terug kon zien in de mensen van het eiland waar ik ook vandaan kom. In mijn taal, in mijn cultuur.’

Werp een blik op de organisaties achter de belangrijkste Nederlandse antiracisme- en queerbewegingen van de afgelopen jaren en je komt telkens haar naam tegen. Een greep uit het cv van Naomie Pieter:

2016: medeoprichter van Kick Out Zwarte Piet
2018: medebedenker van de Black Queer & Trans Resistance NL
2018: initiatiefnemer van de Pride of Color-commissie van Pride Amsterdam
2020: medebrein achter de Black Lives Matter-demonstraties

2020: organisator van de eerste Black Pride NL
2021: voorzitter Women's March

Van feesten houdt ze ook:
2011: bedenker lesbisch vrouwenfeest On Heelz in Den Haag
2018: organisator van het dancehallfeest voor biculturele lhbtiq'ers Pon Di Pride

Ze volgde dansopleidingen in Den Haag en Amsterdam, studeerde onlangs af als choreografe aan de Amsterdamse Hogeschool voor de Kunsten en beweegt dus niet alleen haar studenten, maar pleinen vol activisten en dancehalls vol feestvierders. Naomie Pieter (1990) choreografeert community's.

'Veel mensen denken dat activisme uit boosheid voortkomt, maar mijn drijfveren zijn vooral liefde en hoop. Ik sta niet met mijn rug naar de maatschappij. Ik ben activist omdat ik geloof in de kracht van onze samenleving.'

Ze heeft een zware jeugd gehad, vertelt ze wanneer we rond een uur of elf aan een ronde tafel in Podium Mozaïek in Amsterdam-West zijn aangeschoven. Gedachteloos bladert ze door de lunchkaart, op zoek naar ontbijt. 'Het was niet zo dat mijn ouders superkut waren en dat ik niet meer thuis kon wonen, maar op mijn dertiende was de maat vol. Mijn vader is een beetje een stereotype Caribische man die kinderen heeft verwekt maar verder geen grote rol speelde in de opvoeding.'

Naomie is Caribisch, maar in Nederland geboren en opgegroeid. Na 'huiselijk geweld' is haar moeder bij haar vader weggegaan. Ze groeide op bij haar moeder en haar dertien jaar oudere zus. 'Ik paste vaak op mijn nichtjes en neefjes, zo ging dat. Maar op mijn dertiende ging het niet langer, toen ben ik van huis weggelopen. Een toekomst die ik voor me zag als ik daar zou blijven wilde ik niet.'

Wat die toekomst die ze voor zich zag volgens haar inhield?

'Tienermoeder, criminaliteit, huiselijk geweld. Het was heftig om op te groeien met een bepaalde mate van criminaliteit. Soms kwam ik thuis en vroeg me af of bepaalde gezinsleden nog leefden. Ik wilde dat niet meer.' De danslessen op school boden hoop, 'omdat er een plek was waar ik mezelf kon laten gaan en niet aan die shit hoefde te denken'.

Ze ging bij een tante ging wonen 'waar het tijdelijk veilig' was. In het Haagse kamertrainingscentrum waar ze daarna naartoe ging – een plek waar jongeren leren om op kamers te wonen – gingen er wat luiken naar nieuwe werelden voor haar open. Op haar zestiende gebeurde, zoals ze het zelf zegt, 'heel, heel veel'.

'In mijn huis kwam een biseksueel meisje wonen. En op school was Lisa, een meisje dat bij de introductieweek opstond en zei: "Luister mensen, ik ben biseksueel, dus dan weten jullie dat allemaal alvast voordat er geroddel komt." Dat zij dat gewoon durfde!'

Naomie lacht en knipt een keer of vijf met haar vingers, als klein applaus. Tik, tik, tik, tik, tik.

'Mijn tante had een lesbische vriendin die weleens langskwam, dat was de eerste lesbische zwarte vrouw die ik zag. Zooo weird. Ik had twee witte docenten die homo waren, bij een van hen ben ik op de bruiloft geweest. Maar pas rond mijn zestiende begon ik mijn seksualiteit te onderzoeken. Ik had vriendjes, al vond ik die lang niet zo leuk als mijn vriendinnen hun vriendjes vonden. Mijn vriendinnen susten dat gevoel en zeiden: ja maar, jij bent vooral met sport bezig, niet met jongens. Toch vroeg ik me ondertussen af of ik niet op vrouwen viel. Ik was nog gelovig in die tijd, ik volgde Bijbelles bij de Jehovah's Getuigen, God speelde een grote rol in mijn leven.'

Het gezin waar ze uit kwam was niet van het type 'everybody has the right to be himself and it's all good'. Helemaal niet. Er werd openlijk over flikkers gepraat en over 'machoros', 'lesbiennes' in het Papiaments, niet met een fijne connotatie. 'In de Caribische cultuur wordt homoseksualiteit als een ziekte van de witte mens gezien.'

Haar moeder en zus voedden haar op met het idee dat ze vooral een zelfstandige vrouw moest worden. 'Je school is je man, je diploma is je man, je werk is je man, werd er tegen me gezegd. Hou je niet bezig met jongens, zij leiden je af van wat echt belangrijk is. Ze leerden me hoe ik een vrouw moest zijn, hoe ik met mannen moest omgaan.'

Naomie moest haar eigen vrouwbeeld – mensbeeld – leren bepalen, 'ook omdat ik niet veel zwarte Caribische lesbiennes zag, en als ik ze zag waren ze heel mannelijk'.

Haar way out, haar manier om haar eigen weg te kiezen, was het organiseren van een feest. Een girls night. 'We dronken en rookten wiet en speelden Doen, Durven, Waarheid. We experimenteerden. Niet per se op seksueel vlak, al zoenden we wel met elkaar. Zo begon mijn ontdekkingsreis.'

Via Lisa ontmoette ze haar eerste geliefde, met wie ze een langere relatie had. Haar vriendin zei op een gegeven moment dat het tijd was om haar moeder te vertellen dat ze met een vrouw was. 'Ik had niet het gevoel dat ik uit de kast hoefde te komen, ik deed gewoon mijn ding, maar mijn vriendin had gelijk: ik moest het mijn ouders vertellen.'

Toen haar ouders bij een danswedstrijd kwamen kijken – 'en het is best bijzonder om mijn ouders op één plek te krijgen' – vertelde ze het na afloop aan haar vader.

'Mijn vader vroeg: "En Naomie, heb je een vriendje?"

Dus ik zo: "Euh nee... ik heb een vriendinnetje."

Hij zegt: "Wat bedoel je, vriendin?"

"Euh, gewoon vriendin..."

"Zoals je een vriendje hebt?"

"Ja... gewoon zo."

"Dus je bent lesbisch?"

"Ik weet het niet, ik denk bi. Ik weet het niet, maar ik heb een vriendin."'

Haar vader liep kwaad naar de auto. Woest. Haar broer, die het nieuws in de consternatie had meegekregen, zei: 'Ga je nu trio's doen? Je moet geen trio's doen.'

'Op dat moment pakte mijn vader me bij de keel en zei: "Ik neem je mee naar mijn huis en ik ga het uit je slaan." Ik bleef hem aankijken en antwoordde: "Laat me los."'

Hij liet los. In de tussentijd had haar zus gebeld, die 'heel chill' op haar coming-out reageerde. 'O, dat maakt toch helemaal niet uit!' had ze gezegd. Toen moest Naomie het nog aan haar moeder vertellen, die inmiddels naar huis was gegaan. Daar volgde deze dialoog:

'"Ik heb ruzie met mijn vader gehad," zei ik. Ik stond in de keuken.

"Hoezo dan?"

"Ik heb hem iets verteld."

"Wat dan?" Mijn moeder zat op de bank in de woonkamer.

"Ik heb hem verteld dat ik een vriendin heb."

Zij zei: "Dat is jouw keuze. Je moet het zelf weten." Dus ik was vet blij.'

Totdat haar moeder haar vriendin leerde kennen. Toen ze die had ontmoet heeft Naomie elke avond moeten horen: het is een pedofiel. Zij was negentien, Naomie zeventien. 'Ze maakt misbruik van je. Het is een he-she. It's against God, it's the devil,' zei haar moeder. 'Toen dacht ik, ja ma, ik heb jou wel meer dingen zien doen die niet mogen... Sinds wanneer hou jij je aan de regels? Elke keer als mijn vriendin was langs geweest kreeg ik dat weer over me heen.'

Ondanks die slechte ervaringen nam ze toch telkens haar vriendin mee naar huis. 'Nou ja, het is wat het is. Het is wie ik ben, I cannot hide. Ik denk dat ik al jong ontworteld ben, dus mijn houding ten opzichte van mijn moeder was: I raised myself, en je mag vinden wat je vindt, maar ik ben nog steeds mezelf. Ik hoefde geen goedkeuring van mijn ouders.'

Naomie bestelt een menemen, een Turks roerei met feta. 'Maar fastforward naar being twenty one. Ik ben nu negen jaar in the game,' springt ze vooruit. Sinds negen jaar neemt ze het heft in handen door feesten en protesten te organiseren, zoals On Heelz in Den Haag, een feest voor lesbische vrouwen.

'In het begin had ik het idee dat ik een harde chick moest zijn, dat ik ook een tuinbroek aan moest. Dat is bullshit. Er zijn zoveel lesbiennes die zich vrouwelijk kleden, maar die werden niet gezien. Ze waren ook niet veilig op gayfeestjes omdat de wat mannelijkere lesbiennes de stereotype genderrollen gingen reproduceren. Daar had ik geen zin in. Daarom wilde ik een space voor, zeg maar, lesbiennes op hakken om zichzelf te kunnen zijn zonder dat hun seksualiteit in twijfel werd getrokken. En ja, Den Haag was gewoon saai. Fok die Amsterdammers die altijd stoer doen, dacht ik ook. Haha. Voor de eerste On Heelz heb ik Romi Klinger van *The Real L Word* naar Nederland gehaald. Ik voelde me heel stoer. I did that!'

Tik, tik, tik, tik, tik.

'Uitgangspunt van On Heelz was dat je op hakken moest komen. Daar kreeg ik vragen over: Waarom moest dat? Was een lesbienne op gympen niet goed genoeg? Wie was ik om dat te bepalen? Tegelijkertijd werd ik ineens een zwarte lesbienne. Dat was ik eerst niet, of nou ja, I knew I was black, maar ik werd gevraagd voor commissies om de "zwarte lesbienne" te representeren en ook in de pers werd ik zo neergezet. Ik groeide op met een groep zwarte, zeg maar jongeren van kleur om me heen, mijn kleur was altijd vanzelfsprekend, nu werd ik uitgenodigd als zwarte lesbienne, of zwart Curaçaos lesbisch meisje.'

Marlon Reina, 'mijn black gay father', vroeg haar rond die tijd om ambassadeur voor Wie Durft te worden, een queerproject van het Caribisch netwerk Ocan. Naomie kende de westerse – witte – geschiedenis van de homobeweging, maar ze wist niks over de Curaçaose lhbtiq-gemeenschap. Ook bijvoorbeeld niet welke rol de kerk tijdens de kolonisatie had gespeeld bij de onderdrukking van homoseksualiteit.

'Voor het eerst besefte ik dat mijn gay-zijn niet alleen iets Nederlands of iets westers is. Het komt ook bij mij vandaan, van mijn eiland. Het was zo'n verademing om dat te ontdekken, omdat ik mezelf eindelijk terug kon zien in de mensen van het eiland waar ik ook vandaan kom. In mijn taal, in mijn cultuur.'

Ze verdiepte zich in Caribische traditie van seksualiteit. In de mati-cultuur in Suriname en de kambrada's op Curaçao waar vrouwen intieme en seksuele relaties met elkaar hebben, soms ook met mannen. In Noord-Amerika waar de term 'two-spirited' bestaat die mensen voor non-binary of meerdere genders gebruiken. Die geschiedenissen inspireerden haar.

Naomie Pieter is betrokken bij de Kick Out Zwarte Piet-beweging, ze begon het Bon Di Pride-feest, stond in de voorhoede van de Black Lives Matter-beweging en richtte zich op de Black Pride NL, die zich focust op zwarte lhbtiq'ers.

Net als bij de girls night en On Heelz ging je je eigen werelden scheppen, je werd activist. Waarom?

'Ik vind het leuk om ruimte te creëren. Ik vind het mooi om het onmogelijke mogelijk te maken. Wanneer iemand tegen me zegt: dat is niet mogelijk, dan kom ik in actie. I'll show you.' Door de tegenslagen en beperkingen uit haar jeugd had ze geleerd om haar eigen ruimte te bevechten. Waarbij ze meteen benadrukt dat het bij de protesten niet alleen om boosheid en frustratie gaat.

'Veel mensen denken: je bent boooooos, maar dat ben ik helemaal niet, ik doe dit juist omdat ik hoopvol ben, omdat ik denk dat we de samenleving kunnen veranderen. Omdat ik denk dat we in Nederland tot een betere plek kunnen komen. Als ik daar niet op zou hopen, zou ik stoppen. Ik geloof dat mensen niet slecht geboren worden. Only when they choose to be evil, then you're evil. Maar ik zie de samenleving veranderen, er gebeuren zoveel mooie dingen, daar blijf ik aan vasthouden.'

In diezelfde periode ging Naomie zich queer noemen. 'Daarin ontdekte ik dat ik mezelf helemaal niet lesbisch hoefde te noemen. Dat je sowieso niet of bi, of homo, of lesbisch hoeft te zijn, je kunt dus ook queer zijn. En non-binary.' Het was oorspronkelijk een scheldwoord – 'queer' betekent 'raar'. 'Daar heb ik ook lang over nagedacht. In hoeverre wil ik me verzetten tegen het lesbisch-zijn? En is queer dan een goed alternatief? Maar omdat het zo'n brede term is – het zegt niets over met wie ik in bed lig of van wie ik hou – voel ik me er nu het fijnst bij. Queer zegt vooral: niet-heteronormatief. Het is een antilabel. Terwijl het woord "lesbienne" verwijst naar de mythologie van een vrouw die de liefde verklaart aan een andere vrouw op het Griekse eiland Lesbos. Mijn seksuele afkomst als zwarte Caribische vrouw is anders.'

Haar gecombineerde strijd tegen racisme en tegen homohaat bleek niet altijd makkelijk. Door de antiracismebeweging werd ze als te queer gezien, als lesbienne was ze vaak weer te zwart. Maar Naomie is ervan overtuigd dat haar strijd tegen racisme en homohaat samengaan. Je kunt niet pro-black zijn en anti-queer, want all black lives matter, niet alleen die van de heteroseksuele zwarte gemeenschap. En andersom: je kunt niet de homobeweging steunen en dan de zwarte homo's en lesbiennes negeren. Dan ben je binnen je emancipatie toch weer aan het discrimineren.

Ze wijst op verhalen die de overlap van kleur en gender illustreren. Zo maakte ze zich boos over het feit dat in dezelfde week dat George Floyd werd gedood – wat de aanleiding vormde voor de Black Lives Matter-beweging – ook de zwarte transman Tony McDade werd doodgeschoten. 'Daar hoorde je heel weinig over.' Toen kort daarna ook twee transvrouwen werden vermoord, zei ze in een interview: 'Het is duidelijk dat er massaal gereageerd wordt op een cisleven', (cisgender betekent dat je je identificeert met het geslacht waarmee je geboren bent), 'maar niet op het leven van een transpersoon.'

Zo ook de Pride. Met de Gay Pride worden de Stonewall-rellen van 1969 herdacht, de rellen die ontstonden na een politie-inval in een gaybar in New York waar vooral veel zwarte dragqueens, lesbiennes en transgender personen kwamen. Dat wordt volgens haar te snel vergeten, het is al snel wit gemaakt.

'Ik heb veel Amsterdam Prides meegemaakt, maar ik zie mezelf er niet terug. Het is te veel gericht op mannen, het is te wit, het is te commercieel. Er is af en toe wel een zwarte boot, om het zo te noemen, maar dat zijn zoethoudertjes. Er wordt niets structureels geregeld, er is nog steeds geen ruimte voor black queer people. Ik wil meer aanbod. Ik weet nog dat er een demonstratie was van We Reclaim Our Pride. Zelf hebben we ook protest gevoerd naar aanleiding van de brute mishandeling van de Surinaamse jongen bij de Wibautstraat. Wij zagen dat er door de media en politiek amper tot niet werd gereageerd op het geweld tegen deze zwarte queer jongen. Terwijl een paar maanden eerder de grote hand-in-handactie was toen een wit homostel in elkaar was geslagen.

Ik dacht, wat is onze volgende stap? Ik wilde een Black Pride NL.' In eerste instantie heeft ze geprobeerd om het binnen de Amsterdam Pride te organiseren, maar ze kreeg daar geen voet aan de grond. Het toenmalige bestuur vond het idee interessant, maar te politiek. 'We kunnen dit niet aan onze achterban verkopen,' werd haar verteld. Bovendien zou 'black' binnen de Pride voor leer staan, voor de bear community. De kleur zwart was al vergeven... Naomie besloot dat een witte man haar niet ging vertellen hoe zij haar emancipatie moet noemen. 'Hell no!'

Tik, tik, tik, tik, tik.

Zo is Black Pride NL ontstaan, in coronajaar 2020, met onder meer dansfeesten, een Erotic Club en een Black Pride Healing met psychiater Glenn Helberg. In 2021 wil ze het nog groter aanpakken, met een festival en verschillende podia, een feest dat in totaal een week lang duurt. Hoe gaat ze dat regelen? 'I'll work it out. Just you wait...'

Schrijver Arthur Japin (1956) woont al twintig jaar samen met zijn twee mannen. Als auteur brak hij in 1997 door met De zwarte met het witte hart. *Naast romans (meer dan tien inmiddels) schrijft hij ook scenario's en toneelstukken.*

Onherroepelijk onnavolgbaar

ARTHUR JAPIN

Leven zoals iedereen... van kleins af aan was dat voor mij geen optie. Dit wist ik heel erg jong heel erg zeker. Hoe dat mogelijk is, weet ik niet.

Met seksualiteit had het niets te maken, want ik was nog een kleuter. Ik keek om me heen en zag hoe andere mensen leefden. Mijn ouders. Ooms en tantes op verjaardagen, mensen op straat. Ik keek naar gezinnen en kinderen op school, met wie ik geen verwantschap had. Zag ik op zondag stelletjes met een kinderwagen door onze straat de Haarlemse binnenstad in trekken, dan werd ik verdrietig – niet omdat ik voorvoelde dat zoiets er voor mij niet in zat, maar juist door het idee hoe makkelijk mijn leven zo zou kunnen lopen. Door het vermoeden dat zoiets misschien zelfs werd verwacht.

Om dit te voorkomen, zette ik me als vanzelf, en voor zover ik dat durfde, af tegen de norm en koos een omgeving, de universiteit en de theaterschool, waar dit werd gewaardeerd, zeker in de jaren zeventig. De tijdsgeest zat mee en ik juichte alles toe wat anders was. Hoe belangrijk die vrijheid voor mijn ontwikkeling is geweest, begrijp ik de laatste jaren pas ten volle. In de huidige tijd, waarin het internet nieuwe verdeeldheid en bekrompenheid propageert, neoconservatisme en een meedogenloos openbaar oordeel, was ik ten onder gegaan.

Dat ik meer met jongens dan met meisjes vree, heb ik indertijd ervaren als een keuze. Of dit ook waar is, weet ik niet, maar het gevoel buiten het alledaagse te treden, tegen de norm en de verwachting in te gaan, was zeker deel van het plezier.

Zo ging ik mijn weg, maar mijn pad vond ik pas dankzij mijn geliefde, die mij zelfvertrouwen en kracht gaf om het aan te gaan. Met die eerste liefde van mijn leven was ik twintig jaar samen toen ik, volstrekt per ongeluk, een tweede tegenkwam. Ik was al volledig gelukkig met die ene en ons leven was in volle harmonie, en toch gebeurde het.

Ik ontdekte die dag iets waarover ik nog nooit iemand had gehoord: die nieuwe liefde deed aan de oude helemaal niets af.

Dit wist ik direct. Ik wilde niets liever dan onmiddellijk naar huis bellen en roepen: 'Wat me nou is overkomen, ik heb nóg iemand gevonden zoals wij!'

Ik zou trouwens ook niet weten waarom je minder voor een geliefde zou gaan voelen, alleen omdat je ook iets voor een ander voelt. Dat kan misschien een morele, rationele beslissing zijn, maar met zo'n keuze ga je in tegen je hart. Dat zou althans voor mij zo zijn geweest. En tegen mijn gevoel ingaan, heb ik nooit gedaan, want dat was nu juist wat ik als kind al die anderen meende te zien doen.

Mensen denken dat de liefde een fles is waar maar zoveel glazen uitgaan, schreef ik indertijd, in een poging te duiden waarom mensen bang zijn hun geliefde te delen. Het tegenovergestelde is echter het geval. De liefde verdubbelt zich gewoon. Het is een wonderbaarlijke vermenigvuldiging. Maar zoals dat gaat met wonderen, wie er niet bij is geweest zal het niet willen geloven.

En omdat niemand, behalve wij drie, ons wonder had aanschouwd, heb ik in het begin vaak geprobeerd de situatie aan anderen uit te leggen. Niet erg, wij begrepen ook niet alles en moesten dingen uitzoeken waarvoor wij geen voorbeeld hadden.

Wat wij met zijn drieën moesten uitzoeken, was – anders dan mensen denken – vooral praktisch van aard: ruimte maken, wie werkt waar, meubels verschuiven, wie kookt er, dat soort zaken, maar emotioneel wees alles zich vrij vanzelf. Dit is zo weinig dramatisch en volstrekt anders dan wat films en boeken, geloof en theater, mensen en media je willen doen geloven. Ik heb er geen andere verklaring voor dan: voortdurend blijven doen wat je hart je ingeeft.

Niet ieder van onze kennissen durfde tot in detail te vragen hoe wij dat nu precies deden, maar als iemand de moed opbracht, ging de vraag altijd over hoe dat dan ging in bed. Soms gaf ik daar antwoord op, soms ook niet, maar altijd zei ik erbij dat het de verkeerde vraag was. Wat er in ons hart gebeurde was namelijk veel interessanter. Jaloezie is er, ook alweer anders dan mensen veronderstellen, nooit aan te pas gekomen, geen moment. Dat was ook niet nodig. Niemand werd tekortgedaan, integendeel, ieder ontving alleen maar meer.

Vanaf het moment dat ik erover begon te spreken in interviews heb ik veel reacties mogen ontvangen van mensen die op soortgelijke manier leven. Niet één van die situaties echter is zoals de onze. Dat lijkt me ook logisch, want ieder komt met zijn eigen oplossingen.

Inmiddels ben ik veertig jaar met mijn eerste grote liefde samen, twintig jaar daarvan woont mijn tweede ook samen met ons. Het ongewone is ons in die tijd gewoon geworden. Wij ontbijten met zijn allen op bed en kijken samen televisie op de bank. Ik zou ondertussen echt niet meer weten wat er ook alweer zo bijzonder aan was.

'Het is niet goed aan anderen uit te leggen hoe zij met z'n

drieën zijn,' zei een vriendin eens in een tafelspeech, 'en toen ze het me uitlegden, kon ik het nog steeds niet echt begrijpen, maar op het moment dat je ze met zijn drieën samen ziet, denk je onmiddellijk: o ja, zo hoort het, zo is het goed!'

Wij leven, precies zoals ik me had voorgenomen, niet zoals iedereen leeft. Het is gegaan zoals ik wist dat het zou moeten: niet zoals iedereen het deed. Ik voorvoelde dat het anders móést voordat ik wist dat ik anders wás.

Onze eenheid bezegelt onze afzondering, schreef ik in mijn dagboek toen ons driemanschap een feit was. Ik denk dat dit misschien was wat ik altijd al zocht: een bevestiging van mijn vervreemding. Alsof we de trossen hebben losgegooid en voorgoed bij alle anderen vandaan koersen. Voor hen zijn wij nu onherroepelijk onnavolgbaar.

Het was niet zonder gevaar. Het had ook mis kunnen gaan, maar alleen als wij onze ratio hadden gevolgd, de algemeen aanvaarde regels en voorschriften in plaats van ons hart. Omdat ik me vervreemd en verdrietig voelde binnen andermans normaal heb ik – met begrip en hulp van mijn geliefden – een eigen wereld gecreëerd. Daarbinnen voel ik me veilig want het is mijn normaal.

‘Hoeveel mensen hebben mij niet gezegd: het is een fase, je komt er wel overheen’

DOOK VAN DIJCK

De b in lhbtiq is voor ons tamelijk onbekend terrein. Een goede reden voor een gesprek met acteur Dook van Dijck, die na een korte worsteling gelukkig is met het feit dat hij op mannen en vrouwen valt. Zijn ontspannen houding is mede te danken aan het feit dat zijn twee moeders hem in vrijheid van geest hebben opgevoed. Als zijn biseksualiteit al problemen oplevert, komt dat doordat buitenstaanders moeite hebben om het te begrijpen.

Het had weinig gescheeld of Dook van Dijck (1991) was er niet geweest. We schrijven eind jaren tachtig. Het was een grote wens van zijn twee moeders om hun liefde te bezegelen met een kind. Maar zeker in die tijd was het lang niet zo eenvoudig als nu om een man te vinden die zonder enig voorbehoud zijn bijdrage aan het conceptieproces wilde leveren. Potentiële donoren gaven niet thuis of haakten op het laatste moment af. Ook juridisch liep het koppel tegen veel obstakels aan; de Nederlandse wet kende toen nog niet de mogelijkheid voor een lesbische partner om zich naast de biologische moeder en de donorvader als ‘derde ouder’ te laten registreren.

Net toen Eveline en Netty zich instelden op een leven zonder nageslacht meldde zich goede vriendin en actrice Loes

Luca. Zij had het met haar echtgenoot overlegd en hij wilde het koppel graag uit de brand helpen als donor. 'Loes houdt enorm van grote gezinnen,' zegt Dook van Dijck negenentwintig jaar later. 'Ze zag zichzelf altijd al als zo'n Italiaanse moeder met allemaal van die kraaiende kinderen om zich heen. En Loes wilde mijn moeders heel graag helpen door een donor te regelen – ze was en is heel ruimdenkend.'

Rond zijn vijftiende was er een korte periode dat hij zich afzette tegen zijn onconventionele gezinssituatie, die inmiddels nog verder was gecompliceerd door de scheiding van zijn twee moeders. Dook worstelde op dat moment zelf ook met de vraag of hij eigenlijk op mannen of op vrouwen viel.

'Ik schaamde mij voor die rare familie en vroeg me vooral af: waarom kan het bij ons thuis nou nooit eens normáál gaan? Op de middelbare school vertelde ik zelfs mijn beste vrienden jarenlang niet dat ik twéé in plaats van één moeder had.'

Afgezien van dat intermezzo van twijfel heeft hij zijn opvoeding vooral als een warm bad van openheid, mogelijkheden en kansen ervaren. 'Het zijn altijd anderen geweest die mij erop wezen dat ik me in een situatie bevond die voor hen abnormaal was. Voor mij was het vanzelfsprekend dat je twee moeders kan hebben in plaats van een moeder en een vader. Ik heb van huis uit meegekregen dat je moet openstaan voor mensen die op een andere manier leven of die andere keuzes maken dan jij.'

Waar de coming-out voor veel lhbtiq'ers een heftig verhaal is vol twijfel, innerlijke strijd en lastige confrontaties met ouders of vrienden, was er bij Dook weinig worsteling toen de tiener ontdekte dat hij gevoelens ontwikkelde voor mannen én vrouwen. Zijn eerste vriendje kreeg hij op het conservatorium in Rotterdam waar zij beiden de vooropleiding muziek volgden ('we tongden lang en hartstochtelijk in studielokaal

E12, terwijl er naast ons iemand op zijn tuba oefende'). Zijn moeders hoorden over zijn vaste verkering in een souvenirwinkeltje in Griekenland, waar hij tijdens de vakantie een cadeautje voor zijn prille relatie kocht.

Je zat op dat moment in 4-havo. Presenteerde je jezelf als homo? Of toen al als biseksueel?

'Ik zei gewoon: "Dit is Martijn, dit is mijn nieuwe verkering." Ik liet alles open. Iedereen reageerde megaleuk, niemand deed moeilijk. We waren ook niet de enige homo's op de opleiding, dat scheelt ongetwijfeld.'

Had je toen voor jezelf al bepaald dat je bi was en niet gay?

'Dat was een gevoel, diep vanbinnen. Ik wist dat ik vrouwen net zo goed aantrekkelijk vond als mannen. Het is voor de buitenwereld altijd veel ingewikkelder geweest dan voor mijzelf; het zijn altijd anderen die overal labeltjes op willen plakken. Hoeveel mensen hebben mij in die periode niet gezegd: het is een fase, je komt er wel overheen, je maakt die keuze straks nog wel.'

Een van je moeders kreeg na de scheiding een relatie met een man. Maakte dat voorbeeld je biseksualiteit makkelijker te accepteren?

'Ik heb gezien dat biseksualiteit geen enkel probleem hoeft te zijn. Ik ken verhalen van vrienden die gingen zoeken naar gay icons, omdat ze behoefte hadden aan succesverhalen of voorbeelden die hun leerden dat het niet het einde van de wereld betekent als je op mannen valt. Ik heb dat nooit hoeven doen: ik hoefde maar naar mijn moeders en hun vrienden te kijken om te zien dat alles mogelijk is, óók als je gay of bi bent. Zij hadden veel lhbtiq-vrienden die ook allerlei verschillende beroepen hadden, van slager tot professor. Op die manier heb ik altijd meegekregen: je kunt zijn wie je bent en dat maakt helemaal niets uit.'

Je klinkt zen. Is er nooit een moment van twijfel geweest?

'Toen ik een jaar of negentien was, heb ik me een tijdje zorgen gemaakt omdat ik ertegen opzag mijn hele leven te moeten balanceren tussen de homoseksuele en heteroseksuele wereld. Kon ik de keuze maken of ik uiteindelijk met een man of een vrouw zou eindigen? Ik realiseerde me al vrij snel dat ik daar geen invloed op had, net zomin als hetero's op hun negentiende al weten met wie ze gaan trouwen en oud worden. Je kunt niet uittekenen hoe je leven eruit gaat zien. Ik heb toen besloten me daar niet te druk over te maken en gewoon te kijken wat het leven voor mij in petto zou hebben.'

Na Martijn volgde een relatie met een vrouw, die vier jaar standhield. Net als bij de vorige aankondiging waren het vooral mensen in zijn omgeving die daar vraagtekens bij zetten dan Dook of zijn vriendin. De nieuwe liefde gaf de jonge acteur, die in die periode in de hitmusical *Soldaat van Oranje* speelde en voorstellingen maakte voor festivals als Lowlands en Down The Rabbit Hole, de unieke kans om erachter te komen of er verschillen zijn tussen homo- en heterorelaties. De resultaten verrasten hem zelf ook.

'Het is zoveel makkelijker om met een vrouw hand in hand op straat te lopen dan met een man,' verzucht hij. 'Als ik dat met een vriend doe, kijk ik altijd vluchtig om me heen of mensen er geen aanstoot aan zullen nemen. Ook in restaurants of hotels is het verschil dodelijk vermoeiend als je erop gaat letten. Er wordt zó anders gedaan tegen een gaykoppel: "Zó, hebben we een lekker mannenavondje uit?" Ja meneer, we vieren dat we een jaar samen zijn en we gaan romantisch uit eten. En altijd in hotels maar uitleggen dat je geen aparte bedden wilt. Niemand die daarnaar vraagt als je met een vrouw binnenkomt.'

Ben je weleens aangevallen terwijl je hand in hand liep?

'Met mijn eerste vriendje ben ik belaagd toen we in Rotterdam liepen, bij het Oostplein. Een groep jongens zag dat we gay waren, we gaven ze blijkbaar een verkeerde blik: "Kankerhomo, kijk niet naar ons", riepen ze. Ik schoot direct in de alarmstand: wat gaan we doen? We reageerden snel: waar zijn veel mensen, waar zijn we veilig? We zagen een café waar we naar binnen renden, met tranen in onze ogen, helemaal in shock. In plaats van ons gerust te stellen, zei de barman: "Ik wil geen gezeik, jullie gaan toch wel wat bestellen he?" Zo reageer je toch niet als twee angstige gays van vijftien huilend binnenvallen? Ik vond die reactie nog erger dan het feit dat we door die groep jongens werden belaagd. Dat gevoel van angst van die ervaring vergeet ik nooit meer. Het is zo naar dat je je als homo toch altijd onveilig voelt op straat – ook in 2021 nog.'

Wat doe je tijdens een relatie met een vrouw met je gevoelens voor mannen? Bepleit je dan een open relatie of zet je die verlangens in de koelkast?

'Ik ben een trouwe hond, ik vind monogamie heel belangrijk. Het maakt niet uit of ik een relatie met een man of een vrouw heb: als ik voor iemand kies, dan committeer ik me helemaal aan hem of haar. Ik denk overigens echt dat daarin geen enkel verschil is met hetero's. Verlangens naar andere mensen heeft iedereen weleens. Sommige mensen handelen daarnaar, andere niet.'

Je schakelt die verlangens naar de andere sekse voor onbepaalde tijd uit?

'Nee, ik schakel het niet uit, ze zitten er zeker nog wel. Maar de mogelijkheid om die gevoelens te consummeren zijn er even niet omdat ik op dat moment in een monogame relatie zit. Ik kan me overigens goed voorstellen dat er biseksuelen zijn die daar andere afspraken over maken met hun partner. Maar dit werkt voor mij het beste. Ik heb wel gemerkt dat ik na het beëindigen van een relatie vooral in het andere kamp ga zoeken. Blijkbaar grijp ik dan de kans om in te halen wat ik misschien ergens in die jaren daarvoor toch heb gemist.'

Is het voor je partners soms lastig om te geloven dat je die gevoelens zo lang kan parkeren?

'Voor mijn vriendin was het soms best ingewikkeld om te bevatten, ik denk dat je een sterke vrouw moet zijn om een relatie met een bi-man te hebben. Sowieso denk ik dat gays opener zijn in het uitspreken en erkennen van het feit dat er soms andere behoeftes of verlangens zijn dan heteroseksuelen. Gays kunnen daar veel pragmatischer in zijn: Oké, we hebben die gevoelens voor anderen, gaan we daar iets mee doen? Staan we open voor trio's, laten we elkaar wat vrijer? Ik denk dat dat een belangrijk gesprek is om te voeren, zeker als je wat langer samen bent.'

Heeft het hebben van een relatie met een man of vrouw ook impact op je sociale leven?

'Ik begeef me wel onder andere vrienden, ja. Ik ga naar andere feesten, andere festivals, andere concerten. Je laveert natuurlijk altijd mee met de partner met wie je op dat moment je leven deelt. Ik word in elk geval meer "hetero" als ik een relatie met een vrouw heb. Ik ga dan bijvoorbeeld veel minder naar gaybars.'

Dook heeft het gevoel dat gays over het algemeen een meer open houding hebben tegenover mensen die voor een andere samenlevingsvorm hebben gekozen dan hetero's. Op zich wordt het idee dat sommige mensen andere keuzes maken sneller geaccepteerd en omarmd: 'Leven jullie met drie mannen samen? Hartstikke leuk, als dat je gelukkig maakt!' Zelf loopt hij in de heterowereld regelmatig tegen vooroordelen en onwetendheid aan. 'O ja, jullie homo's doen het állemaal met elkaar he, én onveilig! En dat wordt dan gezegd door een vrouw die net heeft verteld hoe zij in het weekend met verschillende mannen onveilig allerlei acrobatische toeren heeft zitten uitvoeren. "Ja, maar jullie krijgen veel sneller hiv en aids, toch?" Zulke mensen en dat soort ongefundeerde uitspraken frustreren mij enorm.'

Wat zijn de meest voorkomende vragen die mensen stellen als het over je biseksualiteit gaat?

'Het is soms onvoorstelbaar wat mensen durven te vragen. Het gaat áltijd over seks, dat vinden mensen zó fascinerend! "Als je met een man in bed ligt, denk je dan ook aan vrouwen?" Of: "Als je een relatie met een vrouw hebt, hebben jullie dan alleen maar anale seks?" Hoe kóm je überhaupt op zo'n vraag?! En waar haal je het lef vandaan dat te vragen aan iemand die je nauwelijks kent?'

Het is lastig om vast te stellen hoeveel mensen in Nederland zichzelf definiëren als biseksueel. In een rapport uit 2017 meldt kenniscentrum Rutgers dat 9 procent van de vrouwen en 5 procent van de mannen zegt zich aangetrokken te voelen tot meer dan één gender of sekse, wat dus neerkomt op zo'n één miljoen mensen. Een SCP-rapport uit 2010 wijst echter uit dat slechts 3 procent van de Nederlanders zichzelf biseksueel noemt (dus pakweg de helft van de eerdergenoemde groep). Waar homoseksuelen en lesbiennes zich kunnen onderdompelen in een levendige 'gay culture' bestaat er eigenlijk geen 'bi culture', constateerde ook Dook van Dijck al snel.

Er wordt vaak gezegd dat bijna elk mens wel biseksuele gevoelens in zich heeft. Ben je het daarmee eens?

'Iedereen moet dat natuurlijk voor zichzelf bepalen. Maar ik denk dat de meeste mensen wel biseksuele interesses of fascinaties hebben. Ik spreek regelmatig mensen die zeggen er weleens over nagedacht te hebben seks te hebben met iemand van hetzelfde geslacht. Of die het daadwerkelijk weleens geprobeerd hebben.'

Is het voor mannen lastiger om uit de kast te komen als bi dan voor vrouwen?

'Er zijn in elk geval meer vrouwen in mijn omgeving die toegeven dat ze weleens met iemand van hetzelfde geslacht geëxperimenteerd hebben dan heteroseksuele mannen. Die schieten sneller in de verdediging: "Ik ben niet gay, hoor!" Of ze zijn er minder eerlijk over, dat lijkt me ook zeer waarschijnlijk. Ik ken genoeg homo's die dat soort hetero's aantrekkelijk vinden; die hebben nooit te klagen over aandacht.'

Wat zou jij tegen dat soort heteromannen willen zeggen?

'Ik snap niet zo goed waar je bang voor bent: als je nieuwsgierig bent naar zulke ervaringen, probeer het gewoon een keer. Er is maar één manier om erachter te komen of je wel of geen seksuele gevoelens kunt hebben voor iemand van hetzelfde geslacht. Ik weet hoe het is om in het diepe te springen en nieuwe kanten van jezelf te ontdekken, en ik heb er nooit spijt van gehad. Uiteindelijk is zo'n ontdekkingstocht voor anderen om je heen altijd veel verwarrender dan voor jezelf.'

Waar homoseksuelen en lesbiennes zich goed hebben weten te profileren in de samenleving, lijken biseksuelen maatschappelijk en in de media nog een beetje buiten de boot te vallen. Dook wilde in het verleden niet te veel nadruk leggen op zijn geaardheid, omdat hij in de media niet te veel tot dat ene onderdeel van zijn leven wilde worden gereduceerd. Maar de afgelopen jaren komt het onderwerp toch vaker en gemakkelijker ter sprake in interviews, merkt hij. 'Ik strijd en pleit graag voor inclusiviteit. Niet per se om ons bi-hokje veilig te stellen of op te eisen. Ik vind het wel fijn als mensen weten: dit kun je óók zijn en daar is niets mis mee. Ik word er na al die jaren weleens moe van om steeds als "nephomo" weggezet te worden.'

Is het ook een generatieding? Is die beperkte visie niet iets wat meer bij ouderen voorkomt?

'Ik denk wel dat jongeren makkelijker openstaan voor de gedachte dat er zoveel verschillende mogelijkheden zijn. Ik merk dat ik in dat opzicht zelf ook geen tiener meer ben. Ik heb het afgelopen jaar een aantal online-interviews gedaan voor Paarse Vrijdag. Op die dag, half december, wordt op veel scholen in Nederland genderdiversiteit gevierd en besproken; kinderen dragen paarse kleren om hun steun te betuigen aan leerlingen die niet-hetero zijn. Ik was blij verbaasd over de zelfverzekerdheid waarmee sommige tieners nu al durven uit te komen voor wat ze zijn: ik heb met een transmeisje gesproken en met een non-binair persoon. Ik wist tot drie jaar geleden nog niet eens dat dat bestond – er is veel ontwikkeling gaande op dat gebied.'

Is de nieuwe lichting lhbtiq'ers ook strijdlustiger dan dertigers zoals jij?

'Ik heb het gevoel van wel – soms voel ik me bijna schuldig dat ik zo weinig gedaan heb toen ik die leeftijd had. Niet-heteroseksuele tieners durven anno 2021 voor zichzelf op te komen, dat vind ik benijdenswaardig. Ik ben opgegroeid met het idee dat de strijd wel gestreden was: in de jaren zeventig en tachtig heeft de generatie van mijn moeders heel hard gestreden om alle wettelijke rechten veilig te stellen. Daar plukken wij nu de vruchten van. Het leek erop dat wij als lhbtiqers alles wel op orde hadden, dus waarom zou ik überhaupt de barricaden op moeten?'

Realiseer je je ook dat er jongeren zijn voor wie het nog niet zo gemakkelijk is als jij nu schetst?

'Ik krijg best vaak berichten via sociale media van jongeren die nog in de kast zitten en die een vlog van mij hebben gezien of een interview hebben gelezen. Een jongen van veertien op een school in een dorpje in Friesland die de enige "gay in the village" is en geen idee heeft wat hij daarmee aan moet. Dat zijn hartverscheurende verhalen.'

Ben je daarom opener geworden in praten over je eigen biseksualiteit?

‘Het minste wat ik kan doen is laten zien wie ik ben en waar ik voor sta, en daar in gesprekken of vlogs open over zijn. Ik heb twee moeders en dat is helemaal goed. Ik ben biseksueel en dat is normaal. Ik geloof erin dat je op deze manier het kader van andere mensen kunt verbreden.’

Je moeders zijn beiden documentairemakers. Heb je nooit overwogen om met hen een film te maken over deze onderwerpen?

‘Nee, want op die manier maak ik er weer iets bijzonders van: we gaan de mensen eens laten zien hoe het is om op te groeien als kind van twee vrouwen. Who cares! Ik moet er geen hot topic van of statement over maken, ik moet juist laten zien hoe vanzelfsprekend het is. Net zoals biseksualiteit: het is niet vreemd, het is niet gek, het is niet anders.’

‘Het is geen rock-’n-roll’

CAROLIEN BORGERS

Biseksualiteit is niet synoniem met een jolig ‘van twee walletjes snoepen’ drukt Carolien Borgers ons op het hart. ‘Het is niet zo dat de keuze verdubbelt omdat ik op beide seksen val.’ De radiomaker, tv-presentator en cabaretier deelt haar worstelingen. ‘Ik vind mannen sexy, ik vind vrouwen sexy, maar ik vind iemand zoals ik, die op beiden valt, niet per se sexy.’

~

Van: Jessica van Geel
Aan: Carolien Borgers
Onderwerp: Interview?

Hi Carolien!
Ben jij in das buitenland, of ben jij nog in Nederland? Ik begreep dat je weg zou gaan, maar verder ben ik alles vergeten... Ik heb namelijk een vraag. Wil jij meewerken aan het boek dat ik samen met Robbert Blokland aan het schrijven ben?

Nu weet ik dat jij er – hoe zeg ik dit netjes? – hier en daar wat bi-activiteiten op na houdt, en ik weet niet in hoeverre je erover wilt praten, maar het lijkt ons fijn om ook biseksualiteit in het boek aan bod te laten komen. Hoe ga je daarmee om? Ben je uit de kast gekomen? Hoe ga je om met vooroordelen? Vind je de labels beperkend? Wie waren jouw voorbeelden? Dat soort vragen.

Wil je? Zeg: ja! We hebben je nodig.
xj

Van: Carolien Borgers
Aan: Jessica van Geel
Onderwerp: Interview?

Jessica!
Ik ben in Nederland. Vooralsnog, maar nog zeker een dikke drie weken. Ik doe uiteraard mee. Ik wil dan wel geïntroduceerd worden als: 'Carolien Borgers, die er hier en daar wat bi-activiteiten op na houdt.'

X C

'Monogamie werkt niet voor mij' – *Viva*

'Waarom zij niet kiest voor monogamie' – Radio 1

'Monogamie is het niet voor mij' – *Flair*

Programmamaker en cabaretier Carolien Borgers (1983) heeft zes jaar een relatie met schrijver Philip Huff, en wanneer ze in een interview vertelt dat dat een open relatie is, koppen de media het gulzig. Over haar biseksualiteit is ze terughoudender. Carolien maakt tv- en radioprogramma's, ze presenteert het programma *Muziekcafé* op NPO Radio 2 en was eerder te horen bij het nachtprogramma *'t Wordt nu laat.* Ze heeft een album gemaakt, vier cabaretprogramma's op haar naam staan en nog vaker op Lowlands opgetreden.

We duiken maar meteen in het diepe en beginnen met de vooroordelen die er over biseksualiteit bestaan. Bi's zouden van twee walletjes snoepen. Het zou een experimentele fase van de hetero zijn. Of een veilige tussenfase voor de homo of lesbienne die nog niet helemaal uit de kast wil komen.

'Biseksualiteit wordt eigenlijk niet serieus genomen. De biseksueel is zo ijdel, die wil van beide kanten bevestiging, dat is het beeld. En wanneer je een relatie met een man begint, dan denken mensen: zie je wel, ze is tóch hetero. Wanneer ik verliefd word op een vrouw, zeggen ze: o, nou komt het er eindelijk uit.'

Hoe denk je dat heteromannen je zien?

'Als out of the ordinary. En ik denk dat ze meteen hun interesse verliezen als ze me met een vrouw zien. Dan val ik in de categorie lesbisch.'

Hoe zien vrouwen jou?

Lachend: 'Heterovrouwen: nou, dat wil ik wel een keer proberen. Lesbische vrouwen als van: hm, die gaat er met onze vrouwen vandoor, en je zal zien dat ze straks toch aan een man blijft plakken. In *Sex and the City* zegt Carrie Bradshaw als ze met een biseksuele man naar bed gaat: 'Carrie Bradshaw suspects that he's just on a layover on a way to Gaytown.'

Wat denk je als Carrie dat zegt?

'Onzin. Het heteronormatieve gedachtegoed – wat steeds minder wordt, maar nog zeker de standaard is – zorgt ervoor dat je als bi het idee hebt dat je altijd naar een punt toewerkt zodat je uiteindelijk in een hokje past. Dat heeft ook zeker voordelen, bijvoorbeeld als je als homo of lesbienne je rechten wil bevechten. Maar voor biseksuelen is dat natuurlijk moeilijker.'

Hoezo?

'De buitenwereld beoordeelt mij naar gelang de partner die ik heb, ik word niet beoordeeld als individu met biseksuele gevoelens. Als ik met een man ben zien mensen mij als hetero, als ik met een vrouw ben als lesbisch. Het is daarom ook best eng om als biseksueel naar buiten te treden, omdat het gezien wordt als een vaag gebied. Ik denk dat er om die reden veel meer mensen bi zijn dan wordt toegegeven. Er is veel onderzoek gedaan, vooral in Amerika, waarbij is gekeken waar mensen opgewonden van raken, en dat blijkt veel diffuser te zijn dan ze in eerste instantie zelf denken, dat geldt ook voor homo's en lesbiennes. Seksueel voelt een groot deel van de mensheid zich aangetrokken tot beide seksen.'

Hoe ontdek je dat je biseksueel bent?

Ze houdt een papier met aantekeningen voor de camera. We spreken elkaar via Zoom, de pandemie waart nog altijd rond en Carolien zit geheel volgens corona-etiquette in een wijde trui en joggingbroek op haar bank. Ze heeft dit gesprek voorbereid en de punten genoteerd die ze wil bespreken. 'Juffrouw Yvonne' zien we bovenaan de lijst staan. In groep 3 haar objet d'amour. Maar ze was ook verliefd op Tim Brands. En Tim Brands was ook verliefd op juffrouw Yvonne. Carolien heeft lang gedacht dat ze verliefd was op juffrouw Yvonne omdat Tim Brands verliefd op haar was.

'Ik was zeven en dacht dat ik door mijn verliefdheid op juf Yvonne dichter bij Tim kon zijn. Ik denk dat ik die gedachte lang heb volgehouden, omdat we toch zijn opgevoed met het idee dat vrouwen altijd in competitie met elkaar zijn, zeker in de jaren tachtig, waarin ik ben opgegroeid. Mijn vriendinnen hadden onderling ook altijd strijd. Naarmate ik ouder werd, merkte ik dat ik die vriendinnen vaak fascinerender vond dan de jongens in de klas over wie ze kibbelden. Ik schaamde me daar heel erg voor.'

Eigenlijk is het grappig, zegt Carolien, als ze terugkijkt op haar kindertijd. Tot haar achttiende zijn er twee lijnen te onderscheiden die allebei waar zijn, maar ook compleet los van elkaar bestonden. De ene lijn was die van de verliefdheden op jongens, mannen, en de andere lijn ging over de verliefdheden op vrouwen. Het verschil: ze sprak enkel over de mannenlijn.

'Ik weet nog dat we in de vijfde of zesde klas van de middelbare school met een groepje bij een vriendin logeerden. Ik lag op een matje naast een van mijn vriendinnen. Ik had nog nooit seks gehad – dat had ik pas voor het eerst op mijn negentiende – mijn vriendinnen wel allemaal. Ze spraken erover. Toen dacht ik, kijkend naar die vriendin naast me: hoe zou het zijn als ik seks met jou had? Vervolgens dacht ik: o my god, dit ga ik echt nóóit uitspreken, want dan ben ik de paria van de school, dan vinden ze me echt verschrikkelijk. Ik heb niks gezegd natuurlijk, maar ik weet nog dat ik het dacht.'

Carolien Borgers is opgegroeid in een 'makkelijk gezin', maar over emotionele dingen werd niet gesproken. 'Als ik een jongen had gezoend, dan vertelde ik dat niet. En als ik voor het huis stond te zoenen, deed mijn moeder het licht in de keuken aan zodat ik zo snel mogelijk zou ophouden.'

Toen werd je achttien en ging je naar de kleinkunstacademie in Amsterdam...

'Tijdens de entreeweek hadden we een feest, het was de eerste keer dat ik alcohol dronk. Er zat een meisje in de klas, een vrouw, ze was twintig, de mooiste vrouw die ik ooit had gezien. We werden allemaal dronken en toen heeft zij voor een nachtwinkel staan dansen terwijl ik "Winter" van Tori Amos zong om geld op te halen voor nóg meer wijn. Toen we terugkwamen moest ik naar de wc. Zij was op de wc, deed de deur open, trok mij naar binnen, duwde me tegen de muur en zoende me, vól op de mond. Ik was daar echt heel, heel erg van in de war.'

Dacht je, dit is het?

'Ik dacht meer: dit is het ook!'

Toen had je voor jezelf een hokje, dat je bi was?

'Nee, nog niet, ik dacht: nu moet ik het zeker weten, nu moet ik het heel vaak gaan doen.' Ze lacht hard. 'Ik heb in die tijd met een vriendin een seksuele ontdekkingstocht gedaan. We probeerden alles uit met elkaar.'

Was dat voordat je met mannen ging, of daarna?

'Voordat ik seks met mannen had, maar wel nadat ik veel gesekst had met mannen.'

Eh? Wat is het verschil?

'Penetratie is dan seks, en gesekst is een beetje klooien, denk ik.'

Oké. Vertelde jij erover aan anderen?

'Niet aan mijn ouders, met hen heb ik het er nooit echt over gehad, met mijn vrienden besprak ik het wel. Ik heb ook een periode gehad dat ik seks met mannen niet zo fijn vond. Ik weet niet waardoor het kwam, maar ik vond het een beetje bedreigend. Ik vond het met vrouwen veel fijner, veiliger, zachter. Gelijkwaardiger. Seks met jonge jongens was toch vooral een euh-euh-euh-euh-euh-euh (maakt snelle kreun-geluiden). Er zat helemaal geen sensualiteit bij.'

Hoe belangrijk was die aantrekkingskracht tot mannen én vrouwen in je leven?

'Heel belangrijk. Nog steeds. Ik denk dat het ook een van de redenen is waarom ik me altijd anders heb gevoeld.'

Positief of negatief anders?

'Eerder negatief. Ook omdat ik een beetje verander wanneer er een vrouw bij me in de buurt is die ik wil veroveren, dan word ik dominanter. Dat is een andere kant van mezelf dan wanneer ik een man versier. Voor die dominante kant was ik een beetje bang. Bovendien was ik bang dat een vrouw me eng en vies zou vinden als ik haar zou versieren. Dat ze me een predator zou vinden. Ik schaamde me, zoals ik me toen ook schaamde op dat matje bij die vriendin.'

Waar komt het idee vandaan dat je vies zou zijn als je die behoeftes hebt?

'Tja.' Er volgt een lange stilte. 'Ik denk dat ik me schaamde omdat anderen zouden kunnen denken dat ik álles wil. Bang dat mensen denken: heb je zoveel bevestiging nodig? Triest.'

Je hebt vóór Philip een lange relatie met een man gehad, tussendoor had je verhoudingen met vrouwen. Wat is voor jou het verschil?

'Ik vind de dynamiek tussen twee vrouwen leuk omdat het nooit verzandt in een standaard man-vrouwdynamiek. Maar goed, Philip zal zeggen: dat kan ik met een andere vrouw ook hebben, dat we een andere dynamiek hebben.'

Wat bedoel je met dynamiek?

'Als ik met mijn vriend op straat loop, is het duidelijk wie fysiek de sterkste is en dus wie de fysieke verantwoordelijkheid neemt mocht er iets gebeuren. Dat is bij een vrouw niet zo, dan moet je schipperen en zoeken. Ik denk dat dat allemaal aangeleerd gedrag is hoor, maar ik vind het fijn als ik daarmee kan spelen.'

Het gaat toch gewoon over seks, bij wie je je het lekkerst voelt in bed?

'Ja, seks, maar... Ik ben er nog steeds niet uit of het nu alleen seksueel is of dat het mij ook gaat om een significant verschil tussen de seksen. Als ik een vrouw versier, gaat het dan om de aantrekkingskracht bij die specifieke persoon an sich, of zorgt de sekse ervoor dat ik me tot deze persoon aangetrokken voel? Ik weet dat niet. Dat is mijn grote zoektocht.'

Is biseksualiteit een seksuele voorkeur, of zit het dieper en is het een geaardheid, zoals een lesbienne ook lesbisch blijft als ze geen relatie heeft?

'Daar ben ik dus nog niet uit. Maar ik weet wel: als je een relatie hebt gaat het uiteindelijk ook over de keuze die je binnen je relatie maakt. Met wie je je intimiteit wilt delen.'

Philip en jij hebben een open relatie. Wat hebben jullie afgesproken?

'De afspraken komen voort uit vertrouwen, respect en liefde en ze veranderen naar gelang we doorleven. Maar de harde afspraken zijn: niet in ons huis, niet met vrienden, niet op vakanties, niet op feestdagen, dat soort dingen. Verliefd worden was altijd een hard limit, dan bedoel ik dus: voor mij op mannen en vrouwen, voor Philip op vrouwen. We zijn nu aan het bekijken of verliefdheid wel kan als er bepaalde richtlijnen zijn. Misschien kan dat niet, misschien kan het wel. Ik denk dat het verdiepend voor je relatie is om alles wat je voelt te bespreken – ook wanneer je iets voor iemand anders voelt. Dus ook wanneer dat pijnlijk wordt, mijn partner zich vernederd zal voelen. Ik denk dat die vernedering groter is wanneer je het stiekem doet, of helemaal bij elkaar weghoudt.'

Jullie vertellen alles tegen elkaar?

'Ja. Altijd eerlijk zijn. Ik heb in de relatie met Philip de mogelijkheid om mijn biseksualiteit te laten bestaan. Dat waardeer ik, want ik weet dat een open relatie uitzonderlijk is. Maar ik denk ook, juist omdat het afwijkt van de heteronormatieve situatie, dat het nóg belangrijker is om alles eerlijk te bespreken, omdat we minder gebaande paden betreden. Je moet het uitleggen, en soms uitzoeken, uitvinden.'

Doe je die verkenning allebei apart of ook weleens samen?

'Ja, dat doen we ook. Met een derde.'

Is dat meestal een man of een vrouw?

'Nee, alleen een vrouw. Want pfff, twee mannen...' Carolien werpt een blik op haar aantekeningen. 'Dat Amerikaanse onderzoek laat zien dat mensen die zich als hetero of homo identificeren ook opgewonden raken van de andere sekse, meer dan ze denken. Op een schaal van 1 tot 6 zitten de meeste mensen op de 4 of 5. Goed, er zijn homoseksuele mannen die echt helemaal niks moeten hebben van vrouwen, die bestaan.'

Maar is je seksualiteit iets waar je invloed op hebt?

'Ja, ja. Lady Gaga: you were born this way. Of Freud: we zijn allemaal biseksueel. Ik zou dat fantastisch vinden.'

We bespeuren geen trots dat je biseksueel bent.

'Nee. Ik weet niet eens wat het is. Wat betekent het nou om biseksueel te zijn, behalve dat je je aangetrokken voelt tot mannen en vrouwen? Wat voor mensen zijn dat? Zijn die de hele tijd aan het zoeken?'

Dat er elk jaar een biseksuelendag is, wist Carolien niet. Ze kent geen biseksuele voorbeelden van televisie, geen boeken of films die erover gaan, niet serieus in ieder geval. In *Girlz* zit een aflevering – nu kijkt ze weer op haar papier – 'in which a young male character remarked that bisexuals were one of the two groups, the others was Germans, that you can still make fun of.'

We lachen, maar zeggen: 'Het is pijnlijk.'

Nadat we haar hebben gevraagd of biseksualiteit ook voordelen heeft, is ze vijftien seconden stil. Haar antwoord: nee. 'Het is niet zo dat ik meer opties heb. Ik vind een selectieve groep mannen en vrouwen aantrekkelijk, het is niet zo dat de keuze verdubbelt omdat ik op beide seksen val. En biseksualiteit is ook geen vrijbrief om te doen waar ik zin in heb. Je hebt een verplichting naar de mensen van wie je houdt om zorgvuldig te zijn, om hun geen verdriet of pijn te doen.'

'Het is geen rock-'n-roll. Ik weet niet eens of ik biseksualiteit zelf wel zo sexy vind. Ik vind mannen sexy, ik vind vrouwen sexy, maar ik vind iemand zoals ik, die op beiden valt, niet per se sexy.'

Geeft je biseksualiteit problemen binnen je relatie? Die twee lijnen die je noemde, de mannen- en vrouwenlijn, geeft dat nog steeds frictie?

'Mijn ex heeft een keer gezegd dat het is alsof er een lightswitch in me zit. Ik schakel naar een andere kant van mezelf als er een vrouw in de buurt is die ik interessant vind. Dat is best moeilijk voor mijn partner. Tegelijkertijd wil ik het graag, want het voelt fijn. Het is onderdeel van wie ik ben.'

Maar Philip heeft er geen moeite mee, zeg je.

‘Ik weet niet goed hoe ik het moet doseren.’

Je bent bang te ver te gaan en dat je relatie kapotgaat?

‘Ja.’

Dat voelt heel onrustig.

‘Welcome to my world. Wat kan ik eraan doen? Het is niet zo dat ik denk dat die onrust weggaat als ik een relatie met een vrouw heb. Daar geloof ik niet in. Dat I was on my way to Gaytown all along.’

Anne van Veen (1983) studeerde af als actrice/kleinkunstenaar aan de Amsterdamse Toneelschool en Kleinkunstacademie. Ze speelt haar eigen theaterprogramma's en schreef de romans: Wie ik aan het zijn was *en* Iets te vieren.

~

Daar zal wel iets mee zijn

ANNE VAN VEEN

Wat is het dat we ernaar neigen, ikzelf incluis, een causaal verband te zoeken tussen het 'lesbiïsme' en het zijn?

Ome Cees is hetero. Lesbisch word je. Ik ben lesbisch geworden, daar moet een psychologische verklaring voor zijn. De verstoorde vader-dochterrelatie? Hij kan er zó weer in gefietst. Of was de vrijer zo lelijk dat ze wel van spijs móést veranderen? 'Heb je wel een góéde ervaring met een man gekend?!' vraagt de moeder. Er moet iets aan te wijzen zijn waardoor het fout ging?

Anne met vrouwen. Die seksuele geaardheidswissel zag men niet aankomen. Dan heb je ook heteropoep in je ogen, maar alla. In mijn beginjaren voor het lesbianisme zocht ik ijverig mee naar een verklaring voor deze grote wisseltruc. Zeven jaar geleden stopte dat, tot de reflex vorige week weer even opdook. Op een bankje. Buiten. Daar werd ik uitgedaagd. Nu worden wij homo's wel vaker uitgedaagd, deze was van het lastiger soort. Deze kwam van dichtbij en ik had verwacht dat we dat station achter ons gelaten hadden. We noemen de uitdaagster: familielid.

Het zit naast me op een armlengte afstand. Het heeft haar grote ogen op. Een zwarte dikke zonnebril. Er loopt een man voorbij. Boven het montuur verschijnen verraderlijk hoog opgetrokken wenkbrauwen. Dat zijn de gedegen voorbereidingen – weet ik – voor het een heikel onderwerp aansnijdt. Familielid bevochtigt haar lippen, waarna ze haar mondhoeken met duim en wijsvinger afneemt. De man en zijn silhouet verdwijnen in het nevelige zonlicht. Nog even en dan komt-ie. Familielid plaatst de voeten bijeen en vouwt de handen tussen de knieën. 'Je hebt niets tegen mannen. Toch?' Een beduchte, zogenaamd begane toon.

De valkuil is dat ik er juist door die manier van doen op inga. 'Nee' zeg ik ter geruststelling. 'Ik heb niets tegen mannen, hoezo zou ik iets tegen mannen hebben, ik kan mannen mooi vinden, heel mooi zelfs.' Een tel ademrust. 'Het is niet dat lesbische vrouwen mannen monsterlijk vinden of zo!'

'Nee, dat denk ik ook niet. Maar het is niet dat jullie...'

Ik hoor het al niet meer. Met man en macht probeer ik de zojuist gepasseerde man terug te halen, om zodoende alle mogelijke warmte die ik voor een man kan voelen op hem te projecteren.

Hoe krijgt het familielid het voor elkaar. 'Nee' had in ieder ander sociaal onderhoud kunnen volstaan. Alexander is een beetje dom, klinkt het op dat moment vergoelijkend in mijn hoofd. We noemen het coulant, een incidentje. Kan het familielid het helpen?

Neeeeeee, wil ik relativeren.

Jazeker, wel! hoor ik mijn vrouw door mijn kop schalmen. 'Wij emanciperen wel, het zijn de hetero's die aan de beurt zijn. Hen moeten we opvoeden.' Mijn vrouw is van de barricade. Het familielid niet. Stel je het kerstdiner voor. Maar happerdeflap, moet ík dan mijn familie nog immer opvoeden, wegwijs maken in de wereld die mijn natuur heet?

Waarom heeft die boom olifantenoren? Dat is omdat er twee bomen uit een stam groeien, zegt de boswachter. Prima uitleg. Die bomen hoeven zich geen van beide te verantwoorden. Noch wat die olifantenoren daar doen. Ze zijn 'gewoon' zo!

Of ik weleens zou willen ruilen – vraagt het lid. Nee, jij, vraag ik terug. Ruilen met hetero's. Binnen veertien dagen. Had u het bonnetje nog? Geen haar op mijn hoofd. Heterokoppels en -levens zijn saai.

'Ik vind "lesbische beddendood" a-k-e-l-i-g klinken,' verzucht het familielid terwijl het gesprek vordert. Het trekt er een getormenteerde snoet bij. 'Twee vrouwen missen op den duur misschien... yang-energie.'

Is dit een vraag?

'Mannen hebben...'

'Stop. Stop.' Leuk gebracht. 'Yang-energie.' Lyrisch ook. In de subtekst proefde ik hier de bijsmaak van een – in de ogen van het familielid – zorgelijker kwestie. Nou, geen gebrek aan yang, hoor, wilde ik zeggen. Ik heb elke morgen een zilte pruim aan mijn zij liggen. Nu jij weer.

'Ik was ervan overtuigd dat ik nooit iemand zou vinden om van te houden'

JEROEN KIJK IN DE VEGTE

In hoeverre is gay-zijn van invloed op je carrière? Dat was een van de vragen die we wilden stellen aan Jeroen Kijk in de Vegte, die in zijn beginjaren op zender naast alle stoere dj's juist opviel doordat hij openlijk op mannen viel. Inmiddels staat Jeroen te boek als de 'nationale knuffelhomo van de Nederlandse radio' – en natuurlijk als de grote badguy van *Wie is de Mol?* 2020.

~

Met het feit dat hij op mannen valt, heeft Jeroen Kijk in de Vegte (1974) nooit veel moeite gehad, beklemtoont hij bij aanvang van het gesprek. Of hij heeft er in elk geval zelf nooit bewust bij stil willen staan – misschien is dat het meer.

Ja, uiteraard waren er momenten van twijfel, of zelfs wanhoop, erkent de NPO-coryfee aan de keukentafel van zijn idyllische woonboerderij op de Veluwe. Het is het allereerste gesprek dat we hebben voor ons boek; we hebben nog geen flauw benul van de eerste coronalockdown die premier Mark Rutte over krap drie weken zal aankondigen. De geur van verse koffie vult het knusse huis, poes Boefke ligt tevreden spinnend in de vensterbank. 'Ik herken me niet in verhalen van gays die enorm met hun geaardheid worstelden en aan zichzelf twijfelen. Ik was een jaar of tien toen ik een foto van een naakte man en vrouw in een boekje zag, en ik keek alleen maar naar die man. Oké, dacht ik, ik ben dus homo. Dan gaan we daarmee dealen.'

Zijn eerste crush was een goede vriend uit zijn klas. 'Het duurde jáaren, wat een marteling was dat; we logeerden zelfs bij elkaar. Maar ik deed en zei niets, omdat ik bang was dat de vriendschap kapot zou gaan als het niet wederzijds was. Als je zoiets zegt, plaats je toch een enorme olifant in de kamer, zelfs als hij zegt dat het niets uitmaakt. De verhoudingen liggen opeens anders.'

Met de wetenschap dat hij anders was dan klasgenoten, kwamen de onzekerheid en de angsten. 'Ik werd gekatapulteerd in een leven waar ik niet om gevraagd had en waar ik niets van wist. Ik kende geen andere homo's en moest alles zelf uitvinden. Ik dacht dat een normale carrière niet meer mogelijk was en was ervan overtuigd dat ik nooit iemand zou vinden om van te houden, dat ik altijd alleen zou blijven.' De tiener hoopte, na lang twijfelen, via de jongerenpraatgroep van het COC in Zwolle in contact te komen met leeftijdsgenoten. 'Ik had al mijn moed bij elkaar geraapt om te bellen en me aan te melden. Maar ik kreeg nul op het rekest: Nee, de groepen zitten allemaal vol! Dat was een koude douche, ik had al mijn hoop erop gevestigd.'

Jeroen vond troost en hoop bij de radio. Hij luisterde met rode oortjes naar het programma *Homonos*, dat tussen 1980 en 1995 wekelijks op Radio 5 te horen was. Presentators als Nelly Frijda, Vivian Boelen en Peter van der Vorst brachten informatie die voor lhbtiq'ers relevant was. 'Een bekende homo las een column voor, mensen konden anoniem inbellen. Ik vond dat ontzettend inspirerend, dankzij dat programma leerde ik dat het ook voor gays best mogelijk was een leuk en succesvol en vrolijk leven te hebben.'

Een groot voorbeeld voor hem was ook Paul Haenen, die

samen met zijn alter ego Margreet Dolman in de jaren zeventig en tachtig veel radio- en televisieprogramma's maakte voor de VPRO.

'Hij was niet per se activistisch over zijn geaardheid. Maar hij maakte er in zijn programma's wel op een heel vrolijke, natuurlijke manier gebruik van. Ik vond het zó goed dat Paul op nationale televisie durfde te vertellen dat hij op mannen viel!'

Zijn eerste coming-out had Jeroen bij publiekeomroepvereniging Veronica, waar hij vanaf zijn zeventiende op de jeugd- en jongerenafdeling Club Veronica het radiovak leerde. Al snel kreeg hij een vaste baan aangeboden. 'Er was een collega die uit de kast kwam. Toen had ik het gevoel dat ik niet kon achterblijven. Schoorvoetend ben ik naar hem toe gegaan en vroeg: goh, hoe is dat nou? Toen kwam het hoge woord eruit: ik ben ook gay.'

Bij Veronica vond de net-nog-tiener ook zijn eerste sort of vriendje, al moest hij het grote nieuws nog wel delen met zijn ouders. 'Het voelde niet eerlijk dat zij zo'n groot ding niet wisten terwijl het op mijn werk inmiddels gesneden koek was. Ik reed op een weekend in mijn Citroën AX naar Emmeloord en dacht: als ik morgen terugrij, dan heb ik het verteld, anders ben ik echt een slappeling.'

Eerst vertelde Jeroen het aan zijn moeder. 'Dat voelde vertrouwder, al sloeg dat achteraf nergens op: mijn vader is een schat en helemaal niet conservatief. Maar zo'n gesprek maak je in je hoofd minstens tien keer erger dan het uiteindelijk is. Mijn moeder zei: "Schat, ik heb mijn ogen toch niet in mijn achterhoofd. Het gaat erom dat jij gelukkig bent." En: "Wat moet je eenzaam geweest zijn, al die tijd dat je in je eentje dat geheim met je hebt meegedragen."'

Zijn vader hoorde het nieuws van zijn moeder. 'Hij zei heel eerlijk: ik moet er even aan wennen. De volgende dag gingen we in de tuin palen heien voor een hek. Dat deden we zwijgend, we wisselden geen woord met elkaar. Maar juist daardoor voelde ik: het zit goed. Zo worden dingen in onze familie opgelost. Daarna gaat het leven door; dat vond ik heel fijn.'

Dacht je niet: dat had ik veel eerder moeten doen?

'Nee, absoluut niet. Ik heb altijd bedacht: ik vertel het als de noodzaak er is. Als ik verliefd word, dan hebben ze recht om het te weten. Tot dat moment gun ik mezelf de tijd om uit te vogelen hoe het leven als gay in elkaar steekt.'

En toen was daar opeens die relatie.

'Het was meer een fling. Ik vond die jongen ontzettend leuk, maar ik wist niet wat ik ermee moest. Was het een relatie, of gewoon een paar keer seks? Ik merkte dat ik me toch erg spiegelde aan het heteronormatieve beeld: je vindt iemand, daar word je verliefd op en dan ga je samenwonen en trouwen.'

Er zijn homo's die dat ook doen.

'Daar gaat meestal een traject aan vooraf. Dat lekker rondscharrelen en maar kijken waar het schip strandt, was nieuw voor mij. In mijn heteronormatieve wereld in Emmeloord was dat niet aan de orde.'

Hoe gaven jullie de relatie vorm?

'We woonden allebei nog thuis. Dus we sliepen samen in de kelder van Veronica. Later huurden we een zolderkamertje. Maar hij was erg van de feestjes en kwam 's avonds laat dronken thuis. Het was niet het leven dat ik me had voorgesteld.'

Was je minder kritisch omdat je blij was dat je iemand gevonden had?

'Het idee dat ik alleen zou blijven bleef sterk aanwezig. Er lag een niet onaantrekkelijke man in mijn bed, dat was alles dat telde. Achteraf vind ik het raar dat dat voor mij genoeg was. Het was fijn geweest als iemand in mijn omgeving had gezegd: zeg, Jeroen, je hoeft jezelf geen relatie aan te meten met de eerste de beste die langskomt en naar je glimlacht. Ik dacht vooral: wie gaat mij hierna nog leuk vinden?'

Is die onzekerheid niet universeel, dat gevoel hebben hetero's toch ook?

'Het voelde voor mij als een voldongen feit: ik ben gay, dus ik blijf alleen. Ik haatte mezelf niet, ik werd er niet verdrietig van. Het voelde als een gegeven. Maar naarmate de tijd vorderde, kwam ik erachter dat het nergens op sloeg. Ik zat in de omroepwereld, de meest liberale habitat die ik kon wensen. Unleash the lion en je vindt vanzelf je weg wel. Zo werkte dat voor mij in elk geval, toen die eerste relatie eenmaal ten einde was.'

Was je elke avond te vinden in homosauna's of op parkeerplaatsen?

'Nee, dat niet. Maar er bleken genoeg jongens te zijn die net als ik waren, die mij bij de hand namen en me leerden wat ik moest weten. Mijn leven als homo is nooit saai geweest, al heb ik nooit écht gekke dingen gedaan. Ik hoor vaak verhalen van vrienden die bijvoorbeeld op feesten of in sauna's spannende seksdingen doen waar ik stinkend jaloers op ben. Maar tegelijkertijd denk ik: dat zou niets voor mij zijn. Je moet nooit dingen doen om het dingen doen, je moet altijd naar je gevoel blijven luisteren.'

Kun je verklaren waarom dat hedonistische beeld aan homo's kleeft?

'Een vriend zei laatst dat homo's vaak geen kinderen hebben en dus meer mogelijkheden hebben om dat soort fantasieën in de praktijk te brengen. Zonder kinderen hoef je met niemand rekening te houden en heb je dus praktisch gezien sneller je handen vrij om dat soort verlangens te verkennen. Maar ik denk dat ook telt dat homo's al een enorm obstakel hebben overwonnen, de coming-out, en daardoor de rest van hun leven nog nauwelijks gêne hebben. Misschien zitten hetero's sneller vast in conventies dan homo's, omdat er voor gays geen conventies gelden.'

De doorlopend seksende homo is wel een stereotype.

'Sommige mannen voldoen daar ook aan. Dat is prima, ik veroordeel niets of niemand. Maar ik denk dat buitenstaanders snel vergeten dat 80 procent van de gays ook gewoon een doorsnee, burgerlijk bestaan leidt. Het gros van de homo's die ik ken is monogaam, ik ook. Een open relatie kan natuurlijk spannend zijn, maar het geeft ook onrust in een relatie. Ik hou meer van stabiel, van veilig en liefdevol. Daar moet iedereen zelf een modus en een balans in vinden.'

Jessica (ongeduldig): 'Zeg, kunnen we het even hebben over die enorme olifant die in de kamer staat? Namelijk dat jullie een relatie hebben gehad?'

Jeroen: 'Was dat een relatie?'

Jessica: 'Hoe heb je Robbert versierd?'

Jeroen: 'Ik weet het écht niet meer! Het moet in onze 3FM-tijd geweest zijn.'

Robbert: 'Je zei toen dat je al lang op mij aasde.'

Jeroen: 'Ja, ik vond je leuk.'

Robbert: 'Je was jarig maar het gebak was op. Dus je vroeg of ik een keer bij je thuis wilde komen voor taart.'

Jeroen: 'Echt?! Wat vreselijk.'

Robbert: 'Ik kwam een gebakje eten, maar dat was er niet. Je leidde me gelijk naar je hemelbed. Aan de muur hing een schilderij van Ruud de Wild.'

Jeroen: 'Serieus?!'

Robbert: 'Je was erg assertief.'

Jeroen: 'Echt waar?!'

Robbert: 'Ik keek best tegen je op, ik vond het stoer hoe je altijd jezelf was.'

Jeroen: 'Ja, ik vond je superleuk en wilde wel een keer een beschuitje met je eten. Maar het voelde niet als een relatie, hoor. Het was wel meer dan seks, het was heel gezellig als je langskwam. Maar het was toch geen... relatie?'

Robbert: 'Je hebt het wel netjes uitgemaakt toen je verliefd werd op Philip.'

Jeroen: 'Ik wil altijd eerlijk zijn. Ik heb nooit iemand pijn willen doen.'

Robbert: 'Dat deed je ook niet, je was heel fair. Maar ik heb nog steeds dierbare herinneringen aan die drie weken.'

Jeroen kreeg in 1996 het aanbod om als sidekick aan te schuiven bij Robert Jensen, die toen bij Veronica een middag- en later een ochtendshow had. Jensen hield ervan zijn vaste sidekicks in een bepaald stereotype te duwen, dus Jeroen werd al snel de olijke homo. De rol lag hem uitstekend: 'Het feit dat ik een gay typetje was, bood veel stof voor grappige dialogen.'

Heb je bewust nagedacht of je die rol wel wilde?

'Ik had geen idee! Ik mocht sidekick zijn, dat was een geweldige kans. Vanaf dat moment was ik de radiogay. Ik mocht gay zijn op de nationale radio en niemand had daar problemen mee. En dat werkte goed: mensen waardeerden mijn eerlijkheid. "Hij is homo, maar hij lult er niet omheen, en is bovendien aardig en grappig." Die waardering was fijn.'

Ben je meer gay geworden in die periode omdat het zo goed werkte?

'Nee, dat niet. Ik denk wel dat ik in de jaren daarvoor, vlak na mijn coming-out, heel recalcitrant en radicaal alle heteroneigingen die ik nog had bij het grofvuil heb gezet. Dat zie je wel vaker als closet gays eindelijk zichzelf durven zijn: oké, nu gaan we ook all the way! Je wilt de wereld laten zien wie je bent: je gaat je radicaal anders kleden, je gaat anders praten. Vaak trekken ze later wel weer bij.'

Je hebt dat imago van de blije radiogay wel gecultiveerd. Ook toen je later bij 3FM en Ruud de Wild terechtkwam.

'Het werkte gewoon goed: zodra het Songfestival of ABBA ter sprake kwamen, kreeg ik ruimte om te shinen. Het waren onderwerpen die ik toch al interessant vond, ik hoefde niets te faken. Ik heb me nooit een typetje gevoeld, het voelde als een veilige jas. Het feit dat ik gay was maakte mij op dat moment wel méér dan een van de inwisselbare jongetjes die graag op de radio wilden.'

Het kan je natuurlijk ook tegenwerken. Je zei ooit in een interview dat je niet aan de desk bij Boulevard *mocht staan omdat ze met Albert al een vrolijke gay hadden. 'Misschien had ik vaker de stoere hetero moeten zijn,' zei je toen.*

'Ik snapte de keuze wel. Als je alleen maar nichten aan de desk zet, dan vervreemd je een deel van je publiek. Ik kon geen Beau van Erven Dorens zijn: die stond daar als de voice of reason. Maar ik ben ervan overtuigd dat ik best de rol van Beau had kunnen vervullen. Misschien dat mensen dat bij mij minder snel zien, dat snap ik. Maar ik ben niet iemand die in zulke situaties ingewikkeld gaat doen. Ik denk: oké, zoek maar iemand anders.'

Een van de hoogtepunten in zijn radiocarrière noemt Jeroen Kijk in de Vegte de roemruchte Homo 100, een jaarlijkse hitlijst die hij in zijn gloriedagen bij Ruud de Wild lanceerde. Het goed beluisterde programma introduceerde in 2000 in de week vóór de Gay Pride een overzicht van de honderd populairste homo- en lesbonummers. 'Het was een idee dat vrij spontaan ontstond. Het was vooral een positief, vrolijk idee: gays zijn mensen die lol hebben en zich niet te veel aantrekken van wat anderen van hen vinden. Dat veel hetero's er een campy gevoel bij hebben, kon mij niet veel schelen.'

Draai je vaak ABBA of Shirley Bassey?

'Haha, ja! Ik ben een lopend gaycliché als het om muziek

gaat. Ik kijk er ook naar uit om de Radio 2-verslaggever van het Eurovisiesongfestival te mogen zijn. Als ik in de auto zit, zing ik vaak hard ABBA mee. De meeste homo's die ik ken doen dat ook, of in elk geval soortgelijke muziek. Hoe kán dat toch, dat alle gays zo massaal van Cher en Barbra houden? En heteromannen níét? Misschien is het toch iets in ons DNA.'

Je hebt inmiddels een voorbeeldfunctie voor jonge jongens in Emmeloord die met hetzelfde probleem worstelen als jij toen je jong was.

'Ik kreeg in die periode van de Homo 100 best veel mails van jonge mensen die me vroegen: wat moet ik nu? Dat is bijzonder. Ik voelde me op de radio meestal een soort typetje. Maar blijkbaar was ik voor dat soort jongens wel toegankelijk genoeg om serieuze vragen aan te stellen. Ik heb altijd iets teruggestuurd, deelde mijn ervaringen en zei: ik hoop dat je er snel uitkomt, het komt écht goed. Natúúrlijk is het eng, maar ik gun iedereen een coming-out, want wat daarna komt is zó leuk. Soms hoorde je nog wat terug, soms niet. Tegenwoordig krijg ik dat soort berichtjes vooral via Instagram.'

Voor BNN heb je het televisieprogramma Think Pink *gemaakt, over de homocultuur in Nederland.*

'Ja, dat was een programma over gay-zijn in Nederland. Peter van der Vorst produceerde de reeks namens Eyeworks. Ik heb een item gedraaid in een gay sportschool, ik heb kappers geïnterviewd. Maar ik heb ook veel jonge mensen ontmoet die nog zoekende waren. We zochten een meisje dat nog uit de kast moest komen; dat was in die tijd een enorme queeste voor de redactie. We zijn mee geweest om te filmen toen ze het haar ouders ging vertellen, maar uiteindelijk wilde ze niet dat we er op het moment zelf bij waren. Ik heb dat meisje later nog eens gesproken, ze is er goed uit gekomen.'

Eigenlijk vervul jij nu de functie die Paul Haenen vroeger voor jou had.

'Ja, misschien bén ik ook wel een voorbeeld. Ik hoop dat ik vooral het idee weg kan nemen dat homo-zijn een belemmering vormt voor je levensgeluk. Maar ik heb nooit de neiging gehad activistisch te worden. Ik doe elk jaar een paar goede dingen voor de community. Zo heb ik afgelopen jaar het gala True Colors gepresenteerd. Dat is wel genoeg voor mij.'

Je geeft zelden interviews waarin je geaardheid ter sprake komt.

'Ik heb nooit de behoefte gevoeld om me naast mijn werk nog verder te etaleren als homo. Je wilt niet weten hoe vaak ik redacties van de diverse talkshowprogramma's aan de lijn krijg omdat er iets aan de hand is rond lhbtiq'ers. Of ik dan even mijn mening wil geven. Alsof ik naast mijn gay-zijn verder niets doe of ben. Ik ga daar zelden op in.'

Inmiddels heeft Jeroen een aantal serieuze relaties achter de rug. Een kwarteeuw geleden vroeg hij zich wanhopig af hoe hij ooit andere homo's tegen zou komen: Philip ontmoette hij tijdens het stappen in Arnhem, Kenneth kwam hij tegen op een feestje van een radiocollega. 'En elke keer als een relatie voorbij is, denk ik weer: nu vind ik nooit meer iemand.' De dj valt even stil, staart uit het raam naar een koe in de verte. 'Raar eigenlijk, hè?'

Hij is nu ruim drie jaar samen met Jacob, die hij ontmoette via Instagram. Op een loze avond zag de dj zijn foto langskomen in zijn tijdlijn en besloot een berichtje te sturen. Het gesprek was leuker dan gedacht, er volgde een date. Nu wonen ze samen in een knusse boerderij in Kootwijk.

Je hebt gevonden wat je vreesde nooit te hebben.

'Ja. Het leven wordt alleen maar leuker naarmate ik ouder word. Ik ben minder afhankelijk van andermans meningen. Dat is denk ik een groot voordeel van gay-zijn. Als je uit de kast komt, kies je zo enorm voor jezelf dat je daarna bewuster kiest voor het specifieke leven dat je wilt leiden. Dit is wie je bent, take it or leave it.'

Toen Nikkie Tutorials uit de kast kwam als transgender zei je dat je iedereen een coming-out gunt.

'De manier waarop zij gedwongen werd zichzelf aan de wereld te presenteren is niet oké. Maar het moet óók als een bevrijding hebben gevoeld. Ze heeft met een enorm geheim rondgelopen. Vrijwel iedereen die uit de kast komt, zegt naderhand: ik had het eerder moeten doen.'

Je bent getrouwd geweest.

'Mijn toenmalige vriend wilde het graag toen we zeven jaar samen waren. Ik voelde minder urgentie, maar vond het wel een romantisch idee. Ik heb het recht van trouwen voor homo's en lesbiennes nooit als een mijlpaal ervaren, al is het natuurlijk goed dat iedereen de mogelijkheid heeft om te doen wat voor hem of haar goed voelt. Maar het was toen voor mij niet het moment, achteraf. Ik heb er geen spijt van: het hoort bij mijn levenspad, ik heb ervan geleerd. Ik koester zeer dierbare herinneringen aan die relatie. Maar zeg geen ja omdat je denkt dat het zo hoort omdat je inmiddels lang samen bent. Luister altijd naar je gevoel, dat is het beste advies dat ik kan geven. Dat geldt natuurlijk net zo goed voor hetero's.'

Vind je dat lhbtiq'ers het in Nederland goed voor elkaar hebben?

'Ja: ik sta er vaak bij stil dat dat best bijzonder is. Ook hier in het dorp, op de Veluwe, is het geen issue: we zijn gewoon Jeroen en Jacob, en dat is prima. We voelen ons onderdeel van de gemeenschap, zonder restricties of voorbehoud.'

Lopen jullie hand in hand?

'Ja. Maar ik merk wel dat dat niet vanzelfsprekend is. Natuurlijk hoor je op straat weleens "flikker". Maar moet ik me daar elke keer druk over maken? Dan heb ik geen leven meer. Mensen moeten zichzelf ook niet te serieus nemen, dat zou een hoop ellende schelen in deze wereld. Ik wil niet aanstootgevend zijn; ik hoef geen statement te maken. Maar ik geef ook toe dat dat gevoel heel dubbel is, want ik wil mijn lief graag vastpakken omdat ik van hem hou.'

Ben je weleens aangevallen?

'We zijn laatst nog bespuugd, in Apeldoorn. We liepen langs een groepje jongens en opeens: flats! Het was vooral een vervreemdende ervaring, het bracht me niet van mijn à propos of zo. Anderzijds liepen we laatst in Amsterdam-Zuid en liet ik meteen de hand van Jacob los toen we een jongen met een etnische achtergrond passeerden. Hij riep ons hartelijk toe: "Je mag best elkaars hand vasthouden hoor, dat is tof!" Dat vond ik verwarrend, want door los te laten heb ik hem natuurlijk ook beledigd: ik ging er automatisch van uit dat hij er aanstoot aan zou nemen omdat hij een kleurtje had. Dat was een ingewikkelde situatie.'

Let je meer op dan vroeger?

'Ik denk het wel. Maar misschien is niet de wereld veranderd, maar ben ik zelf voorzichtiger geworden. Het is misschien de leeftijd, ik weet het niet. Vroeger had ik nooit hoogtevrees. Nu denk ik als ik op een balkonnetje sta al: shit, wat is het hoog.'

‘Je hebt één leven en dan mag je anders zijn, dat vind ik heel stoer’

ROCKY HEHAKAIJA

De machocultuur in de topsport maakt het voor vrouwen – in tegenstelling tot mannen – makkelijker om uit de kast te komen, stelt Barbara Barend. We vragen straatvoetbalster Rocky Hehakaija of dit ook haar ervaring is. Ja. Rocky werd al omringd met lesbiennes voordat ze wist dat ze op vrouwen viel. Wat voor een ‘fijne coming-out’ zorgde, al kwetste het dat ze voor ‘manwijf’ werd uitgescholden. Een gesprek over hoe ze van haar negatieve zelfbeeld afkwam.

‘Ik ben niet iemand die het van de daken schreeuwt, maar ik zeg het altijd wel. Dus heb ik het niet over “mijn partner”, ik zeg gewoon “mijn vriendin”.’ Rocky Hehakaija (1984) ontvangt ons in haar bovenwoning in de Amsterdamse Jordaan. Ze heeft koekjes gehaald bij Van Stapele Koekmakerij (‘die is ook lesbisch’), haar vriendin Bettina zet koffie. ‘Een collega zei eens: jij doet zo normaal over je lesbisch-zijn dat ik het ook normaal vind. Wat best een dubieus compliment van hem was. Ik antwoordde: het is ook geen ding voor mij, net zoals het geen ding voor mij is dat jij hetero bent, dus ja.’

Het mag duidelijk zijn: dat ze lesbisch is, is voor Rocky nooit een issue geweest. Ook een lastige coming-out heeft de 1,91 meter lange street legend nooit echt gehad – niet in de zin dat ze vindt dat ze een strijd heeft moeten leveren. Ze had geluk, vertelt ze: haar voetbalcarrière baande haar pad naar het lesbische leven.

Sinds de kleine Roxanne Hehakaija kon lopen, voetbalt ze. 'Ik heb nog oude VHS-banden waarop je mij ziet stuntelen bij het zaalvoetbalteam van mijn vader.' Korte tijd zat ze op handbal 'maar dat was 'm niet', waarna ze balletjes ging trappen tegen de muren van de flats in Uithoorn. Daar is ze eigenlijk nooit mee opgehouden. Ze speelde in Uithoorn, later in Buitenveldert en werd al snel voor Jong Oranje geselecteerd.

'Als bekend is dat je als vrouw of meisje voetbalt, dan gaat men ervan uit dat je lesbisch of biseksueel bent, in ieder geval gay of queer. In mijn team in Buitenveldert was zo ongeveer iedereen lesbisch.'

'Onderling zijn er ook vooroordelen. Op mijn zeventiende stapten mijn teamgenoten en ik over naar het vrouwenelftal en riepen mijn teamgenoten quasi serieus: "O nee, we moeten naar die potten, heftig!" Daar zaten naar ons idee Boukje en José met korte kapsels en haren onder hun oksels. Ik was er toen nog helemaal niet mee bezig, maar die meiden wel. Het was allemaal weerstand, later bleken ze zelf ook lesbisch. Na het voetballen op zaterdag gingen we met z'n allen naar de Vief (het inmiddels gesloten café Vivelavie op het Rembrandtplein) en de U2 (ook weg). Alle vrouwenteams stonden daar. Je hebt het Gramsbergen Vrouwenvoetbaltoernooi, dat zou je net zo goed de Gay Pride kunnen noemen. Het is een en al feest en gezelligheid onder elkaar. Langzaam ontdekte ik dat ik op vrouwen viel. Ik had een heel fijne coming-out via het voetbal.'

Dan heb je het over Amsterdam, maar hoe was dat voor jou in Uithoorn toen je jonger was?

'Daar was ik een manwijf. Er werd net niet vieze pot in mijn gezicht gezegd, maar dat hoorde ik achteraf wel. Maar het was vooral: manwijf. Dat begon op mijn twaalfde.'

Terwijl je nog niet doorhad dat je lesbisch was.

'Ik was daar nog helemaal niet mee bezig. Wat dat betreft ben ik best wel laat, ik was alleen maar aan het voetballen. Ik heb voor het eerst met een vrouw gezoend toen ik negentien was. Daarvoor had ik nog nooit wat gedaan.

Om de een of andere reden kwetste dat "manwijf" me erg. Ik voelde me anders. Nu nog. Het is gek, maar als iemand "ja man, dit of dat" zegt, dan sla ik daar nog steeds op aan. Wat nou, ja man? Ik ben geen man. Dat zit diep.

Als veertienjarige had ik eens drie doelpunten in de eerste helft gescoord, een hattrick. Ik was het enige meisje in het team, ik speelde met en tegen jongens en dat was een dingetje. In de rust kwam er een vader van de tegenpartij naar me toe die zei: "Ze zeggen dat jij een meisje bent, maar daar geloof ik dus helemaal niks van. Trek je broek eens naar beneden." Dat was een volwassen man.'

Waarom kwetste het dat je als jongen werd gezien?

'Het is zó vaak tegen me gezegd. Ben je nou een jongen of een meisje? Meneer, kan ik u ergens mee helpen? Ik internaliseerde dat. Ik werd ook onzeker over mijn lengte. Later kwam ik erachter dat mijn lengte juist mijn kracht was, maar mijn schouders staan niet voor niets een beetje naar beneden. Ik maakte mezelf klein.'

Vanuit die benepen wereld kom je dan in Amsterdam bij Buitenveldert terecht.

'Ik was niet met mijn seksualiteit bezig en ineens kwam ik bij meiden die ik al vanaf mijn twaalfde kende omdat we toen bij de Amsterdamse selectie speelden. Ze bleken stuk voor stuk lesbisch.'

Was je in die tijd wel met jongens bezig?

'Ik was niet seksueel actief, niet met jongens, niet met meisjes, met niks. Gewoon voetballen en een beetje spelen, daar ging het mij om. Toen kwam ik in dat voetbalteam en ik schrok toen ik erachter kwam dat ik ook lesbisch was. Ik weet nog dat ik in de U2 stond. Ze hebben daar de wanden en het plafond vol spiegels hangen, ik keek naar boven, zag mezelf tussen al die mensen staan en dacht: o mijn god, moet ik het hiermee doen? O!'

Wat zag je?

'Ik herkende mezelf niet in de mensen die daar waren. Sommige vrouwen waren best wel explicit en raakten me aan. Later leerde ik dat dat wat oudere vrouwen zijn die daar elke week kwamen, ik was gewoon vers vlees. Maar ik sloeg dicht. Ook toen ik voor de eerste keer naar Flirtation ging. Tegelijkertijd was het ook prettig dat mijn teamgenoten in eenzelfde soort proces zaten.'

Toen ze bij Buitenveldert en Jong Oranje speelde, kwam er iemand van de AVRO langs. Ze waren op zoek naar meisjes die voor een tv-programma in Brazilië met leeftijdgenoten zouden spelen. Rocky hoorde 'Brazilië', dacht: ik moet naar dat land waar Romário vandaan komt, en ging mee. Ze voetbalde daar een week in de sloppenwijken van Rio. 'Ik heb daar geleerd dat voetbal niet alleen over mij gaat, het gaat over samen spelen, verbinding met elkaar maken. Voetbal is een instrument. Het is mijn Google Translate: ik sprak geen Portugees, maar ik sprak wel voetbal.'

Het bleek een levensbepalende reis, want toen ze een paar jaar later een ernstige knieblessure kreeg die een einde aan haar internationale veldvoetbalcarrière maakte, switchte ze naar het straatvoetbal. Met voetbalvriend Philip Veldhuis richtte ze Favela Street op, een stichting waarmee ze proberen jongeren uit de sloppenwijken over de hele wereld middels de bal een kans op een beter leven te geven. Ze is er nu directeur en in Nederland geeft ze lezingen, trainingen en clinics. Favela Street is inmiddels actief in Brazilië, Haïti, Amsterdam en Curaçao. In Soedan beginnen ze binnenkort in samenwerking met het ministerie van Buitenlandse Zaken een nieuw Favela Streetproject.

Zie het vooral niet als een tweedekeuscarrière: Rocky is 'eindbaas' van het straatvoetbal. Op haar tweeëntwintigste was ze het eerste (en enige) vrouwelijke lid van de Street Legends, lees: het beste straatvoetbalteam van de wereld. Samen met onder andere Edgar Davids vloog ze met de Street Legends naar sloppenwijken in Zuid-Afrika, Ghana, Kenia en Brazilië om er clinics te geven. Rocky is ook de eerste (en enige) vrouwelijke straatvoetballer die een character is in het computerspel *FIFA 20*. In 2020 werd ze samen met onder anderen Michelle Obama genomineerd voor haar innovatieve ideeën binnen haar werk als sociaal ondernemer.

Wat leer je de jongeren in de favela's?

'We willen deze jongeren laten voelen en vertellen dat ze iets kunnen, dat ze iemand kunnen zijn. Als je een zwart meisje uit de favela's bent, doe je eigenlijk al niet mee. Je kunt net zo goed bij het oud vuil gaan staan. De kans dat dat meisje een leuke baan of goed onderwijs krijgt is heel klein, nou ja, waarschijnlijk wordt ze schoonmaakster, dat verwacht de maatschappij van haar. Zo'n meisje krijgt voortdurend te horen dat ze niet mag meedoen. Ik probeer juist verwachtingsvol naar de jongeren te zijn. Ik probeer haar aan te spreken. Wat is je langeretermijndoel? Wie wil je zijn? Via die jongeren – we werken twee jaar intensief met ze – hoop ik een cultuurverandering in de wijk op gang te brengen.

Ik krijg weleens de vraag: denk je hiermee de wereld te verbeteren? Nou, ik kan de wereld niet verbeteren, maar ik kan wel de wereld voor iemand verbeteren. Als ik het alleen al voor dat zwarte meisje kan doen, dan is dat voor mij genoeg. We voetballen, spelen en praten. We bouwen een band op. Zij geeft het weer door aan haar broertje of zusje, aan haar buurvrouw. En dat begint met een potje voetbal op straat.’

Hoe was je coming-out bij je ouders? ‘

‘Dat gesprek heb ik thuis nooit gevoerd. Omdat...’ Rocky hapert een moment. ‘Sowieso vond ik het moeilijk om de confrontatie aan te gaan. Je moet iets gaan zeggen over je seksualiteit en wij zijn thuis niet van die mensen die aan tafel gaan zitten om met elkaar te praten, dus het gebeurde gewoon niet.’

Ze vertelt dat haar vader vorig jaar is overleden. Johan, geboren in Papoea-Nieuw-Guinea, die als twaalfjarige jongen in de jaren vijftig met zijn gezin naar Nederland kwam. Hij groeide op in de Molukse wijk in Epe en vertrok toen hij volwassen was naar Haarlem, waar hij in een vinyldrukkerij ging werken. ‘Hij heeft zijn hele leven lp’s gedrukt.’

Haar moeder heet Truus. Dat gebruikt Rocky vaak in haar presentaties. ‘Dan word ik aangekondigd in Nijmegen of zo: “Hier is Rocky Heha... ka... he... Sorry, ik kan je achternaam niet goed uitspreken...” Wat helemaal oké is, hè. Dan zeg ik: “Ja, dat is een lastige naam, maar mijn moeder heet gewoon Truus Houtkamp, hoor.” Dan lacht de zaal, kunnen ze even ademhalen.’

Haar moeder komt uit Uithoorn, is daar geboren en getogen en woont nog steeds in Uithoorn. Ze heeft de huishoudschool gedaan en ging als schoonmaakster aan het werk. ‘Ik kom uit een simpel gezin, zonder dat ik dat denigrerend bedoel.’ Ze bedoelt simpel niet in de zin van ‘dom’ maar in de zin van ‘eenvoudig’. ‘Mijn moeder is heel lief, werkt hard en doet alles voor haar kinderen. Ook mijn vader was heel Hollands. Hij liep braaf in de pas, sprak nooit over de Molukse treinkaping of over de Molukse pijn.’

Afijn, ‘over dingen praten was dus een dingetje,’ zoals Rocky het formuleert. ‘We zijn een beetje struisvogels thuis. Kop in het zand. Ik had een vriendin, Nikita, en zij bleef een keer bij ons slapen. Op een dag kwam mijn moeder mijn kamer binnenlopen en vroeg – heel ongemakkelijk: "Is Nikita je vriendin?" Ik zei: "Ja... en die en die waren ook mijn vriendinnen," en noemde de namen op van meisjes die ik eerder mee naar huis had genomen. "Oké," zei mijn moeder. Toen liep ze weg. Even later kwam ze terug en zei: "Je mag zijn wie je bent en ik ben blij dat ik het nu weet, maar ik hoop gewoon dat je een fijn leven zal hebben." Ik moest lachen en antwoordde: "Maar ma, mijn hele voetbalteam is lesbisch, hoor! Dus het is helemaal niet erg, en ik ben het al heel wat jaartjes, het is echt oké." Daarna heb ik er nooit meer over gesproken. Ik heb het niet tegen mijn vader gezegd. Dat was het. Ik had er best nog wel wat langer over willen praten, maar dat gebeurde bij ons thuis niet.'

Was dat fijn?

'Ja, uiteindelijk wel. Ik voelde me gesteund. Ik ben blij dat ik nooit dat ongemakkelijke moment heb gehad van: pap, mam, ik moet jullie iets vertellen...'

Heb je ooit gevraagd hoelang je moeder het al dacht? Hoe ze het aanvoelde?

'Nee, dat had ik best kunnen vragen.'

Toch voelde je je gesteund. Hoe zit dat?

'Mijn ouders maakten er gewoon geen ding van. Mijn vriendinnetjes waren welkom. Ze deden er niet moeilijk over. Als we gingen eten, vroegen ze: moet je haar niet uitnodigen? Onbewust kun je als ouders veel dingen doen om te laten merken dat het oké is.'

Vind je het jammer dat je het er nooit met je vader over gehad hebt?

'Het is niet iets wat me bezighoudt. Hij had ALS en op zijn sterfbed zei hij: we moeten ons richten op wat we met elkaar hebben meegemaakt en niet op wat we niet meer met elkaar gaan meemaken. Dat is het laatste cadeautje dat hij ons heeft gegeven. Het feit dat ik anders ben, is mijn kracht. Je hebt één leven en dan mag je anders zijn, dat vind ik heel stoer. Het klinkt misschien raar, maar ik ben er supertrots op dat ik lesbisch ben. Ik hoef niet per se de vlag uit te hangen, maar iedereen mag weten dat ik een lesbische lifestyle heb.'

Wat is die lesbische lifestyle?

'Al die vrouwen met wie ik omga. In mijn community zijn dat vrouwen die ergens voor staan en strijden. De een is dj, de ander doet wat in de journalistiek. We hebben ondernemers in ons midden en genoeg activisten. Het zijn allemaal mooie vrouwen en we hebben steun aan elkaar.'

Zijn dat zwarte lesbische vrouwen?

'Over het algemeen wel, maar dat komt omdat we elkaar makkelijker opzoeken. Ik heb ook veel witte vriendinnen, hoor. Mijn ex Sabine is wit. Ik ben natuurlijk twee keer een minderheid: ik ben lesbisch en ik heb een kleur. Ik heb een achterstand in deze maatschappij, al heb ik dat nooit zo ervaren. Als kind maakten mensen weleens apengeluiden naar me, ik ben ook weleens uitgescholden voor vieze negerin, maar ik voelde me gewoon niet aangesproken. Ik internaliseerde dat niet. Ik ben denk ik wit genoeg om mee te mogen doen. Ik kan me goed conformeren als ik dat wil. Maar als ik hoor waar mijn vriendinnen die meer tinten zwart zijn mee te maken krijgen, dan weet ik bijna zeker dat het voor hen veel moeilijker is om hun stem te laten horen. Ik denk dat ik meer met seksisme te maken heb gehad dan met racisme. Het heeft me nooit knock-out geslagen. Uiteindelijk ben ik echt een blij ei. Ik focus altijd op dat wat wel kan in plaats van wat niet kan, dat voelt voor mij gewoon goed. Ik heb van mijn ouders geleerd altijd hard te werken.'

Heb jij geleerd om het van je af te schudden, of ben je gewoon zo?

‘Ik denk dat ik zo ben. Omdat ik wel de liefde heb gekregen van de mensen om wie het draait: mijn ouders, broer, familie en vrienden. Dat het oké is whatever je doet, zo sta je sterk genoeg in je schoenen om voor jezelf op te komen. In de sloppenwijken zie ik vaak dat jongeren die positieve invloed niet hebben, dan is het moeilijk om uit die negativiteit te stappen.’

Wat zou je tegen je jongere ik willen zeggen?

‘Your difference was your beauty all along. Omarm je anders-zijn. En vooral: wees niet bang om de dingen die pijn doen in je buik uit te spreken. Pas als je het uitspreekt krijgt het een plek.’

Wat is het grootste nadeel van lesbisch-zijn?

‘Ik ging met mijn ex op safari in Tanzania toen de chauffeur van de jeep waarin we zaten mijn ex ging versieren. Waar ik bij zat! Het feit dat je relatie niet als serieus wordt gezien, vind ik het grootste nadeel. Net zoals heterokennissen van Bettina over mij kunnen zeggen: nou, als ik toch iets met een vrouw zou doen, dan zou ik het met Rocky doen. Heuh? Als ik een man was zouden die meiden hooguit “lekker ding” zeggen, niet “dat ze het wel met mij zouden willen doen”. Bettina moet dan blij zijn met zo’n opmerking? En ik zou me vereerd moeten voelen? Het is een inbreuk op mijn relatie.’

En wat is het grootste voordeel van lesbisch-zijn?

Daar denkt Rocky lang over na, mijmerend dat vrouwen de mooiste wezens op aarde zijn, en dan weet ze het. ‘Het grootste voordeel van lesbisch-zijn: dat je met een vrouw in bed mag liggen.’

Ype Driessen (1976) maakt sinds 2007 fotostrips. In 2020 verscheen zijn 'autobiografische fotoroman' Het nadeel van de twijfel. *Zijn fotostrip* Ype in Amsterdam *staat wekelijks in* Het Parool.

Laatst ook al, zegt de kapper: "Zo, nu zal je de meisjes van je af moeten slaan."
En hoe reageer je dan?
Nou ja, als je hem niet corrigeert, voel je je een soort verrader.
Maar je hebt er ook niet altijd zin in.
Maar jij zal zelf ook wel awkward mini-coming-outs hebben, toch?
Hoe ga jij daar nou mee om?

Hm ja, bij mij ligt het meestal toch net weer anders...
Oh?

Ja Ype, ik ben namelijk HETERO!
Onthoud dat nou een keer!!
Woops!

73
Weet je het echt zeker trouwens?
Jij houdt toch ook van de Pet Shop Boys?
Doeg Ype.

Martijn Wijchers (1984) staat ruim vijftien jaar voor de klas als docent Nederlands. Daarnaast is hij werkzaam als counselor op een middelbare school. In elke klas komt hij weer uit de kast.

~

Zelfs geen besmuikte blikken van de stoere jongens achter in klas 3H

MARTIJN WIJCHERS

'Meneer, bent u eigenlijk getrouwd?' vraagt Sophie.

Het is vrijdagmiddag, de eerste lesweek van het schooljaar is bijna voorbij. Ze heeft het grootste deel van de les met een verveeld gezicht vooraan gezeten. De gedichten die ik heb voorgedragen konden haar duidelijk weinig boeien. De les duurt nog tien minuten en nu het weekend begint, lijkt Sophie ineens op te leven.

Daar is de onvermijdelijke vraag, de gevreesde vraag. Een totaal onschuldige vraag. En toch, een vraag die elke homo voor de klas altijd een ongemakkelijk gevoel geeft. Wat moet ik antwoorden? Eromheen draaien? Eerlijk zijn? Wat als ze stom reageren? Wat als ze gaan lachen? Gaan ze dit tegen me gebruiken? Ik wil er niet over liegen. Misschien help ik er wel iemand mee...

Een coming-out voor de klas is toch wel een dingetje. Ik lees en hoor zoveel verhalen over jongeren die homo's vies of eng vinden. In de gangen op school klinkt continue het scheldwoord homo. En voor jongeren zijn dingen niet meer 'saai' of 'suf', maar 'gay'. Ik wil als docent bekend staan om mijn interessante lessen, om mijn humor, desnoods om de hoge cijfers die ik geef. Maar ik wil niet bekend staan als 'die homoleraar'.

Tientallen gedachten schieten tegelijk door mijn hoofd, maar ik antwoord: 'Ja, klopt, ik ben getrouwd.'

'Hoe heet uw vrouw?' wil haar buurvrouw Iris direct weten.

Op een of andere manier heeft heel 3H nu volledige aandacht voor de vraag van Sophie en Iris en voor mij – toch jammer dat die totale aandacht ontbrak toen ik ze net warm probeerde te maken voor een gedicht van Ramsey Nasr. De klas kijkt me aan.

Nu heb ik a gezegd en kan ik niet meer terug.

'Mijn man heet Robbert.'

'O leuk, en hebt u huisdieren?'

Ik knik. 'Twee poezen, Zipje & Zopje.'

'Ah, schattig...'

Direct roepen een paar leerlingen dat ze ook katten/honden/konijnen/cavia's hebben en vliegen de dierennamen door het lokaal. Een discussie laait op tussen team hond en team kat. Er wordt om foto's van mijn katten gevraagd en leerlingen willen weten hoe Zipje en Zopje aan hun naam komen. De laatste tien minuten van de les staan in het teken van huisdieren.

Geen enkele vervelende opmerking. Geen gelach. Zelfs geen besmuikte blikken van de stoere jongens achterin. 3H, een klas die bekendstaat als 'moeilijk', heeft alleen nog maar belangstelling voor katten.

Mijn gevreesde 'coming-out voor de klas' raakt compleet ondergesneeuwd door twee huis-tuin-en-keukenpoezen. Ik haal opgelucht adem. Dank je wel Zipje en Zopje!

De bel gaat. Iedereen springt op, het is weekend. Rumoerig worden tassen gepakt en stoelen aangeschoven. De klas stroomt leeg.

Bij de deur draait Mark zich nog even om. ‘Echt goed dat u dat ene gezegd heeft, meneer.’ En weg is hij. Ik ga met fijn gevoel het weekend in.

'In mijn hoofd botste mijn homo-zijn met het imago dat ik van een regisseur van actiefilms voor ogen had'

TIM OLIEHOEK

Sommige gays laten zich in hun beroepskeuze niet leiden door hun geaardheid. Maar het omarmen van het anders-zijn kan ze in hun vak wel veel beter maken. Dat merkte filmmaker Tim Oliehoek, die in eerste instantie vreesde dat het predicaat 'homo' zijn carrière zou schaden. Die angst bleek ongegrond.

Volgens Wikipedia is Tim Oliehoek (1979) de bekendste inwoner die het dorp Stompwijk in haar achthonderdjarig bestaan heeft voortgebracht. Het knusse plaatsje tussen Zoetermeer en Leiden is een hechte gemeenschap waar iedereen elkaar kent en iedereen altijd voor elkaar klaarstaat.

Tim praat in interviews altijd met veel liefde over de eerste films die hij daar, tussen de uitgestrekte polders, als tiener draaide. De plaatselijke bank stelde haar kluis beschikbaar om de overval in zijn speelfilmdebuut *Buy or Die* op te nemen. De wereldpremière vond plaats in de kas van een lokale ondernemer waar 1200 enthousiaste mensen in konden. De ontroerende korte film *The Horseless Prince* – geïnspireerd op het overlijden van zijn moeder toen hij zeven jaar oud was – draaide de jonge filmer een paar jaar later in en om de kerk van Stompwijk. Veel dorpelingen meldden zich aan om te figureren, onder wie meneer pastoor.

Opgroeien in een kleine gemeenschap betekende echter ook dat hij als tiener een vrij beperkt referentiekader had, constateert Tim met terugwerkende kracht. 'We praten nu over de jaren negentig, we leefden in een wereld zonder internet. Dus eigenlijk was mijn wereldbeeld slechts gebaseerd op Stompwijk.' Voor zover de regisseur zich kan herinneren, kende het dorp één ouder homokoppel. 'Maar dat waren niet per se mensen aan wie ik me kon spiegelen. Ik dacht geen moment: ik ben zoals zij. Ik deed wat mijn vrienden deden, namelijk tongen met meisjes. Want zo hoorde het.'

Ondertussen verslond puber Tim kasten vol echtemannenfilms: *Indiana Jones*, *Back to the Future*, *James Bond* ('ik speelde zelf 007 in mijn allereerste filmpjes, met een beugel en een veel te groot colbertje van de buurman'), *True Lies*, *Leon* ('die plant lijkt erg op mij, ik kan ook moeilijk wortelen') en *Die Hard* behoren na een half leven nog steeds tot zijn grote favorieten. Een aantal tv-series maakte ook andere gevoelens in hem los. 'Ik merkte dat ik David Charvet in *Baywatch* vele malen interessanter vond dan Pamela Anderson met haar grote borsten waar iedereen het steeds over had. Die gespierde Franse jongen met die mooie ogen en dat strakke sixpack. Maar ik deed weinig met die observaties.' Een andere 'mijlpaal' in dat opzicht was *Goudkust*, de eerste Nederlandse soapserie die de opbloeiende liefde tussen twee tienerjongens toonde. 'Ik raakte daarvan in de war: dus zó voelde dat voor hetero's als Arnie en Linda in GTST kusten.'

Toen kwam Sander, een knappe leeftijdsgenoot uit een naburig dorp die tijdens een boerenschuurfeestje op de met zichzelf worstelende Tim afstapte. 'Hij had mij op de lokale televisie gezien vanwege de film die ik had gemaakt,' herinnert de regisseur zich. 'Hij liep op me af en zei: ik vind jou een leuke jongen. Sander was ook niet uit de kast, maar hij had een paar biertjes op en durfde me aan te spreken. Zoiets had nog nooit iemand tegen me gezegd. Ik schoot in de ontkenningsstand: dank je wel, ben je homo of zo? Ik moest er eerlijk gezegd niet aan denken om seks met een jongen te hebben, maar ik vond zijn aandacht wel heel fijn en we hebben urenlang staan praten.'

De ontmoeting met Sander verdween niet uit zijn hoofd en dus ging Tim op zoek naar zijn mysterieuze aanbidder. 'Het was pre-internet, dus ik kon zijn naam niet googelen. Ik heb oldskool in het telefoonboek gezocht waar hij woonde en wat zijn nummer was. Hij heet Van Leeuwen en daar waren er in het naastgelegen dorp best veel van; ik heb de hele lijst afgebeld in de hoop hem op te sporen.' Hij vond zijn toekomstige grote liefde uiteindelijk terug in De Gouden Leeuw, de kroeg waar Sander vaak kwam. Na een tweede afspraak volgden er meer; een paar weken later was de eerste kus een feit.

Toch duurde het nog drie jaar voordat het koppel hun relatie aan de buitenwereld bevestigde. 'We deden alles stiekem. In mijn hoofd botste mijn homo-zijn enorm met het imago dat ik voor ogen had, namelijk dat van de mannelijke regisseur van actiefilms die tegen alles en iedereen aanschopte. Ik wilde *James Bond*- en *Die Hard*-stoer zijn; dat kon voor mijn gevoel niet als gay.'

Zijn vader was de eerste die er uiteindelijk achter kwam, tijdens de nieuwjaarsnacht van 1999. 'We waren in mijn kamer op bed tegen elkaar aan in slaap gevallen. Mijn vader kwam thuis en liep de kamer binnen om ons gelukkig nieuwjaar te wensen; het was net een slechte cliffhanger in een soapserie. "Volgens mij kun je het hem nu wel vertellen," zei Sander.'

Na een openhartig vader-zoongesprek dronken de drie mannen samen een biertje. 'Hij was er erg oké mee. Al denk ik wel dat hij achteraf een traantje heeft gelaten om het te verwerken; hij had het totaal niet zien aankomen.'

Tims coming-out op de filmacademie duurde nog een jaar langer, maar ook daar leidde de lang vooruitgeschoven bekentenis tot opvallend weinig rumoer. 'Na mijn coming-out kreeg ik opeens toegang tot een nieuwe wereld waarin ik volledig mezelf kon zijn. Het voelde alsof er een last van mijn schouders was gevallen, ik droeg niet langer een groot geheim met me mee. Ik zat beter in mijn vel en ben door die openheid ook een betere regisseur geworden. Acteurs voelen het aan wanneer je jezelf ook open kunt stellen op een set. Ik raad niemand aan zo lang te wachten met een coming-out als ik heb gedaan.'

Het is inmiddels ruim 24 jaar na die eerste kus, en Tim en Sander zijn nog steeds samen. Hoewel Tim veel homoseksuele vrienden heeft met lange relaties, erkent hij dat het zeker in de gayscene zelden voorkomt dat eerste liefdes het zo lang met elkaar uithouden. 'Zoiets plan je niet,' stelt hij met klem. 'Onze band is erg sterk geworden doordat we samen volwassen werden en dat hele coming-outproces samen hebben doorgemaakt.' Er zijn een paar momenten geweest dat het korte tijd 'uit' was, waarin het tweetal elkaar de ruimte gaf om te ontdekken wat het leven buiten een vaste relatie nog meer te bieden had. 'We zijn niet van steen, je moet zulke nieuwsgierigheid eerlijk naar elkaar uitspreken. Elke relatie kent die periodes. Net zoals iedereen het "dertigersdilemma" zal herkennen, de grote vraag of er niet méér in het leven is dan wat je op dat moment hebt.'

Maar de geliefden kwamen uiteindelijk steeds bij elkaar terug. 'Sander vraagt mij al vanaf het begin van onze relatie met regelmaat: blijf je de rest van mijn leven bij me? En ik antwoord daar standaard op: zolang het leuk is. Het gevoel dat het met z'n tweeën leuker is dan alleen, is in de loop van de jaren alleen maar sterker geworden. 'De hevige verliefdheid van die eerste paar jaar heeft plaatsgemaakt voor iets anders, een heel fijne vorm van intimiteit. Zeker tijdens het begin van de coronaperiode merkten we dat we samen ontzettend fijn niets kunnen doen. Lekker kneuterig koken en wandelen met onze pup. We hebben al zoveel intense periodes meegemaakt, goed en slecht. Ik kan me geen leven zonder Sander voorstellen; ik loop langer mét hem op deze wereld rond dan zonder.'

Concrete trouwplannen hebben ze overigens niet. 'Sander heeft me al zeker tweehonderd keer gevraagd, op een grappige manier. Dan antwoord ik altijd: we hebben samen een hypotheek, het is wel goed zo. Ik sluit niet uit dat we die stap ooit maken. Maar ik vind het vooral fijn dat we in Nederland de vrijheid hebben om te kiezen of we met elkaar willen trouwen of niet. Dat is een grondrecht dat elke lhbtiq'er op de wereld zou moeten hebben.' Tim staart even uit het raam van hun ruime, stijlvol ingerichte appartement in Amsterdam – vanwege de coronalockdown vindt het gesprek per Zoom plaats. 'Ik kan me voorstellen dat het heel mooi is om je gevoel voor de liefde van je leven een keer te bevestigen in aanwezigheid van alle mensen van wie je houdt. Maar ik zie bij een bruiloft vooral van die clichébeelden voor me. Toen ik begon als regisseur heb ik als bijbaantje tientallen huwelijken gefilmd. Ik kan ze te goed voorspellen, van het jawoord tot "You'll Never Walk Alone" aan het eind van de avond.'

Het tweetal loopt op straat nooit hand in hand. Tim noemt zichzelf 'van nature niet zo knuffelig'. Maar onder de oppervlakte speelt er natuurlijk méér. 'Het voelt soms heel laf,' erkent hij meteen. 'Ik ben nooit op straat aangevallen of bespuugd. Maar ik voel me altijd bekeken als ik de hand van Sander vasthou. Die ogen in je rug voelen nooit goed. Ik heb daar gewoon geen zin in.'

Een aantal opvallende gevallen van antihomogeweld in Amsterdam hebben hem de afgelopen jaren in die mening gesterkt. 'Ik word heel droevig van zo'n YouTube-filmpje waarin een jochie van vijftien "kankerhomo's" roept. Zo'n knul meent het als hij schreeuwt dat homo's "niet normaal" zijn. Zulk gescheld gaat bij mij door merg en been, zelfs als er geen fysiek geweld bij komt kijken. Ik snap oprecht niet dat sommige mensen zo boos worden van het feit dat we allemaal anders zijn in deze wereld. Het zou ontzettend saai worden als iedereen hetzelfde was.'

Tim worstelt zelf soms met het feit dat hij zijn affectie niet op straat wil tonen omdat hij bang is op te vallen. 'Het komt onze emancipatie niet ten goede als we ver weg in een hokje gaan zitten. Het is beter als je jezelf, maar ook andere mensen de kans biedt om het referentiekader te verbreden door te laten zien dat iets normaal is. Discriminatie ontstaat door gebrek aan kennis, door het hardnekkige idee dat sommige groepen anders zijn dan jij: daarom ben ik een groot voorstander van blenden.'

De regisseur koestert dierbare herinneringen aan het draaien van de multiculturele serie *Shouf Shouf Habibi!* in 2005. In de reeks speelden veel Marokkaans-Nederlandse acteurs mee. 'We stonden weken met elkaar op de set en durfden elkaar eerlijk dingen te vragen. Ik wist niets over de Marokkaanse cultuur en zij wisten niets over homoseksualiteit. Ik heb op alle vragen die ze hadden antwoord gegeven: Hoe werkt dat dan, een relatie van twee mannen? Wanneer wist ik het, hoe heb ik het mijn ouders verteld? Dat waren ontzettend leuke en fijne gesprekken.'

De voordelen van het je openstellen voor anderen werkt overigens twee kanten op, voegt hij daar meteen aan toe. 'Net zoals ik als regisseur ben gegroeid door mijn coming-out, zo ben ik ook gegroeid door verder te kijken dan mijn eigen Amsterdamse sociale cultuurbubbel. Ik geloof dat iedereen erbij gebaat is om open te staan voor andere geluiden, andere visies, andere denkbeelden. Een goede regisseur weet ook wat er speelt in een samenleving.' Hij noemt als voorbeeld de twee veelgeprezen seizoenen *Hendrik Groen* die hij voor Omroep Max maakte. 'Het succes van die serie was mede te danken aan het feit dat het publiek zich herkende in veel kleine, subtiele details uit het gewone leven van ouderen. Dat soort details maken het verschil of een film of serie mensen raakt en bereikt of niet.'

Ondanks zijn streven naar blenden heeft hij gemerkt dat lhbtiq'ers vaak toch, geheel onbewust, naar elkaar toe trekken. Tim werkt vaak samen met andere homoseksuelen, zoals Paul de Leeuw, Alex Klaassen, André van Duin, cameramannen Rolf Dekens en Martijn Cousijn, scenarist Frank Houtappels, componist Bart Westerlaken en editor Joost van de Wetering. 'Het is geen bewuste keuze, maar ik geloof oprecht dat er een soort gay connection bestaat. Het is makkelijker smalltalken met andere homo's. Er zijn veel overeenkomsten in interesses en levensstijl: veel homokoppels hebben bijvoorbeeld geen kinderen, dat schept meteen een band.' En wat cruciaal is: alle homo's en lesbiennes hebben één grote levensveranderende ervaring meegemaakt die, zelfs bij een eerste ontmoeting, eigenlijk direct een onuitgesproken band schept. 'Je weet meteen van elkaar dat je een coming-out hebt gehad. En je weet ook meteen, zonder er een woord over te hebben gewisseld, dat dat een enorme impact heeft gehad. Het voelt alsof je door die wetenschap meteen deel uitmaakt van dezelfde overkoepelende club – het voelt op een bepaalde manier gelijk vertrouwder dan bij mensen die dat niet hebben meegemaakt.'

Tim is zich er bewust van dat ook films bij kunnen dragen aan de emancipatie van lhbtiq'ers. Hij maakte in 2013 een Nederlandse 'roze' variant op *Ocean's Eleven*, de misdaadkomedie *Chez nous*. 'Het is goed dat er zware arthousefilms worden gemaakt over gays die worstelen met hun geaardheid. Maar ik word zelf gelukkiger van het maken van films voor een groter publiek. Films die ook mensen bereiken die nog niet snappen dat homoseksualiteit de normaalste zaak van de wereld is.' Als voorbeeld noemt hij de coming-of-agefilm *Love, Simon*, waarin een tienerjongen worstelt met zijn gevoelens voor een anonieme klasgenoot. 'Het was niet de allerbeste bioscoopfilm ooit. Maar hij maakte wel op een heel lieve manier duidelijk hoe gewoon het is om verliefd te worden op iemand van hetzelfde geslacht. Ik ben ervan overtuigd dat zo'n film een verschil kan maken.'

Hij noemt zichzelf echter met klem: niet iemand die de barricaden opgaat en met vlaggen en toeters op straat gaat staan roepen dat de wereld beter moet worden. 'Ik ben geen homoicoon en wil dat ook helemaal niet zijn.'

Tim heeft overigens veel gayvrienden die hem regelmatig corrigeren als hij te onachtzaam dreigt te doen over de homo-emancipatie in Nederland. Recent gebeurde dat toen hij tijdens een groepsvakantie geen zin had om naar een nichtenstrandje te gaan. 'Ik wéét dat ik het feit dat ik hier als homo in vrijheid en gelijkheid kan leven te danken heb aan een grote groep mensen die heel lang heel hard heeft staan schreeuwen. Ik wéét dat ik dat niet als te vanzelfsprekend mag ervaren – daar moet ik mijn kop niet voor in het zand steken. Ik sta voor wie ik ben en ik ga het onderwerp homoseksualiteit niet uit de weg. Maar tegelijkertijd is het ook maar een van de vele aspecten die mij maken wie ik ben. Ja, ik hou van mannen en daarmee wijk ik af van de norm. Maar het is niet zo dat ik daar de hele dag mee bezig ben. Ik hou ook van stamppot met rauwe andijvie en spekjes, dat hoeft ook niet in elk interview weer expliciet benoemd te worden.'

Toch profileert de regisseur zich bij uitzondering wel op

dit gebied, bijvoorbeeld een paar jaar geleden met een sexy fotoshoot in de L'HOMO. Een paar jaar geleden ontdekte Tim dat hij sarcoïdose heeft, een chronische longaandoening die hem dwong om snel gezonder te gaan leven. Hij zwoer drank en sigaretten af en ruilde borrels en feestjes in voor de sportschool en hardloopschoenen. 'Mijn sociale kring is wat kleiner geworden. Maar ik ben ook scherper geworden: ik ben veel meer gefocust op de dingen die er echt toe doen voor mij. Mijn leven bestaat nu alleen nog maar uit sporten, werken en films kijken. Sander zegt regelmatig tegen me, vermoedelijk terecht: als je nog steeds twee keer per week dronken was, had je nooit die Gouden Kalveren voor *De Zaak Menten* en *Hendrik Groen* gewonnen.'

Een bijkomend voordeel was dat zijn lifestylechange vrij snel zichtbaar effect had op zijn lijf: 'Als ik dan toch één keer in mijn leven zo'n shoot zou doen, dan was dit wel hét juiste moment.' IJdelheid is hem niet vreemd, zegt hij zonder enige schaamte. Net als veel leeftijdgenoten is de filmer tegenwoordig bewuster bezig met zijn uiterlijk omdat hij er ook in de tweede helft van zijn leven goed uit wil blijven zien. 'Al probeer ik daar ook niet in door te schieten. In de gayscene wordt uiterlijk doorgaans heel belangrijk gevonden, zo werkt het nou eenmaal. Zodra je een homokroeg binnenloopt, word je gescand door alle aanwezigen – iedereen heeft binnen een seconde een oordeel over je klaar. En natuurlijk streelt het je ego als de leukste mannen daarna nog wat langer blijven kijken.'

Netto kan het Tim steeds minder schelen wat mensen van hem vinden. Hij staat als veertiger veel zelfverzekerder in het leven dan toen hij als jonge hond keiharde actiekomedies als *Vet hard* en *Spion van Oranje* maakte. Die tweede film uit 2009 flopte; de critici sabelden hem al neer voordat hij in de bioscopen draaide. ‘Op dat moment was het een hel. Ik vatte alles toen persoonlijk op en heb op de wc zitten huilen toen ik de eerste recensies las. Ik heb wekenlang alle gordijnen dichtgehouden en durfde niet meer over straat omdat ik dacht dat de hele wereld ermee bezig was. Dat viel natuurlijk heel erg mee.’

Achteraf was het echter leerzaam om zo’n periode mee te maken. ‘Er zullen altijd mensen zijn die jou en je werk stom vinden. Of die menen hun mening over jou op social media te moeten zetten. Maar het geeft heel veel rust om dat soort excessen niet meer op te zoeken. Ik maak films en series waarvan ik geloof dat zij gemaakt moeten worden en luister naar de commentaren van de mensen die er voor mij persoonlijk toe doen.’

De ontdekking dat je homo bent is een leerproces, een vallen en opstaan, vindt Tim. ‘Het is even een klotetijd vol twijfels en angsten. Maar vrijwel iedereen komt er sterker uit. Je ontwikkelt er zelfvertrouwen of zelfspot door, het maakt je weerbaar of het geeft je de kracht om zaken beter te relativeren.’

Thorn Roos de Vries aka Thorn Vineyard (1995) is acteur, activist, dragkingpionier, performer, House of Vineyard-danser. En non-binair.

~

Waarom moet ik kiezen tussen man en vrouw zodat jij het begrijpt?

THORN VINEYARD

'Waarom moet ik kiezen tussen man en vrouw zodat jij het begrijpt?' Die tekst stond op een protestbord dat ik omhooghield voor een campagne van de gemeente waar ik woon. Met twee handen, stevig vastgeklemd om het karton, hield ik het bord voor me als een schild, mezelf beschermend tegen de reacties en vragen van mijn omgeving. Want waarom kies ik niet gewoon? Wees gewoon man, of gewoon vrouw, en doe niet zo moeilijk!

Ik ben niet moeilijk – ik ben non-binair. Ik identificeer me niet als man en ook niet als vrouw – ik ben gewoon Thorn. Het bewijs dat er meer is dan enkel en alleen 'man' en 'vrouw' zie ik elke dag als ik in de spiegel kijk.

Zo moeilijk of ingewikkeld is het in mijn ogen helemaal niet. Hoe simpel het voor mezelf voelt, zo ingewikkeld lijkt de rest van de wereld het soms te vinden. Blijkbaar roepen mijn uiterlijk en genderidentiteit vragen op. Gendervragen. Vragen als: 'Wat heb je tussen je benen?' of: 'Ben jij nou een man of een vrouw?' Soms grijpt men mij in mijn kruis en betast mijn borstkas, om te voelen 'wat daar dan zit'.

Al sinds ik me kan herinneren, krijg ik die ongepaste gendervragen. Sterker nog, al vóór mijn geboorte werd mijn moeder gevraagd of ze een jongetje of een meisje kreeg. Blijkbaar is dat een existentiële vraag, want anders weet je natuurlijk niet of je roze of blauw speelgoed moet kopen als je op kraamvisite komt. Je zou maar iets in een andere kleur moeten bedenken voor een ongeboren kindje. Word ik de lieve dochter, of de stoere zoon? Troost je me voorzichtig als ik pijn heb, of vertel je me dat echte jongens niet huilen? Vandaag de dag moet ik nadenken over welk toilet ik moet gebruiken, welke kleedkamer ik inga, of welk hokje ik kies als er op een formulier wordt gevraagd 'man/vrouw' aan te vinken.

Als we de rollen eens omdraaien en ik de vragen mag stellen, wil ik graag weten waarom ik moet kiezen tussen man en vrouw, puur zodat jij het kunt begrijpen?

Het is een vraag die steeds vaker door mijn hoofd spookt. Waarom wil je mij zo graag kaderen? Mag ik pas bestaan als jij daar toestemming voor geeft? Soms gaat het even een keertje niet over jou. Het gaat over mij. En dat het over mij gaat, betekent niet dat dat ten koste van jou gaat. Jij mag er zijn, maar ik net zo goed. We mogen allebei ruimte innemen op deze wereld.

Ik wil geen protestbord omhooghouden om dit door te laten dringen. Ik wil geen schild nodig hebben om een gevoel van veiligheid te veinzen. Ik wil dat je me gewoon laat zijn. Als je mij namelijk zou leren kennen, zou je ontdekken dat ik nog zoveel meer ben dan mijn genderidentiteit. Ik hou van dansen tot mijn voeten pijn doen, en pannenkoeken eten op zondagochtend. Ik ben soms verlegen in grote groepen, en gepassioneerd over gelijkheid.

En wie ben jij?

‘Dat in de kast zitten is in wezen een heel verdrietige overlevingsstrategie van een kind’

NICOLAAS VEUL

Nicolaas Veul maakte de documentaire *Pisnicht: The Movie* over de vage grens tussen homofobie en de flauwe grap. Wat maakt het uit dat jongeren elkaar uitschelden met ‘mietje’, dat een beroemde cabaretier volhoudt dat hij niks kwaads bedoelt als hij iemand ‘pisnicht’ noemt? Het maakt alles uit, zegt Nicolaas.

~

‘Een homo is minder. Om een homo kun je lachen. Een homo is vrouwelijk en daardoor minder man. Een homo is anders, weird. Als homo hoor je er niet bij. Je bent vies, je bent verdacht. Je bent een sexual predator óf je bent een pispaaltje. Je bent natuurlijk niet altijd dat, maar dat soort gedachten komen los bij het woord “homo”. Die connotaties had het toen ik opgroeide, die connotaties heeft het woord nog steeds. Het is die negatieve onderstroom die ik altijd wel ergens meekreeg. Wie ik was, was schaamtevol.’

Donderdagochtend, De Balie, Amsterdam. Een decafé havermelkcappuccino en twee zwarte koffie. Nog voordat we goed en wel aan ons gesprek zijn begonnen, zegt Nicolaas Veul (1984): ‘Ik zou niet willen zeggen dat ik activistisch ben...’ Hij maakt zijn zin niet af.

Maar dat is hij natuurlijk wel, een activist, getuige alleen al zijn documentaire *Pisnicht: The Movie.* Een 'homofilm voor hetero's' die hij in 2019 maakte over het onderhuidse, kwetsende effect van homograppen, en dan vooral op jongeren die in de kast zitten.

'Homo!'

'Gaytje!'

'Mietje!'

Populaire scheldwoorden waar mensen over het algemeen 'niets mee bedoelen', maar die wel altijd een negatieve bijklank hebben en een sluimerende discriminatie in stand houden. Nicolaas gaat in zijn documentaire in gesprek met jonge voetballers in een kleedkamer ('Ik heb er niets tegen maar het zijn niet mijn beste vrienden zeg maar') en vraagt mannen op straat of ze homo zijn ('Ik moet jou een klap voor je kop geven met je homo!').

Aanleiding voor *Pisnicht* was een column van Youp van 't Hek in NRC *Handelsblad* waarin de cabaretier in een tussenzin het woord 'pisnicht' liet vallen. Nicolaas reageerde in zijn column in de VPRO-*gids:* 'Ik ben inmiddels allang uit de kast, en weerbaar en gelukkig als homo. Maar dat is een stuk moeilijker als je twaalf bent. Woorden hebben betekenis. Betekenis heeft impact. Youp heeft een publieke functie: hij permitteert zich met "enge pisnicht" een ruimte die helaas veel te vanzelfsprekend is.'

Het antwoord van Youp, weer via de krant: 'Wat een zeikwijf!'

Het antwoord van Nicolaas: *Pisnicht: The Movie.*

De voedingsbodem voor Nicolaas' reactie ligt op tafel: het boek *Fluwelen woede*, meegenomen omdat Robbert het wil lezen. *The Velvet Rage.* De Amerikaanse schrijver Alan Downs, psycholoog en homoseksueel, stelt dat veel homomannen worstelen met een diepe schaamte, opgelopen omdat ze als klein jongetje een groot geheim met zich mee moesten dragen uit angst anders de liefde van hun ouders en hun omgeving te verliezen. Een beschadiging die zo'n kleine jongen tot in zijn volwassen leven dwars kan zitten.

Nicolaas las het boek toen hij een paar jaar terug in Amerika was, en 'brak in tweeën'. 'Shit, dat ben ik, dacht ik, die spanning die zo'n kind al heeft omdat het anders is. Mijn vader is echt een machokerel. Ik voldeed niet aan zijn manbeeld. Toen ik zes was duwde hij me met skiën van de rode piste. Kom op, sporten! Ik had niets met sport, ik was een zacht kind, gevoeliger dan andere jongens. Ik dacht: er is iets niet goed aan mij, ik ben een watje, de vleesgeworden antithese van mijn vader. Dat was ook wat ik voelde toen ik op jongens verliefd werd. Langzaam breng je dan dingen met elkaar in verband: o, ik ben een watje; mensen vinden homo's "watjes"; en ik heb gevoelens voor jongens. Blinde paniek. Ik hou dit stil.'

In de kast zitten is een overlevingsstrategie, stelt hij. 'Omdat je denkt: als mensen hierachter komen, dan ben ik done. Dan word ik door mijn ouders verstoten. Mensen denken vaak: je bent homo, nou, dan kom je uit de kast en dan is het probleem opgelost. Het is een cultureel dingetje, denken buitenstaanders, maar dat in de kast zitten is in wezen een verdrietige overlevingsstrategie van een kind om zich staande te houden in een wereld waarin hij voor zijn gevoel niet mag zijn. In de tijd dat je moet bloeien, de tijd dat je nieuwsgierig moet zijn, hak je als het ware een levensader weg.'

En de coming-out is geen apotheose, aldus Nicolaas Veul. 'Dat is een mythe. De verstoorde relatie met je ouders – als je die hebt – die blijft. Na je coming-out begint het vaak pas echt. Je moet aan jezelf werken, accepteren wie je bent.'

Wat zou jij adviseren aan jongeren die nog in de kast zitten?

'Het is een proces. Je moet doen wat veilig genoeg voelt en moet weten dat je het niet helemaal in de hand hebt hoe je omgeving zal reageren. Het is belangrijk om te zeggen: dit ben ik en hier ben ik. Vervolgens kom je in een nieuwe fase waarin je dat moet accepteren, voor jezelf en voor je omgeving. En schroom niet om in therapie te gaan als je het idee hebt dat je te lang alleen met deze ideeën hebt geworsteld. Ik ben zelf lang in therapie geweest.'

Op hockey – hij komt uit 't Gooi – was hij het 'homootje van de coach', op de middelbare school 'die homo met z'n gekke kleren'. Nikkielikkiepikkie noemden ze hem op de basisschool. Hij was het homootje van de vriendengroep, en thuis was hij het watje. 'Overal waar ik kwam zorgde mijn seksualiteit voor spanningen.'

Nicolaas trok zich terug in games. 'Later, toen ik in Amsterdam studeerde, ging ik blowen, drinken, een grote bek opzetten. Alles overschreeuwen. Verloren tijd.'

Op zijn negentiende – zijn ouders waren inmiddels uit elkaar – kwam hij uit de kast. Hij schreef zijn vader een brief. 'Het is voor mij noodzakelijk om afscheid te nemen van de tradities van het oude gezin. Ik moet loskomen van jou en mama. Dit is geen afwijzing of iets in die richting, dus zo moet je het ook niet opvatten. Zoals mijn zus een wereldreis heeft gemaakt, doe ik het zo.' Hij heeft zijn vader daarna vier jaar niet gezien.

'Ik had er nooit echt bij stilgestaan wat de impact van mijn jeugd op mijn leven was. Ik wist niet dat al die spanningen zo naar binnen waren gekropen. Ik dacht dat ik verantwoordelijk was voor de agressie en stille boosheid die anderen voor mij voelden.'

Hij zag *Will & Grace*, 'met Jack die zo aanstellerig de hele tijd "o my god!" roept, dat slappe handje.' Hij keek naar Paul de Leeuw op televisie 'maar dat was er ook maar één', die had René Klijn in zijn show 'en die had weer aids'. De botenparade in Amsterdam: 'Toen zag ik in de media alleen nog maar die boot met die leren onderbroeken.' Telkens vroeg hij zich af: ben ik dat?

'Ik schaamde me als mensen dachten dat ik homo was, of er vrouwelijk uitzag. Als ze "hé gay" naar me riepen of zeiden: "o, wat heb je een gek loopje." Ik wilde op een gegeven moment niet langer de mindere zijn. In therapie leerde ik dat de negatieve reacties van de buitenwereld een naar binnen gekeerd monster waren geworden. Ik had de rigide ideeën overgenomen. Je hebt het lange tijd gewoon niet door. Je hebt het idee dat het een onderdeel van jou is: jij bent homo, dus jij bent het probleem. Maar het is een maatschappelijk probleem.

Dit boek *Fluwelen woede* maakte dat voor mij duidelijk: dat je gestigmatiseerd wordt, en dat dat een enorme invloed kan hebben op je zelfbeeld.' Alan Downs stelt dat alle homo's een mooi huis met mooie kunst willen, een mooi lichaam, ze willen jong blijven en de hele tijd seks. Dat is allemaal validatie omdat de kern van dat kleine, gekwetste jongetje is afgeschermd. Daar mag niemand bij. Dus je leeft op de randen waar je bevestigd wordt: lichaam, geld, seks. Als je veel geld hebt, mag je er zijn. Als je dat gespierde lichaam hebt, ben je goed genoeg. Nicolaas weet dat er ook veel kritiek is op Downs theorie (dat-ie te veel nadruk legt op schaamte en te veel grote gayclichés gebruikt) maar hij vindt de theorie wel goed. 'Het boek is verouderd en er is veel op af te dingen, maar het opende ook een belangrijk gesprek: dat opgroeien als "anders" traumatisch kan zijn.

De theorie is niet een-op-een op iedereen te plakken. Maar ik zeg wel: dit is wat er voor mij heeft gespeeld, kijk maar of jij daar ook je weg in kunt vinden.' *Straight Jacket* van de Brit Matthew Todd is ook zo'n belangrijk boek voor Nicolaas Veul. 'We are trapped inside a cultural straitjacket', aldus de schrijver, homo's staan bloot aan 'chronic recurrent humiliation', een onophoudelijke stroom signalen uit de maatschappij dat je als lhbtiq'er minder bent. Dat kan voor een kind een marteling zijn.

Is het zelfhaat?

'Dat vind ik een lastige vraag. Een gevaarlijke vraag ook. "Zelfhaat" is een beladen term die bij veel mensen afkeer oproept. Dan ze zeggen: duh, ik haat mezelf niet. Het is een gespreksstopper. Ik heb het nooit over zelfhaat, want dat betekent dat ik mezelf wéér iets verkeerds aandoe. Het is heel goed om te durven zeggen: de vernederingen hebben me pijn gedaan en daar moet ik van helen.'

'Nou, ja en nee,' antwoordt hij op de vraag of zijn coming-out een bevrijding was. Niet echt dus. 'Ik heb lang in de angst geleefd dat mensen erachter zouden komen. Dat is de keerzijde van het geheim: de stress dat iemand dat ziet. Na mijn coming-out kon ik wel wat meer ademhalen, maar er kwam ook zoveel verdriet los. Ook zin, en energie. Ik reed naar Amsterdam in mijn autootje' – hij woonde in die tijd nog bij zijn moeder in Vreeland – 'alleen naar de Trut. Om me heen kijken: mag dit, waar ben ik, ben ik dit? En dan alleen en dronken weer terugrijden.'

Niet dat hij eerder geen vriendjes had. Een stiekem vriendje bij de hockey, een heterovriendje. Nou ja, vriendje, 'het was gewoon dronken worden en zoenen. Hij zal zeggen dat we geen verkering hadden maar ik was stapelverliefd op hem. Dus er gebeurde wel wat, maar alleen zoenen. Eén keer iets meer, maar dat kapte die jongen af. Er kwam direct schaamte los. Misschien klinkt het allemaal heel avontuurlijk, maar eigenlijk was het ook verdrietig dat ik nooit iets deed totdat ik negentien was.'

Ben je jaloers op de jongeren die nu Grindr hebben?

'Toen was dat wel leuk geweest, ja, dan had ik me niet zo alleen gevoeld. Maar ik heb dubbele gevoelens bij Grindr. Ik heb het een tijdje gedaan toen ik single was. Het is in wezen een handige tool als je seks wilt, en natuurlijk kan het hartstikke leuk zijn, helemaal in sommige landen omdat je elkaar kan vinden. Maar het voedt ook de verkeerde dingen: de honger naar bevestiging, bevestiging zoeken in seks. Het harde oordeel over dat lijf, de grootte van je penis, de vorm van je kont, je huidskleur. Het is een manifest van de randvoorwaarden van wie je bent. Bij mij vergrootte het vaak mijn onzekerheden uit.'

Je hebt het wel gedaan.

'Ja. Soms wil je seks, toch?' Na een korte stilte en een indringende blik. 'Waar ik altijd met verbazing naar heb gekeken, is die viering van de vrije seksuele moraal van de generatie boven mij. En het cynisme dat daarbij komt kijken. Als ik tegen oudere homo's zei: ik vind monogamie belangrijk, veiligheid en intimiteit, en ik hoef niet per se overal te seksen, dan was het antwoord altijd: wacht maar tot je wat ouder bent. Met een vette knipoog erbij. Alsof het inherent is aan de natuur van de vrije homo om vrije seks te hebben. Er ligt – in ieder geval voor mij – ook uitdaging in meer "vrije seks" binnen je relatie. En dat vraagt om heel andere vaardigheden: je helemaal geven en laten zien aan de ander. Dan staat er veel meer op het spel.'

Een paar tafels verderop huilt een baby. 'Ah wat lief.' Nicolaas heeft zes jaar een relatie. Monogaam. Trouwen, kinderen, hij denkt er de laatste tijd met enige regelmaat aan. 'Mijn vriend en ik vragen ons vaak af: een open relatie, hoe doen mensen dat? Als wij die deur zouden openzetten, ben ik bang dat we uit elkaar zouden groeien, in ieder geval seksueel, en daarmee de veiligheid verdwijnt. Het is best fragiel om samen een goed seksleven op te bouwen en te blijven houden. En ik vind dat aspect door de vorige generatie helemaal dáár is gelaten,' hij wijst in de verte. 'Ik denk dat het gewoon te kwetsbaar is.'

Het woord 'veilig' gebruik je vaak, zeker in context met je relatie.

'Ben ik het waard om van te houden? Dat is eigenlijk altijd

de vraag geweest bij mij. Het klinkt pathetisch, maar als je je leven lang hebt geloofd dat de liefde van de ander niet onvoorwaardelijk is, dan is van jezelf houden het moeilijkst. Als je ouders je afkeuren of zich zo'n zorgen over je maken omdat je "anders" bent, als anderen iets eng of vies aan jou vinden, als je steeds te horen krijgt dat je een mindere man bent, dan kan het oordeel van de buitenwereld naar binnenkruipen. Ik was zo ontzettend kritisch op mezelf. Later moest ik veel ontmantelen om weer bij mijn kern te komen. De muur moest weg. Want als je dat gevoel dat je niet goed genoeg bent meeneemt in je relatie, ga je altijd naar bewijs zoeken dat je het niet waard bent.'

Het stigma van het homo-zijn, het negatieve zelfbeeld dat je vervolgens zelf creëert, ik denk dat er steeds meer behoefte is om dat bespreekbaar te maken. De strijd voor de juridische rechten is wel gestreden, nu gaat het om acceptatie. Niet om tolerantie, maar acceptatie. Je ziet dat overal, alle minderheden vechten tegen de culturele hiërarchie. Mensen van kleur, mensen met een Aziatische achtergrond zeggen ook: de discriminatie, de zogenaamd onschuldige grappen hebben impact gehad op hoe ik opgroeide en hoe ik in de maatschappij durf te staan. Vrouwen zeggen het ook. Kijk naar MeToo of Black Lives Matter. Dat speelt allemaal nu.'

Heeft Pisnicht *geholpen?*

'Ja, ik denk het wel. Veel hetero's zeiden tegen mij: nu snap ik pas waar je mee te kampen krijgt als je gay bent. Ik werd laatst nog benaderd door een heterojongen: ik wil je even bedanken, joh.' Nicolaas recht zijn rug en verlaagt zijn stem ('ik doe nu even een hetero na, haha'). 'Hij zei: Ik heb een broer en die is gay en ik snapte niet wat hij meemaakte en dit heeft het gesprek geopend, dus dank je wel.'

'Een vader die de film met zijn zoon van veertien had gezien, stuurde me een bericht. Dat was wel het meest fantastische berichtje ooit. Ik zal het voorlezen.'

Beste Nicolaas,
Exact een week geleden keek ik samen met mijn oudste zoon, 14, en vrouw naar *Pisnicht*. Na afloop viel er een lange stilte. We wisten alle drie dat we een kopie hadden gezien. We zagen een kopie van onze zoon. En mijn zoon zag een kopie van zichzelf. We waren emotioneel. Het nam de laatste twijfel weg. Bij hem, bij ons. Huilend vertelde hij dat hij homo was. Je hebt in *Pisnicht* alle dilemma's knap gevangen: de vooroordelen, de pesterijen, de zoektocht, maar voornamelijk de maatschappelijke bekrompenheid. Tenenkrommend. Acceptatie wordt nog een lang hoofdstuk, vrees ik. De winst die mijn zoon heeft is dat hij nu nog vrij jong is, en dus niet thuis of richting ons een geheim hoeft te dragen. Dit komt enerzijds omdat wij open zijn maar ook door de documentaire die je hebt gemaakt. Je hebt letterlijk tijd gewonnen voor hem. Tijd waarin hij met ons kan praten en zijn gevoel kan delen. En dat is voor hem en voor ons heel waardevol. Daar ben ik je heel dankbaar voor.

En Youp?

'Zelfs mijn vader zei: wat loopt die Youp te lullen, zeg. Hij was een groot fan, dus dat zegt wel wat, haha.' Nicolaas en zijn vader hebben inmiddels weer contact, ze hebben veel met elkaar gesproken en zijn iets nader tot elkaar gekomen. Over Youp zegt Nicolaas: 'Ik snap niet dat hij het gesprek niet wil aangaan. In Nederland horen makkelijke homograppen volgens sommigen zo'n beetje bij ons culturele erfgoed. Als je jong bent is het ontzettend moeilijk om je tot die negatieve stereotyperingen te verhouden. Er is geen ontkomen aan. Bij lhbtiq'ers is veel meer eenzaamheid, zelfmoord, depressie, seksverslaving dan landelijk gemiddeld. Dat heeft echt te maken met dat geheim in de jeugd. Ook met het harde stigma. Youp vindt dat onzin.

Wat hangt er nu voor hem aan vast? Dat is wel het probleem: dat er boze witte mannen zijn die denken dat zij in een minderheidspositie zitten, die denken dat zij iets van vrijheid aan het bevechten te zijn. Youp verwart een vraag om empathie met een bedreiging van zijn vrijheid van meningsuiting. Uiteindelijk is het gewoon weerzin om te luisteren naar stemmen die ook nu gehoord willen worden. Dat is echt het toppunt van privilege. Hij kan zich die weerzin veroorloven, andersom kon ik dat vroeger nooit.

Het is makkelijker om gewoon maar mee te lachen met homograppen. Je bent al snel een zeikerd als je niet meedoet, je bederft het feestje. Het is wat ze "self-deprecation" noemen: dat je jezelf ondermijnt door mee te lachen. Lang hebben we dat normaal gevonden, het was ook een middel om wel geaccepteerd te worden. Ik doe het niet meer. Ik vind dat je het moet kunnen zeggen als een woord je kwetst.'

Zoals het n-woord?

'Ja, dat woord heeft ook een veel diepere betekenis en een heel pijnlijke geschiedenis. Ik kan dat woord niet meer horen, hoewel ik het vroeger ook gebruikte – ik wist niet beter. Nu begrijp ik dat dit woord staat voor een cultuur waarin de witte mens de zwarte als minderwaardig ziet. Maar er zijn ook verschillen. Een jonge lhbtiq'er leeft met een geheim. Een zwart of Chinees jongetje kan – hopelijk – na school naar huis toe gaan en tegen zijn moeder zeggen: mama, ik word gepest met mijn kleur. Dan kan de familie zeggen: laat ze maar lullen. Kom hier, je bent normaal. We houden van je. Geen homo die in de kast zit zal thuis zeggen: ze schelden me uit voor homo. Want dan is je geheim voorbij. Wel wil ik benadrukken dat ik niet bedoel dat het ene niet erger is dan het andere...'

Je zegt: homohaat is verkapte vrouwenhaat.

'Zeker. De maatschappij zit vol misogynie. De man is bang ondermijnd te worden door de vrouw en om die reden haat hij haar. De witte heteroman boven op de apenrots lijkt constant zijn potentie te moeten bewijzen, alles wat afwijkt vormt een bedreiging. Vrouwen, en homo's al helemaal. Toxic masculinity, dat is het. Het nauwe idee van wat een man denkt dat hij zou moeten zijn.'

Homo's zijn voor dit soort machomannen een soort intern probleem?

'Wij vormen een probleem voor het begrip "mannelijkheid". Daarmee is de homo niet alleen de antithese van een man, maar ook van iets waarvan je altijd hebt geleerd dat je het moet bevechten. Dat is fascinerend.'

‘Homoseksualiteit werd in mijn jeugd niet besproken’

ELLIE LUST

Het politiekorps is eind jaren tachtig niet per se een baken van vrouwvriendelijkheid en homotolerantie, toch wilde Ellie Lust niets anders dan bij de politie werken. Hoe hield zij zich staande in die mannenwereld? En wat zijn haar ervaringen met antihomogeweld, als ‘diender’ en als mens? Ze vertoonde compensatiegedrag, vertelt ze ons. ‘Ik wilde dat collega’s zouden zeggen: Ja, oké ze is lesbisch, maar El is wel een kanjer.’

Heb je ooit te maken gehad met antihomogeweld? Als we deze vraag halverwege het gesprek aan Ellie Lust (1966) voorleggen, hadden we dit antwoord niet kunnen vermoeden. Daarom beginnen we er maar meteen mee.

Haar antwoord:

‘Nog nooit, tot eind 2019. We waren voor opnames voor *Ellie op Patrouille* in Addis Abeba toen we na twee draaidagen halsoverkop Ethiopië uit zijn gevlucht. Ze waren erachter gekomen dat ik lesbisch ben. Online werd er opgeroepen tot een lynchpartij, ik moest gemarteld en gedood worden. Midden in de nacht zijn wij toen gerepatrieerd. Ik ben geen bang mens, ook in Nederland ben ik wel bedreigd omdat ik het gezicht van de politie was, maar dit was echt angstig. Ik kon het fanatisme daar niet inschatten.

We zaten in een eenvoudig hotel in een sloppenwijk van de Ethiopische hoofdstad. Wat voor de opnames prima is, maar als ze me daar gevonden hadden met die kartonnen deuren was het klaar geweest. De volgende dag zouden we met de politie naar de grootste markt in Afrika gaan, dertienduizend kramen waar honderdduizenden mensen naartoe komen. Als je daar dan herkend wordt door die fanaten... Je strot wordt doorgesneden, je wordt gestenigd. Vanuit Nederland is toen besloten dat we die nacht direct weg moesten.

De Nederlandse ambassade had contact opgenomen met Nederland omdat het personeel op Facebook had gezien dat er in het Amhaars ernstige bedreigingen tegen mij werden geuit. Die ochtend hadden we in een voetbalstadion opnames gemaakt waarbij ik in uniform stond te spotten. Ik werd in de binnenste ring in het stadion geplaatst: mensen zagen mij dus goed, bovendien viel ik natuurlijk op met mijn cameraploeg. Ze ontdekten al snel dat ik uit Nederland kwam, en als je me dan googelt is het eenvoudig erachter te komen wie ik ben en waar ik voor sta.

"De bedreigingen stoppen niet," zeiden ze bij de ambassade, en met name dat vonden ze alarmerend. Meestal zie je een piek in de online scheldkanonnades en bedreigingen, legden ze uit, en ebt het daarna weg. Nu niet. Vanuit Nederland is toen de eerst mogelijke vlucht het land uit geboekt – met veiligheidsvesten aan zijn we in een geblindeerd busje naar het vliegveld gereden, met een dikke SUV ervoor en erachter als beveiligingsescorte. Ons vertrek hebben we niet eens met de Ethiopische politie gedeeld, want als het over dit onderwerp gaat vertrouwde de ambassade zelfs de politie niet. In Nederland heb ik aangifte gedaan, omdat er een dreigingsanalyse gemaakt moest worden.'

Een paar dagen na thuiskomst belde haar lookalike tweelingzus Marja. Een pakketbezorger had tegen Marja gezegd: 'Was u laatst niet in mijn land, Ethiopië?' Alarmbellen rinkelden. Die jongen is daarna 'uitgelopen' vertelt Ellie, jargon voor dat hij door de politie is opgezocht. 'Hij schrok zich helemaal de tandjes toen hij de politie sprak, want die jongen had het vooral heel leuk gevonden dat ik in zijn land was geweest.

We wisten niet in hoeverre de bedreigingen hier in Nederland een vervolg zouden krijgen. Facebook is internationaal en ook hier wonen mensen uit Ethiopië. Er hangt nu een AOL op mijn adres, een Aandachtsvestiging Op Locatie, wat inhoudt dat als er een melding binnenkomt er met spoed gereageerd wordt. Bij mijn zus ook.'

Het incident is nu bijna een jaar geleden. De angst is weg, zegt ze, 'al heb ik nog wel een tijdje over mijn schouder gekeken'.

Op het moment dat ze over Ethiopië begint hebben we al anderhalf uur met elkaar gesproken. In het café-restaurant vlak bij haar huis in Amstelveen is de ochtend middag geworden. Ellie Lust is bekend van tv-programma's als *Ellie op Patrouille*, *Ellie aan de Verkeerde Kant* en *Ellie in de Handel*, maar diep vanbinnen voelt ze zich nog altijd – hoewel ze daar al sinds oktober 2018 weg is – Ellie van de politie.

Ze verdeelt tegenwoordig haar tijd tussen tv-opnames en dagvoorzitterschappen, haar leven in Amstelveen en haar huis in Frankrijk, haar echtgenote Boukje 'toen ik haar ontmoette dacht ik dat iedereen verliefd op haar was' en hun 'ongelofelijk knappe' Cavalier King Charles spaniël Loetje. Twintig jaar zijn ze samen, vijftien jaar zijn ze getrouwd, Boukje vroeg haar op Valentijnsdag 2005 ten huwelijk.

Als Oostzaans tienermeisje zat Ellie elke dinsdagavond klaar voor haar favoriete tv-programma *Opsporing Verzocht*, en als het geen dinsdagavond was, speurde ze de op één hand te tellen kanalen af naar een aflevering van *Hill Street Blues*, *Cagney & Lacey* of *Charlie's Angels*. 'Ik vond dat politiewerk zo'n stoer vak.'

'Waar recht tot onrecht wordt, wordt verzet tot plicht' stond als spreuk op een Tweede Wereldoorlog-monument. Ze liep er bijna elke dag met haar zus langs op weg naar de sporthal, het werd haar levensmotto: onrecht bestrijden.

Het onrecht dat ze als roodharig meisje met bril en sproeten werd gepest.

Op haar eenentwintigste, nadat ze al een carrière als topvolleybalster had opgebouwd, kon ze het blauw aantrekken. In 1987 begon ze aan de politieschool, vanuit de noodhulp groeide ze door naar motoragent, en van wijkagent promoveerde ze tot woordvoerder van de politie Amsterdam – totdat haar bekendheid te groot werd en ze intern op weerstand stuitte, na eenendertig jaar trouwe dienst. Ze nam ontslag, maar als het aan haar had gelegen had ze het uniform nooit uitgetrokken.

'Waar recht tot onrecht wordt, wordt verzet tot plicht.'

Ellie Lust, soms spreekt ze staccato als een politiebericht, lacht veel, relativeert 'ik weet best wel dat mensen mij een stoer type vinden,' is spiritueel en – wat mensen niet van haar verwachten – 'heel erg een meisje in een heleboel dingen'. Ze corrigeert ons meteen als we het over het homohuwelijk hebben ('het heet geen homohuwelijk hè, het burgerlijk huwelijk is opengesteld voor mensen van hetzelfde geslacht') en roept direct daarna op tot tolerantie: 'Ik vind het belangrijk dat eenieder zich met een ander kan verbinden en daar hoort de openstelling van het huwelijk bij. Bovendien, als homo's volgens de wet dezelfde plichten als hetero's hebben, dan ook dezelfde rechten. Anders zou het lijken op een diskwalificatie van de liefde tussen twee mannen of twee vrouwen, terwijl die liefde natuurlijk niets minder waard is.'

Ze zakt wat onderuit op haar houten caféstoel. 'Als we nou eens zouden denken in onbeperkte mogelijkheden, in alles kan en niks is gek? Als we onszelf niet in hokjes duwden? Stel je dat eens voor. Welke letter van het lhbtiq-alfabet je ook bent, alles is goed. Als we al onze verwachtingen los zouden laten, hoe vrij is het dan?'

Ben jij zo vrij?

'Dat zou ik willen, maar ik heb van huis uit ook mijn overtuigingen meegekregen. Ik kom uit een doe-maar-gewoon-dan-doe-je-al-gek-genoeg-gezin. Niet religieus maar traditioneel, maar ik denk dat de waarden waarop religie en traditie zijn gestoeld zo ongeveer hetzelfde zijn. Dat is dat mannen en vrouwen bij elkaar horen. Mijn moeder zei dat ook vaak: man en vrouw zijn één. Homoseksualiteit werd in mijn jeugd niet besproken. Mijn vader maakte grapjes over de toen zichtbare homoseksuele mannen op tv, Albert Mol, Jos Brink.

Mijn vader was een echte Oostzaner. Een melkboer die nooit op vakantie wilde omdat hij altijd de kerkklok wilde horen. We zijn nooit in het buitenland op vakantie geweest. Mijn vader ging naar zijn werk, mijn moeder was thuis met de kinderen.' Ellie heeft behalve haar tweelingzus Marja nog een oudere broer, Dirk-Jan, die een yogaschool heeft 'en ontzettend lief en geestig is'.

'Hele lieve mensen mijn ouders, maar traditioneel.' En dan ineens weer die politietoon: 'Daar is niets mis mee, hè, want ik ben in de basis een heel stabiel mens geworden juist door dat liefdevolle fundament. Mijn emotionele matras is heel dik.'

Je bent niet gelovig?

'Ik geloof in het leven. Ik ben spiritueler dan mensen mij inschatten. Ik geloof dat ons leven een bedoeling heeft, dat we hier zijn om te leren en te groeien. Wat zou voor mij de les in dit leven zijn nu ik als lesbische vrouw door het leven ga?

Heb ik in een eerdere etappe in de reis van onze ziel te maken gehad met weerstand daartegen?'

En?

'Het zou kunnen, maar ik weet het niet. Geloof is ook heel erg hopen, denk ik. Want ik hoop dat er leven na het leven is, hoe gezellig zou dat zijn?' Ze probeert te leren mediteren, om stil te zijn. In een vriendinnenappgroep volgt ze de '21 dagen abundance meditatie' van Deepak Chopra. 'Quiet your mind, om vervolgens in verbinding te komen met mijn source energy – wie ik echt ben, wat ik echt wil, en echt voel.'

Het politiekorps is niet per se homotolerant, tenminste niet toen jij er in de jaren tachtig begon. Toch koos je dit vak.

'Ik wilde niets anders.'

Je wist eerder dat je agent wilde worden dan dat je lesbisch was?

'Ja, al kan ik achteraf wel de signalen zien dat ik al jong interesse had in vrouwen. Ik was gefascineerd door homoseksualiteit, maar het was nooit een onderwerp van gesprek. Mar en ik volleybalden, dat was het belangrijkste in ons leven. In ons achtertuintje waren we constant de bal over de waslijn aan het tikken. De rozen gingen er weleens aan, maar we waren superbehendig. We hadden het nooit over de liefde, totdat ik verliefd werd op een teamgenote in het nationale volleybalteam.' Negentien was ze toen.

'Dat was de eerste keer dat ik bewust doorhad dat ik vrouwen leuker vond dan mannen. Want ik kan heel goed met mannen, ik vind mannen te gek, ik kan werken met mannen, kletsen, lachen. Ik kan bijna alles met mannen, behalve samenleven. Dat wil ik niet. Mijn zus had ook gevoelens voor die vrouw, maar misschien was het ook gewoon de allereerste lesbische vrouw die wij op die manier leerden kennen. Het was voor ons beiden een kantelmoment. Ik weet nog dat we op de parkeerplaats vlak bij ons ouderlijk huis in ons gezamenlijke autootje zaten, een klein, rood Toyota Starletje, de DT-75-JX, en dat we het naar elkaar uitspraken: allebei vonden we vrouwen aantrekkelijker dan mannen. Maar niet tegen papa en mama vertellen.'

Was het een gevoel van bevrijding dat jullie allebei lesbisch bleken?

'Ik weet niet of het een bevrijding was maar ik voelde wel dat dit klopte. De meiden in mijn klas op de middelbare school waren allemaal bezig met jongens, ik niet. Dat zijn van die momenten dat je achteraf denkt: o ja, toen al.'

Ellie vertelde niets aan haar ouders. Tot ze op haar vierentwintigste liefdesverdriet had. Ze had een relatie met Diane, de zwemcoach van de Amerikaanse universiteit waar haar zus studeerde.

'Diane en ik zagen elkaar weken wel en dan maanden niet. In die maanden schreven we elkaar lange brieven en spraken we cassettebandjes vol. Bellen kostte twee gulden per uur. Zo'n langeafstandsrelatie was natuurlijk niet te doen. Het ging uit en ik was daar zo verdrietig over dat ik naar mijn moeder toe ging. Zij vroeg: heeft dat te maken met dat meisje uit Amerika? Moeders weten dat. Maar ze is er nooit zelf mee gekomen. Sterker nog, toen we met het gezin bij het afstuderen van Marja in Amerika waren zei ze dat ze het gevoel had dat ze twee ongelukkige kinderen had.'

Twee ongelukkige kinderen? Hoe bedoelde ze dat?

'Vroeger zei je dat als je kind gehandicapt was.'

Dat is toch ernstig?

'Daarom weet ik het nog. Geen kwaad woord over mijn moeder want ze was de allerliefste, maar dit zei alles over haar onvermogen hiermee om te gaan. Marja was lesbisch, en toen was ik ook nog eens lesbisch. Mijn zus was voor mij al uit de kast gekomen, die had al eerder liefdesverdriet en had troost nodig.'

Wat dacht je toen je zus uit de kast kwam?

'Toen dacht ik alleen maar: nu moet ik óók nog. Verschrikkelijk.'

Het hout van de stoel kraakt als ze voorover leunt. 'Weet je, ouders hebben ook hun coming-out nodig. Ook zij hebben tijd nodig om hun verwachtingen bij te stellen. Zeker als je zoals ik vanuit de traditie bent opgegroeid. Zij dachten dat wij met een man zouden trouwen, misschien kinderen zouden krijgen. Nu we lesbisch bleken was mijn moeder vooral bang dat wij ons leven lang te maken zouden krijgen met vooroordelen. En ze heeft gelijk gekregen, helaas.'

Was het zorg voor jullie of ook schaamte?

'Heel eerlijk denk ik: allebei. En het gevoel dat zij iets verkeerds had gedaan.'

En je vader?

'Mijn vader verdenken wij ervan dat hij het altijd prima heeft gevonden om de enige man in het leven van zijn dochters te blijven.' Ze lacht. 'Bij ons thuis was iedereen altijd welkom.'

Werd er niet vreemd naar jouw vriendinnen gekeken?

'Door mijn ouders niet, maar als de buren of de vrouwen van de plattelandsvrouwenvereniging aan mijn moeder vroegen: hebben je meiden al verkering, dan zei ze dat we te druk waren met volleyballen. Dat wel.

Ik was bang mijn ouders teleur te stellen, ik wilde ze geen verdriet doen. Ik wilde vooral aardig gevonden worden. Ik dacht: als ik maar een goeie volleybalster ben, een leuk mens en een goeie politieagent dan is mijn lesbisch-zijn minder erg. Ik vertoonde compensatiegedrag.

Je hebt in je leven honderden coming-outs, in elke nieuwe setting moet je weer uit de kast komen.' Dus toen Ellie een tijd bij de politie werkte, vertelde ze – in een politieauto dit keer – haar collega en 'maatje' Peter dat ze op vrouwen viel.

'Hij reageerde lief en moedigde me aan het ook aan anderen te vertellen. Ook hem zou dat opluchten, wij waren zo close dat zijn vrouw jaloers begon te worden.

Ook bij de politie ben ik lang weggebleven bij het bekennen dat ik vrouwen leuker vond dan mannen. Omdat ik weer vanuit dat compensatiegedrag allereerst een goeie diender wilde zijn, ik wilde dat collega's zouden zeggen: Ja, oké ze is lesbisch, maar El is wel een kanjer.'

Toen de Gay Games in 1998 naar Amsterdam kwamen – het was de eerste keer dat het evenement voor lhbtiq-sporters buiten Amerika werd gehouden – was Ellie een van de oprichters, en later voorzitter, van Roze in Blauw: een netwerk binnen de politie dat in eerste instantie was bedoeld om de buitenlandse bezoekers te laten zien dat men veilig en welkom was bij de Nederlandse politie. Daarna bleef Roze in Blauw bestaan om lhbtiq'ers te stimuleren aangifte van geweld te doen.

'Ik ben met een enthousiast groepje collega's dat netwerk begonnen, maar het is nooit mijn bedoeling geweest om op de barricades te staan of om voorzitter te worden. Het gebeurde gewoon, ik groeide in die rol. Als ik ergens voor sta pak ik het voortouw. Misschien is dat wel wie ik ben.'

Waarom legt Roze in Blauw zo'n nadruk op aangifte doen?

'Omdat je alleen kunt handelen op wat je weet en niet op wat je niet weet. We moeten meldingen hebben zodat we weten hoe groot het probleem is.' (Merk op dat ze nog altijd 'we' zegt en niet 'de politie'.)

'Niet gemeld is niet gebeurd, althans, voor de politie. Als ik weleens voor mensen uit de homogemeenschap sprak en vroeg wie er te maken had gehad met antihomogeweld gingen er best veel handen omhoog, maar als ik daarna vroeg wie er aangifte had gedaan, gingen bijna alle handen weer naar beneden.

Er is in 2008 wetenschappelijk onderzoek gedaan naar daders van antihomogeweld. Daaruit bleek dat het meestal jonge mannen tussen de veertien en pakweg vier-, vijfentwintig jaar zijn. En dat het niet per se gestoeld is op religie maar veel meer op machogedrag. Bij de autochtone dader gaat het vaak over de gendernorm die het geweld triggert, dus een man die in hun ogen bijvoorbeeld vrouwelijk gedrag laat zien. Bij de allochtone dader gaat het meer over het idee van de passieve anale seks waar zij weerstand bij voelen.'

Vooral homomannen zijn de dupe van discriminatie wijst ook ander onderzoek uit. Uitschelden, spugen, online pesten of (zware) mishandeling: ruim zeven op de tien lhbtiq'ers hebben er in hun leven mee te maken.

Uit onderzoek van het Sociaal en Cultureel Planbureau (SCP) blijkt dat homoseksualiteit en genderdiversiteit in Nederland sinds de jaren zestig steeds meer wordt geaccepteerd. Nederland is nu – in woord tenminste – toleranter dan vroeger. Toch, uit de meest recente *LHBT-monitor* van hetzelfde planbureau blijkt dat er in 2018 nog altijd 847 meldingen van discriminatie op basis van 'seksuele gerichtheid' werden geregistreerd. Minder dan in eerdere jaren, maar dat kan ook komen doordat homo's hun gedrag aanpasten en bijvoorbeeld minder in het openbaar zoenen of hand in hand lopen. En waarschijnlijk ook door wat Ellie zegt: dat er nog steeds weinig aangiftes worden gedaan.

Van die 847 meldingen in 2018 ging het in 197 gevallen om fysiek geweld. En 95 procent van de meldingen had betrekking op homomannen. Er is veel minder geweld tegen lesbische vrouwen. Dat het geweld tegen homo's zoveel groter is zou inderdaad te maken hebben met de macho weerstand tegen 'vrouwelijke mannen'.

Vaak wordt er naar Nederlands-Marokkaanse jongeren gewezen als het om homohaat gaat...

‘Die zijn ook oververtegenwoordigd in de grote steden, maar je kunt niet alles op die groep afschuiven. Er moet nieuw onderzoek worden gedaan. Zo is er bijvoorbeeld ook verschil tussen grote steden en dorpen. Want er zijn zat homoparen die in dorpen weggepest worden omdat ze leven met iemand van gelijk geslacht — en daar is geen Marokkaanse jongere bij betrokken.

In de steden heb ik veel slachtoffers gesproken die Marokkaanse jongeren aanwijzen als dader, maar vaak verkeren die dan in een groep waar ook autochtone jongemannen bij zitten. Ik vind het goed om daders aan te wijzen, maar dan moet het wel kloppen. Het gaat niet over moslims, het gaat over jonge mannen die het lastig vinden als mannen affectie naar elkaar tonen.’

Vind je de politie opener nu?

‘Vele malen. Daar heeft Roze in Blauw ook een belangrijke rol in gespeeld, in het bespreekbaarder maken. Roze in Blauw geeft ook les op politieacademies, en sommige leerlingen wachten daarop om uit de kast te komen. Hoi, ik ben Mark, ik ben eenentwintig en homo. Dat was vroeger ondenkbaar. Het feit dat de politieboot al sinds 2008 tijdens de Canal Parade vaart vindt men inmiddels tot in de hoogste politietop een must. En geloof me, dat heeft vele jaren en eindeloze discussies gekost.’

Heb je het als homo misschien makkelijker bij de politie dan wanneer je een kleur hebt?

‘Diversiteit is een belangrijk thema, maar blijkt telkens een struikelblok. De politie weet dat het belangrijk is dat er mensen met andere achtergronden bij het korps komen. Maar dan moet je wel een organisatie creëren waarin je – als je binnen bent – ook divers mag blijven. Hoe behoud je je identiteit binnen het politieapparaat: dat is de kwestie. Waar het gaat om lhbtiq-tolerantie is de Nederlandse politie wat mij betreft nog steeds wereldkampioen. Door mijn reizen voor *Ellie op Patrouille* zie ik dat veel korpsen in andere landen er wel aandacht voor hebben, maar er zijn ook genoeg landen waar je als lhbtiq'er of iemand van een andere etniciteit nog als tweederangsburger wordt beschouwd en behandeld. Ook door de politie. Terwijl de basis van politiewerk artikel 1 van de Grondwet is: het gelijkheidsbeginsel, en artikel 3 van de Politiewet: hulpverlenen aan hen die dat behoeven.'

Journalist Evelien de Bruijn (1974) is behalve tv-presentator van onder andere Hart van Nederland *ook radio- en podcastmaker. In 2019 maakte ze* Uit de Podcast, *een serie over coming-out. Aanleiding was haar zoon die uit de kast kwam.*

~

Kunnen we lekker samen winkelen

EVELIEN DE BRUIJN

Het kwam al vroeg weleens ter sprake: of ik het erg zou vinden als mijn zoon Boris op jongens zou vallen.

'Welnee,' riep ik, 'hartstikke gezellig. Kunnen we lekker samen winkelen later. En trouwens, als-ie maar gelukkig is.' Twee opmerkingen waarmee ik de plank goed missloeg.

Boris vertelde ons dat hij op jongens valt toen hij zeventien was. In New York, nadat hij drie nachten avonturen had beleefd met een wildvreemde Amerikaan die hij had ontmoet op het internet. Hij had hem stiekem uitgenodigd op zijn hotelkamer en werd smoorverliefd.

Dat hij alweer afscheid moest nemen van zijn vakantieliefde was voor hem reden om zijn verhaal met ons te delen. Snikkend, met een mond vol bagel, vertelde hij zijn verhaal, midden in een diner. Wij vonden het verdrietig en verwonderlijk tegelijk dat hij zich in zo'n ingewikkelde situatie had gemanoeuvreerd.

Boris is opgegroeid in een liberaal gescheiden gezin, waarin alles bespreekbaar was. Ook ongemakkelijke zaken probeerden we direct of indirect op tafel te krijgen. De keer dat hij het uitmaakte met een meisje, leek voor ons een uitstekende gelegenheid te vragen of hij niet toch op jongens viel. 'Dat leven ambieer ik niet,' antwoordde hij.

Na zijn coming-out ging Boris daten, liet hij zijn vakantieliefde voor wat het was en werd verliefd. Ik zag hem voor het eerst met zijn vriendje en mijn hart liep over: voor het eerst zag ik hem compleet. Als wie hij is.

Naarmate de tijd en de rust omtrent Boris' liefdesleven verder gleed, begon ik me af te vragen of ik het niet makkelijker voor hem had kunnen maken. Had ik misschien door moeten vragen toen hij het gesprek afbrak? Wat is er eigenlijk voorafgegaan aan dat antwoord? 'Dat leven ambieer ik niet.' Hoe is dat proces gegaan, waarom heb ik daar geen deel van uitgemaakt, had ik meer moeten laten weten dat het voor mij niet uitmaakt op wie hij valt?

Ik vroeg Boris, inmiddels 21, of we het gesprek over zijn coming-out nog eens over konden doen. Met microfoon erbij. Hij zei ja, en zo ontstond 'Uit de Podcast', een serie gesprekken over 'uit de kast komen'.

Hij vertelde hoe ingrijpend het voor hem was vragen over zijn geaardheid te krijgen. Hij loog daar liever over dan zijn geheim prijs te geven. Erover praten betekende misschien wel de controle verliezen, en dat wilde hij niet. Hij legde uit dat we weliswaar heel tolerant zijn in Nederland, maar dat daarmee niet is gezegd dat we rekening houden met de mogelijkheid dat een jongen of meisje gay is. Hoe vaak hij niet 'Heb je al een vriendinnetje?' heeft gehoord, terwijl het net zo makkelijk is om er 'Ben je verliefd?' of 'Heb je al een vriendinnetje of vriendje?' van te maken. En dat je wanneer je als ouder 'Als je maar gelukkig bent' zegt, juist afstand neemt. Daarmee bevestig je dat iemand anders is dan anderen. Wat een puber niet wil zijn.

Een gesprek dat mij veel heeft geleerd, dat ouders en kinderen hopelijk inspireert. Tot slot wilde hij me nog één ding meegeven: 'Mam, ik hou nog steeds niet van winkelen.'

‘Ik wil anderen de diepe eenzaamheid besparen die ik jarenlang heb gevoeld’

NASSIRI BELARAJ

Het kostte moeite om een gay te vinden met een Marokkaanse achtergrond die in alle openheid zijn coming-outervaringen met ons wilde delen. Na het gesprek met Nassiri Belaraj snappen wij waarom het voor veel lhbtiqers van niet-Nederlandse komaf een nog veel langere en zwaardere weg is om jezelf te kunnen zijn. Nassiri deed er een kwarteeuw over, en helpt nu lotgenoten via zijn stichting Pink Marrakech.

‘Ik hou van mezelf. Vier woorden op papier waar ik vijfentwintig lange jaren over heb gedaan en de hoogste prijs voor heb betaald. En dan nog ben ik gezegend.’

Met deze tekst introduceert Nassiri Belaraj (1974) zichzelf op de website van zijn stichting Pink Marrakech – het zou de eerste alinea van een bloedstollende bestseller kunnen zijn. ‘De meeste Nederlands-Marokkaanse lhbtiq+-mensen in Nederland zullen die vier woorden nooit uitspreken. Omdat ze zichzelf al van het leven hebben beroofd. Omdat ze uit schaamte een leven lang liegen en omdat hun families er alles aan doen om de kastdeur op slot te houden.’

De lovende commentaren onder onlineartikelen en columns die aan Nassiri zijn gewijd, liegen er niet om. ‘Moedig’ wordt hij genoemd vanwege de openheid waarmee de sociaalpedagoog in de media praat over het spanningsveld tussen zijn geaardheid en zijn Marokkaans-Nederlandse achtergrond. Jonge gays voor wie hij een voorbeeld is, prijzen hem als een 'held'.

De veertiger is blij met de waardering. Maar hij kan ogenschijnlijk weinig met zulke loftuitingen, hij is bescheiden en wuift ze weg. 'Het enige wat ik doe is een onderwerp waar te weinig over wordt gepraat in de Marokkaanse cultuur bespreekbaar maken. Alleen op die manier kan het voor lhbtiqers die in dezelfde situatie zitten als ik makkelijker worden om snel hun eigen pad te vinden in het leven. De diepe eenzaamheid die ik heb gevoeld, wil ik anderen besparen.'

Nassiri werd geboren in Gorinchem als derde in een gezin van zes kinderen. Zijn ouders kwamen eind jaren zestig naar Nederland, op zoek naar een betere toekomst. Zijn vader vond een baan als buschauffeur, zijn moeder zorgde thuis voor de kinderen. Rond zijn achtste ontdekte Nassiri dat hij anders was; hij was meer geïnteresseerd in de besognes van zijn zusjes dan in de 'echtemannendingen' van zijn oudere broer.

De scheiding van zijn ouders toen hij tien jaar oud was, vormde een duidelijke breuklijn in zijn leven. Het was geen gemakkelijk besluit van zijn moeder om haar man te verlaten. Niet alleen sprak ze op dat moment geen woord Nederlands, ook riep ze de toorn van de familie over zich af. Financiële steun was er nauwelijks. De rest van het gezin sprong in survival modus. Omdat zijn broer in militaire dienst moest, werd Nassiri tegen wil en dank gebombardeerd tot de man in huis. 'Mijn jeugd kwam abrupt ten einde en mijn gevoelsleven ging acuut op slot: er was geen tijd of ruimte meer om mezelf verder te ontdekken. Ik moest zorgdragen voor het gezin. Ik bezocht de ouderavonden van mijn zusjes en moest daarna in het Marokkaans verslag uitbrengen aan mijn moeder.'

Hoe kwam je erachter dat je gevoelens voor mannen had?

'Ik werd blij als de Wehkamp-gids van mijn moeder binnenkwam. Die griste ik mee naar mijn kamer waar ik meteen doorbladerde naar de foto's van de swimshorts. Ik was heel nieuwsgierig. Op een gegeven moment durfde ik stiekem contact te leggen met een jongen van wie ik wist dat hij homo was, en hij gaf me zijn telefoonnummer. Met hem heb ik gezoend. Ik voelde me daarna heel vies.'

Je durfde toen nog niet verder te gaan?

'Nee, al wilde ik dat natuurlijk wel. Ik bezorgde in die tijd ook het *Algemeen Dagblad*; daar stonden seksadvertenties in van mannen die je kon bellen voor spannende gesprekken. Ik wachtte tot diep in de nacht en als ik er zeker van was dat iedereen in huis sliep, dan belde ik. Soms kwam het tot een gesprek, maar meestal gooide ik snel de hoorn er weer op. Die lijnen kostten veel geld, mijn moeder raakte in paniek toen ze de telefoonrekening zag. Ik heb die rekening snel betaald, ik was als de dood dat ze argwaan zou krijgen. Op een gegeven moment heb ik de stap toch gezet en ben ik met andere jongens gaan experimenteren, zo rond mijn twintigste. Ik kwam met deze mannen in contact via die krantenadvertenties. Of later via GayRomeo, een van de eerste sites waar mannen seksdates regelden.'

Voelde je je na elke date vies?

'Ik was ontzettend nieuwsgierig, maar echt fijn vond ik de seks in die periode niet. Ik was nooit ontspannen. Ik voelde me... ontrouw. Ontrouw naar mijn geloof en naar mijn familie. In mijn hoofd zat voortdurend een stemmetje dat zei dat mijn familie dit nooit zou accepteren.'

Nuances overheersen in het gesprek met Nassiri – hij heeft een hekel aan mensen die generaliseren. Er zijn veel Nederlanders van Marokkaanse komaf die homoseksualiteit niet afkeuren, legt hij uit. En ook niet elke Nederlander met Marokkaanse wortels is automatisch een moslim. Ja, het is lastig om het onderwerp seksualiteit bespreekbaar te maken binnen de Marokkaanse community. Er zijn absoluut excessen. Maar die zijn er ook in bijvoorbeeld de gereformeerde gemeenschap.

'De belangrijkste bron van haatgevoelens is onwetendheid,' stelt hij met klem. 'Veel mensen – niet alleen Marokkaanse Nederlanders – denken zelf niet na en lopen achter de kudde aan. De meeste mensen hebben geen enkele behoefte om zelf te onderzoeken of iets wel klopt. Er staat bijvoorbeeld nergens expliciet in de Koran dat homoseksualiteit niet geoorloofd is of dat alle homo's naar de hel gaan. Het staat overigens ook niet in de Bijbel, of in welk ander heilig boek dan ook.'

Wat staat er dan wel in de Koran over dit onderwerp?

'Een verhaal – dat trouwens ook in de Bijbel te vinden is – vertelt over het volk van Loet dat vreselijke misdaden zou hebben begaan. Zo zouden ze onder meer argeloze reizigers hebben overvallen en verkracht. Uiteindelijk besluit God de steden Sodom en Gomorra, waar het volk woont, te vernietigen en te bedelven onder enorme stenen. Veel moslims associëren dit verhaal met homoseksualiteit en menen hieruit af te leiden dat God geslachtsgemeenschap tussen mensen van hetzelfde geslacht afkeurt. Het is echter een parabel waarin God de mensen straft omdat ze veel misdaden pleegden, niet omdat ze homoseksueel waren. Het is een kwestie van interpretatie: die verkrachtingen zijn maar één klein elementje dat je uit het verhaal kunt vissen.'

Toch zijn er moslims die het op die manier interpreteren. Hoe kun je dat bestrijden?

'Door mensen te leren dat ze zelf moeten nadenken, óók over religieuze teksten. Ik snap heel goed dat moslims steun en houvast hebben aan hun geloof en daarom loyaal zijn aan een geestelijk leider die een bepaalde interpretatie van de Koran geeft. Maar geloven betekent niet dat je doorlopend oogkleppen opdoet en zelf niet meer nadenkt.'

Als het niet expliciet in de Koran staat, kun jij verklaren waar die stellige anti-lhbtiq-gevoelens van sommige moslims vandaan komen?

'Het helpt niet dat moslims veel taboes en schaamte kennen. Over seksualiteit wordt überhaupt niet gesproken. Als we bij ons thuis op televisie zoenende mensen zagen, werd in paniek naar de afstandsbediening gezocht: dat moet wég, nú! Zo'n opvoeding creëert geen omgeving waarin je gemakkelijk over seksuele gevoelens praat, laat staan over seksuele gevoelens die afwijken van de norm. Familie en traditionele familiewaarden zijn belangrijk. Je moet je familie trots maken door snel te trouwen en kinderen te krijgen, want dat is de norm. Wat anderen van jou en je familie denken is belangrijker dan wat je zelf voelt.'

Wat je nu omschrijft, geldt ook in andere religieuze kringen.

'Absoluut. Een goede vriend van mij komt uit Zierikzee, die is opgegroeid in een zwaar gereformeerde omgeving. In zijn familie werkt het precies hetzelfde, ons pad in het leven vertoont opvallend veel overeenkomsten. Je bent in zo'n strenggelovige gemeenschap een minderheid; dat maakt het heel lastig om je te verdedigen.'

Toch heb je je niet van je geloof afgekeerd.

'Nee, ik ben een devoot moslim. Maar wel op mijn manier. Toen ik er net achter kwam dat ik op mannen viel, was ik boos en teleurgesteld. Maar door me goed in het onderwerp te verdiepen, ontdekte ik dat mijn geloof helemaal niet zegt dat homo's vies zijn en dood moeten: het zijn ménsen die dat soort dingen roepen. Bovendien gaat ons geloof ervan uit dat God geen fouten maakt. God heeft mij op de wereld gezet zoals ik nu ben, ik weet dat ik een goed persoon ben. Ik maak me geen zorgen over wat er na dit leven komt. Er is er maar één die over mij mag oordelen als ik er niet meer ben en dat is God. Die gedachte geeft mij enorme rust.'

Ben je weleens bedreigd?

'Ja, natuurlijk. Ik denk dat elke Marokkaans-Nederlandse homo weleens is bedreigd. Net zoals elke niet-Marokkaanse homo in Nederland weleens is bedreigd. Het gaat vaak om dreigementen via sociale media, veilig getypt achter een computer. Het zijn vaak hypocriete rotte appels die zelf alles doen wat God verboden heeft. Ik kan daar niet zoveel mee.'

Het was, mede door dat soort reacties, moeilijk om een gay van Marokkaanse komaf te vinden die mee wilde doen aan dit boek.

'De enige manier om dit onderwerp bespreekbaar te maken, is door te laten zien dat we er zijn en dat we trots zijn op wie we zijn. Toen ik jong was, hoorde ik aan alle kanten: 'Er zijn geen homo's van Marokkaanse komaf in Nederland want we zien ze niet.' Anno 2021 kan niemand dat nog zeggen: denk aan Tofik Dibi of Fahd Larhzaoui. Ik merk bij mezelf dat het misschien ook met leeftijd te maken heeft. Hoe ouder ik word, hoe minder bang ik word. Ik laat me niet meer de mond snoeren.'

Dat je homoseksualiteit afkeurt is één ding. Maar waarom zijn sommige Nederlanders van Marokkaanse komaf zo fel in het publiekelijk kenbaar maken van hun negatieve gevoelens?

'Onbekend maakt onbemind. Veel Marokkaanse Nederlanders zijn nog nooit in aanraking gekomen met lhbtiq'ers. Het enige wat zij kennen zijn negatieve vooroordelen, en daar veroordelen ze een hele groep op. Mijn moeder zag elk jaar in het NOS Journaal die ene blootboot op de Canal Pride: dat was het beeld dat zij had van homo's. Als je de kans krijgt een normaal gesprek te voeren met iemand die dat soort ideeën heeft, merk je vaak dat ze snel bijdraaien.'

Sinds Nassiri zijn stichting oprichtte, hebben veel jonge Marokkaans-Nederlandse lhbtiq'ers hem gevraagd hoe zij met hun verwarrende gevoelens om moeten gaan. Er is één belangrijk advies dat de sociaal-pedagoog als eerste geeft: maak je school af en zorg dat je je snel inschrijft voor een kamer of een woning. Bouw een financiële buffer op zodat je financieel onafhankelijk kunt zijn van je familie als de situatie dat vereist. 'Alleen die basis zorgt voor totale keuzevrijheid,' beklemtoont hij. 'Alleen op die manier kun je daadwerkelijk de keuze maken om los te komen van je familie en je eigen weg te bewandelen. Het risico bestaat namelijk altijd dat je door die keuze alles verliest. Ik snap dat als geen ander.'

Vanaf zijn achttiende woonde Nassiri op zichzelf in Gorinchem. Maar uiteindelijk was er een verhuizing naar Amsterdam voor nodig, zeventien jaar later, om écht in alle rust een eigen leven op te kunnen bouwen: 'Eindelijk kon ik een nieuwe familie creëren van vrienden en mensen die mij accepteren zoals ik ben.' Zijn trek naar de hoofdstad volgde op de coming-out voor zijn familie, een moment dat hij zo lang mogelijk voor zich uit bleef schuiven. Tot die tijd leidde Nassiri een dubbelleven. In het weekend verkende hij met een goede vriend de gayscene van Amsterdam en Rotterdam. Voor zijn familie in Gorinchem bleef hij echter een 'dodelijk vermoeiend' toneelstukje spelen, terwijl zijn moeder de ene na de andere huwbare vriendin aan hem introduceerde. Eén keer stond hij daadwerkelijk op het punt zich met een meisje te verloven; hij zag er pas op het laatste moment van af.

Herinner je je de eerste keer stappen in Amsterdam nog?

'Jazeker: we gingen naar het COC in de Rozenstraat. Daar organiseerden ze in de jaren negentig 'Arabische avonden'. We voelden ons aangesproken, dus besloten daarheen te gaan.

Maar we waren de enige twee Marokkaanse jongens, verder waren het alleen witte oudere mannen die hoopten Arabische jongens te kunnen scoren. We vonden het doodeng: we stonden tegen de muur te kijken naar wat er in de rest van de ruimte gebeurde. Het was de eerste keer dat ik me op een plek bevond met meerdere andere homo's.'

Naar welke andere clubs ging je in die tijd?

'Vooral de Exit in Amsterdam en de Gay Palace in Rotterdam. Stonden we daar opeens tussen allemaal halfnaakte homomannen, bij de ingang van de darkrooms. Ik wist niet wat me overkwam, waar ik moest kijken.'

Gaf je je over aan seks, drugs en rock-'n-roll?

'Nee, absoluut niet! Jaren later heb ik de schade wel ingehaald. Maar in het begin was ik braaf en vond ik het vooral doodeng. Soms probeerde een andere man contact te maken, maar dan bleef ik in de hoek staan en keek snel weg.'

Maar je had al ervaring met mannen in Gorinchem opgedaan. Waarom was het hier anders?

'In Gorinchem was alles kleinschalig, dat waren geen orgies! In de Exit zag ik opeens zoveel mannen bij elkaar, dat veroorzaakte een enorme error in mijn hoofd. Er waren ook andere Marokkanen, ik voelde me betrapt. Pas later bedacht ik dat we elkaar konden vertrouwen, dat juist die gedeelde angst een band schept. Maar toen waren we vooral bang gezien te worden door andere Marokkanen. Het ging zelfs zo ver dat we niet in de rij durfden te gaan staan, uit angst gezien te worden. We gingen van een afstandje staan kijken tot de hele rij voor de Exit weg was en pas daarna liepen we naar de ingang, zodat we meteen door konden lopen. Je wringt je doorlopend in allerlei rare bochten om er maar voor te zorgen dat je Grote Geheim niet uitkomt. Je probeert dag in dag uit alle ballen hoog te houden: om dat te doen lieg je tegen anderen en bedrieg je jezelf.'

Zelfs een jarenlange relatie wist Nassiri op deze manier voor zijn familie verborgen te houden. Er kwamen wel vragen toen de twee mannen samen op vakantie gingen, maar uiteindelijk nam zijn moeder genoegen met de uitleg dat het om een 'gewone vriend' ging; alle vakantiefoto's waar ze te dicht naast elkaar stonden, hield hij bewust achter. Als hij bij zijn vriend bleef slapen, vertelde hij zijn familie dat hij weer een nachtdienst moest draaien ('de sociale controle binnen een Marokkaans gezin is heel groot, ook als je niet meer thuis woont').

De zwaarbelaste puberteit en meer dan tien jaar verstoppertje spelen eisten uiteindelijk wel hun tol: in 2009 volgde een hevige burn-out. Maandenlang kwam Nassiri zijn bed nauwelijks uit. Hij dacht niet meer helder na en durfde niet meer naar buiten te gaan, uit angst dat mensen aan hem zouden zien dat hij homo was. Op dat moment zag de dertiger nog maar één uitweg.

Ergens op een vrijdag, begin 2010, stond hij in zijn keuken bij het aanrecht. In zijn hand had hij een glas met water en genoeg pillen om zijn leven te beëindigen. Hij zag opeens heel helder dat er maar twee opties waren: er voorgoed mee stoppen of definitief voor zichzelf kiezen. Het werd het tweede.

'Het was een soort klap van boven, een flashback waarin mijn hele leven in een paar seconden aan me voorbijflitste. Er ontstond paniek, maar het was tegelijkertijd de ultieme wake-upcall. Ik werd wakker geschud: opeens leek ik te beseffen wat de gevolgen zouden zijn als ik nu die pillen in zou nemen.'

Tien jaar later vindt hij het zichtbaar nog moeilijk om over dit moment te praten. 'Ik weet niet wat er boven allemaal gebeurt, maar ik geloof oprecht dat het divine intervention was. Ik was nog niet klaar met het leven.'

Hij besloot twee familieleden eindelijk de waarheid te vertellen. Nassiri stapte in de auto en reed op zijn laatste krachten naar zijn zus die in België woonde. Hij vertelde haar hoe slecht het met hem ging én dat hij op mannen viel. Zijn zus schrok, maar reageerde op zijn coming-out met: 'Is dat alles?' En zijn broer zei: 'Dat wisten we al, omdat je in de auto altijd handcrème bij je hebt.' Aan de ene kant was het fijn, maar het bracht me ook in verwarring. Ik had zo'n reactie totaal niet verwacht. Er overheerste vooral weer schaamte, omdat ik het besluit zo lang voor mij had uitgeschoven terwijl dat blijkbaar niet nodig was geweest.'

Een gesprek met zijn moeder over zijn geaardheid heeft de sociaal pedagoog overigens nooit gehad. Waarschijnlijk wist ze het allang, suggereert hij. 'De meeste moeders hebben uitstekende voelsprieten, natúúrlijk merken die in de loop der jaren dat hun kind gay is.' Achteraf beschouwd maakte ze wel erg veel opmerkingen als Jos Brink of Paul de Leeuw op televisie waren. 'Ze vond het ontzettend leuke programma's, maar toch riep ze altijd dat ze zich moesten schamen omdat het vieze mannen waren.' Zijn moeder verbrak alle contact vlak na zijn 'wake-upcall', de directe aanleiding was dat ze haar zoon met een andere man in een auto zou hebben zien zitten. 'Ik ging gelijk aan mezelf twijfelen, want ik wist echt niet waar ze het over had. Blijkbaar zocht ze een stok om mij mee te slaan; sindsdien hebben we niet meer met elkaar gesproken. Het is verschrikkelijk als je niet eens de kans krijgt om iets uit te leggen of om je te verdedigen. Je leert ermee leven dat je moeder je niet meer wil zien of spreken. Maar het went nooit: ik ga ermee naar bed en ik word ermee wakker.'

Ondanks deze tegenslag zette Nassiri zijn 'wedergeboorte' voort. Het kostte hem bijna drie jaar therapie om met zichzelf in het reine te komen. Een mijlpaal was het meevaren met de Marokkaanse boot door de Amsterdamse grachten tijdens de Canal Pride in augustus 2014. Hij had zich opgegeven om mee te gaan maar vlak voordat het feest begon, kwam er toch weer die twijfel: wat nou als iemand me herkent? Hij zette zich over die angst heen. Achteraf ziet hij dat specifieke moment als de afronding van zijn volledige zelfacceptatie. 'Het gaf een enorme boost dat ik die stap had gezet. "Nu ga ik het anders aanpakken, het is eindelijk tijd om voor mezelf te leven," zei ik hardop toen ik van de boot afstapte.'

Opeens openden zich deuren in zijn leven die voorheen gesloten waren gebleven. Hij richtte de stichting Pink Marrakech op om mannen en vrouwen te helpen die met dezelfde twijfels rondliepen die hem vijfentwintig jaar van zijn leven hadden gekost. Kort daarvoor ontmoette Nassiri een nieuwe partner. 'We kwamen elkaar tegen bij een festival, het was liefde op het eerste gezicht. Echt: boem, pats! Het was een gevoel dat ik nooit eerder had ervaren, ook niet bij mijn vorige partners. Ik dacht: o, dit is dus wat ze bedoelen met echte liefde. Dat alles in één keer klopt, zonder enige twijfel. Alsof ik er eindelijk voor openstond om mezelf zulke gevoelens te gunnen.'

Dat Nassiri op mannen viel was voor de meeste broers en zussen nog wel te verkroppen. Maar het ging een brug te ver dat hij vervolgens naar buiten trad als een 'boegbeeld' van de Marokkaans-Nederlandse homogemeenschap en meewerkte aan de NTR-serie *Familie, geloof en hoop*. Hij heeft nu alleen nog contact met zijn oudste zus en een broer – de banden met de laatste werden recent aangehaald. 'Ik sta altijd open voor een gesprek, met iedereen. Maar er zijn twee partijen nodig voor een conversatie, je hebt het niet alleen in de hand. Dus heb ik het maar losgelaten.'

Wat zou je tegen je moeder willen zeggen als ze nu belde?

'Ik vind het vooral zo zonde van alle gemiste kansen, er zijn uiteindelijk alleen maar verliezers. Ik was lang boos, nu niet meer. Ik heb nog steeds veel respect voor haar en voor wat zij in haar leven heeft klaargespeeld. Dat ze in haar eentje een heel nieuw bestaan heeft opgebouwd om ons een betere toekomst te geven. De band tussen moeder en zoon blijft altijd sterk, ook als je elkaar niet meer ziet. Ik zou graag bepaalde dingen willen snappen. Waarom vindt ze het, na al die jaren, nog steeds belangrijker wat haar omgeving vindt of denkt dan wat haar eigen kind voelt en ervaart?'

Jullie strijd vertoont veel overeenkomsten. Je zou denken dat ze heel goed kan begrijpen wat je hebt doorgemaakt tijdens je worsteling.

'Misschien is ze wel klaar met strijden, heeft ze geen energie meer om dat laatste obstakel te slechten. Ze heeft haar hele leven als een leeuwin voor ons gevochten. En met succes: we zijn allemaal goed terechtgekomen. Ik kan me voorstellen hoe moeilijk het was toen we allemaal uitvlogen en zij de controle over haar kinderen en daardoor de structuur in haar leven verloor.'

Je bent nu zesenveertig. Zie je concreet vooruitgang in de acceptatie van lhbtiq'ers door Marokkaanse Nederlanders?

'Ja, ik zie daadwerkelijk een verbetering. Veel moslims staan achter het doel van Pink Marrakech en juichen meer openheid over dit soort onderwerpen toe. Het is echter frustrerend dat dat soort verhalen nauwelijks in de media terechtkomen, terwijl elk exces breed wordt uitgemeten. Daardoor ontstaat misschien het beeld dat er weinig verandert. Er zijn recent vijf gesluierde moeders met hun zoon bij een evenement van Pink Marrakech geweest. Dat had ik bij de oprichting niet durven voorspellen. Op persoonlijk vlak ben ik heel blij dat mijn neefje van drieëntwintig uit de kast is gekomen. Hij kwam al op jonge leeftijd thuis met Barbie en My Little Pony. Toen onze moeder daar kritiek op uitte, reageerde mijn broer heel tof: 'Als mijn zoon met poppen wil spelen in plaats van auto's, dan mag hij dat.' Zo'n schijnbaar klein signaal kan al heel veel in beweging zetten. Nu is hij heel gelukkig met een leuke vriend, die hij mee naar huis neemt. Als zíjn vriend, niet als een vriend. En niemand doet daar vreemd over. Dat soort positieve verhalen stemmen mij bijzonder hoopvol over de toekomst.'

‘Liefde is soms een oefening om je ego aan de kant te zetten’

KIRSTEN VAN TEIJN

Cabaretier Kirsten van Teijn dacht lang dat er niet méér bestond dan het heteronormatieve huisje-boompje-beestje. Toen ze uit het niets verliefd werd op een vrouw, bood haar vriend alle ruimte om die nieuwe gevoelens te verkennen. Inmiddels heeft Kirsten al vier jaar een vriend én een vriendin.

~

Een braaf, bleu hockeymeisje. Zo omschrijft cabaretier Kirsten van Teijn (1989) zichzelf gedurende haar puberteit. De tiener bracht haar jeugd door in een fijn maar bovenal gewoon gezin in – zoals ze het zelf omschrijft – hetero-minded Heiloo in Noord-Holland. Zowel thuis als op school kreeg Kirsten traditionele rolpatronen mee: als vrouw word je geacht binnen niet al te lange tijd een man te vinden, een huis te kopen en een gezin te stichten.

Pas op haar zeventiende, toen ze verhuisde naar Amsterdam, leerde ze voor het eerst dat er meer in de wereld was dan heteroseksuelen. ‘In mijn omgeving kende ik niemand die zo was en op school werd er niet over gepraat,’ herinnert de cabaretier zich. ‘Misschien dat het lag aan Noord-Holland, waar we het liefst een deksel doen op alles wat anders is en afwijkt van de norm. Iedereen die ik van vroeger ken en die gay bleek te zijn, kwam pas rond zijn vijfentwintigste uit de kast. Ik benijd de tieners van nu: kinderen van dertien, veertien weten al precies wie of wat ze zijn en waar ze voor staan. Ik was zo graag net zo vrij geweest op die leeftijd, ik had mijzelf wat meer willen laten verwonderen en verrassen. In plaats daarvan was ik altijd de grote observator, zat aan de kant en keek hoe leuk anderen het hadden. Ik werd het meisje met de coltrui genoemd; ik vond het erg lastig me te uiten.'

Haar eerste wankele stappen uit haar vertrouwde maar benauwde bubbel zette Kirsten op haar achttiende, toen ze besloot naar de vooropleiding Theater en daarna de Koningstheateracademie in Den Bosch te gaan. Terwijl de twintiger haar eerste theatervoorstelling maakt, *Heilloos*, ontmoette ze op Theaterfestival Broadway op Texel de twee jaar oudere sounddesigner en sociaal werker Jelle.

'Hij was anders dan de "hockeyballen" waar ik in mijn puberteit op viel, ik noem hem in de voorstelling mijn Friese Viking.'

Hun relatie is in alle opzichten voorbeeldig te noemen; met plannen voor de koop van een huis legt het koppel het fundament voor een geslaagd heteronormatief leven.

Het is augustus 2016 en Kirsten van Teijn speelt elf dagen lang try-outs van haar tweede voorstelling *Zalf* op Theaterfestival Boulevard in Den Bosch. Bibi, een vijf jaar jongere medestudente van de Koningstheateracademie, was aangewezen als productieassistent; zij regelde alle 'randvoorwaarden', zodat Kirsten vijf keer per dag haar voorstelling kon spelen. Bibi is, aldus Kirsten, een superenergieke spring-in-'t-veld met een engelachtige verschijning waar iedereen meteen 'verliefd' op werd, zo ook haar muzikant en technici. Op de eindborrel na vijfenvijftig voorstellingen keek de cabaretière haar productieassistente aan en gebeurde er iets wat niemand had verwacht.

‘Het was zo’n moment waarop je in een cartoon een bliksemschicht ziet inslaan,’ omschrijft ze de openbaring vier jaar later. ‘Ik probeerde het gevoel te blokken, maar het was al te laat. Jelle zat naast me en zag het gebeuren. Hij had het bijna eerder door dan ik en zei: “Volgens mij ben je hartstikke verliefd op haar.” Ik was totaal in de war. Dit hoorde niet, dit kon niet.’

Had je nooit eerder gevoelens voor een vrouw gehad?

‘Nooit. En ik was ook nooit “bi-schierig” geweest, wat ik trouwens een vreselijk woord vind. Dat is het label dat er op je wordt geplakt als je vertelt dat je opeens ook gevoelens voor een vrouw hebt: het is een fase, het gaat wel weer over.’

Voelde Jelle zich geen moment bedreigd?

‘We hadden al een paar jaar een ontzettend goede relatie. Hij reageerde heel open en liefdevol: als dit iets is wat je moet verkennen, doe dat vooral. Ik denk ook dat hij het een spannende gedachte vond, wat er zou kunnen gebeuren als hij mij de vrijheid bood. Al bleek al snel dat hij in dat opzicht bedrogen uit zou komen.’

Hadden jullie een open relatie?

‘Nee, nooit gehad, ook nu nog niet. We hadden het wel besproken natuurlijk: hoe we zouden reageren als zo’n situatie zich zou voordoen. Maar dat was nog nooit gebeurd.’

In je nieuwe voorstelling (S)experiment *vertel je dat je familie veel slechte ervaringen heeft met mensen die hun gevoelens onderdrukken of geheimhouden.*

‘Mijn opa had dertig jaar lang een dubbelleven met een andere vrouw; hij moest voor zijn werk vaak op reis en nam al die tijd Truus mee, terwijl oma thuiszat met de kinderen. Ik heb nooit begrepen hoe hij dat al die tijd verborgen heeft weten te houden. Toen mijn oma erachter kwam is hij verbannen uit de familie. Ik was toen drie jaar oud en heb mijn opa nooit gekend. Ik ben opgevoed met het idee dat alle mannen onbetrouwbaar zijn. Jelle heeft dicht in zijn omgeving meegemaakt dat iemand stierf en homo bleek te zijn.'

Uiteindelijk zetten Kirsten, Jelle en Bibi gezamenlijk koers naar het 35 vierkante meter grote flatje van het vaste koppel. Zodra het trio in de flat aankwam, trok Bibi haar nieuwe verovering mee de slaapkamer in. Bibi gooide de deur dicht en Jelle bleef alleen achter op de bank. 'Ik wist niet wat ik met de situatie aan moest en heb mij volledig door haar laten overdonderen. Ik had zelf nooit het initiatief durven nemen, het was mijn allereerste ervaring met een vrouw ooit.'

Veel mannen zullen zich afvragen of Jelle niet gewoon mee mocht doen.

'Nee, want Bibi valt niet op mannen en voelde zich daarom fysiek niet tot hem aangetrokken. Ik was overrompeld door alles: haar ogen, dat onweerstaanbare vuur-en-vlamgevoel. Ik durfde het geen verliefdheid te noemen, maar ik was volledig door haar bevangen. Ik zag een knettermooie vrouw die zich aan mij overgaf en ik dacht alleen maar: wat gebeurt hier?'

Waarom ging Jelle niet weg?

'Het was ons huis. Waar had hij heen moeten gaan? Ze zijn gewisseld van positie: die nacht sliep ik naast hem in het bed, terwijl zij op de bank lag.'

Was hij niet boos, gepikeerd, gekwetst?

'Nee: Jelle is zonder enige twijfel de held van dit verhaal. Hij was natuurlijk overdonderd en vond het ook best een beetje spannend allemaal, maar hij was geen moment boos of jaloers. Hij stond 's ochtends op en ging ontbijt voor ons halen. Aan Bibi vroeg hij: "Je eet toch wel mee?" Bij de croissantjes bespraken we de situatie en hoe we daarmee om moesten gaan.'

Hoe wist je zeker dat het geen onenightstand was?

'Bibi en ik hadden elf dagen lang zeer intensief samengewerkt. We hadden in die korte periode samen al heel veel meegemaakt; dit was geen onenightstand, we hadden al iets opgebouwd samen. Anders had die nacht wat mij betreft ook nooit plaats kunnen vinden.'

Hoe voelde jij je na die nacht?

'Ik was compleet van het padje. Ik was opgegroeid met een zorgvuldig geconstrueerd heteroplaatje, en daar paste een wilde nacht met een vrouw terwijl ik in een bijzonder fijne monogame relatie met een man zat totaal niet in. Ik was vooral bang: bang voor wat mensen van mij gingen vinden als ze dit hoorden. Ik was bang voor mijn carrière, die net was begonnen. Ik was alleen maar bezig met de buitenwereld: dit mocht niemand ooit te weten komen. Ik heb daarom contracten opgesteld, voor Jelle en Bibi. In de contracten stond dat deze nacht tussen ons drieën moest blijven, wat er ook gebeurde. Zij moesten allebei tekenen. We hebben die papieren verstopt in een zwart konijn. Dat staat nog altijd in de woonkamer.'

En, hielpen die contracten?

'We hebben het daarna ruim drie jaar verborgen gehouden voor de buitenwereld.'

In de maanden die volgden, probeerden alle betrokkenen in de driehoeksverhouding uit te dokteren hoe zij zich tot de situatie verhielden. Vooral Kirsten wist niet goed wat ze met de situatie aan moest. Meerdere malen verbrak ze alle contact met Bibi om de nieuwe liefde uit haar hoofd en lijf te verbannen. Maar ze werd letterlijk ziek van het missen van Bibi – en Jelle zat met een vriendin met liefdesverdriet. Hij bleef op zijn beurt bij zijn standpunt dat Kirsten zelf moest uitzoeken wat zij met haar verwarrende gevoelens wilde doen.

Het blijft bijzonder dat Jelle je die ruimte bood.

'Ik heb me vaak afgevraagd of ik hem ook die vrijheid en

die ruimte zou kunnen geven als hij daarom vroeg. Ik zou heel graag "ja" willen zeggen, maar ik weet het antwoord oprecht niet. Liefde is soms een oefening om je ego aan de kant te zetten. Als zich een situatie aandient die je niet had verwacht, loop dan niet meteen boos weg maar ga het gesprek en de confrontatie aan en zie waar je samen uitkomt.'

Heb je ooit overwogen gewoon weg te gaan bij Jelle en met Bibi verder te gaan?

'Nee. Ik wist vanaf de eerste seconde dat ik niets miste in mijn relatie met Jelle. Ik werd intens verdrietig van de gedachte dat ik bij hem weg zou moeten. Ik wist – en weet nog steeds – tot in het diepst van mijn zijn dat ik met hem oud wil worden. Dat Bibi er opeens bij is gekomen, doet daar niets aan af. En dat gevoel had en heeft hij op zijn beurt ook. Hij wist zeker dat het geen bevlieging was, dat wat ik met Bibi had méér was dan een onenightstand. Hij was alleen bang voor de situatie waarin we mijn gevoelens voor Bibi een officiële relatie zouden gaan noemen en hij dat aan zijn omgeving en ouders zou moeten uitleggen.'

Wanneer en hoe hebben jullie de knoop doorgehakt en spraken jullie van twee relaties?

'Zolang niemand het wist, hoefde ik me alleen maar tot Jelle en Bibi te verhouden. Na een halfjaar zei Bibi echter: je moet kiezen. Ik kon voor mezelf niet accepteren dat er andere opties waren dan één relatie met twéé personen. Tot ik een gesprek had met Nina de la Croix, die samen met acteur Rick Paul van Mulligen en zijn man twee kinderen heeft. Zij gaf mij nieuwe inzichten: waarom zou ik zo bang zijn voor een onconventionele relatievorm? Het gaat er bovenal om dat de mensen die erbij betrokken zijn er vrede mee hebben. Wat de buitenwereld denkt of vindt, is van ondergeschikt belang. Waarom zou je moeten kiezen? Dat was een enorme eyeopener voor mij.'

Waar leidde dat inzicht toe?

'Bibi belde me op en zei: we moeten praten. Het heeft geen zin dit te ontkennen, ik bén er gewoon. Wij zijn er, dit bestáát. Dat moeten we gaan erkennen, mits Jelle het ermee eens is.' Sinds dat moment heeft Kirsten twee relaties. Met Jelle woont ze samen, bij hem komt ze thuis en zit ze 's avonds op de bank. Bibi woont in Brussel, wil geen geliefde om mee op de bank te zitten, maar reist de hele wereld over om voorstellingen te maken; de twee vrouwen zien elkaar met enige regelmaat en gaan samen op vakantie. Beide relaties zijn monogaam en alle drie zijn gelukkig met deze constructie. 'Jij hebt zoveel liefde te geven,' vat Bibi de situatie vaak samen.

Heel bijzonder vond Kirsten het eerste moment in het openbaar tijdens de release van haar album en fotografieboek, waarbij Bibi en Jelle als haar vriendin en vriend naast haar stonden.

De twee relaties zijn totaal verschillend, en beide partners van Kirsten zijn ook niet jaloers op wat zij met de andere partner heeft. Bibi en Jelle gaan uitstekend met elkaar om, mits met mate. Het drietal heeft geen gezamenlijk appgroepje; er is niets dat Bibi en Jelle bindt, behalve hun gezamenlijke partner.

'Er is een periode geweest dat we heel veel met z'n drieën in één huis zaten,' vertelt Kirsten. 'Dat voelde niet gezond, voor niemand. Ik wist zelf ook niet goed hoe ik daarmee om moest gaan. Ik voelde me meer een manager: als ik met de een op de bank een film had gekeken, voelde ik me verplicht om ter compensatie naast de ander te slapen. Ik ben iemand die onrustig wordt als niet iedereen het naar zijn zin heeft. Ik verdeelde me over mijn twee partners, maar vroeg me tegelijkertijd af waar mijn eigen procentje was gebleven: soms wil ik even alléén op de bank zitten. Ik heb geleerd mijn grenzen aan te geven, en zij ook trouwens.'

Het lijkt ons een voortdurende zoektocht.

'Ja, bijna dagelijks. Zo'n constructie als deze gaat niet vanzelf. Ik voel me soms verscheurd tussen twee liefdes, maar ik weet ook dat het niet zou werken als ik ga ontkennen wat ik voor Bibi voel. Het is geen driehoeksrelatie, het is meer een spagaatrelatie. Ik kan me ook niet voorstellen hoe mensen dat doen die echt met z'n drieën een relatie hebben. Ik moet er bijvoorbeeld niet aan denken met twee liefdes tegelijkertijd op vakantie te gaan.'

Zijn er bepaalde regels waar iedereen zich aan moet houden om deze spagaatrelatie te laten werken?

'We hebben vanaf de eerste seconde met elkaar afgesproken dat we alles tegen elkaar zeggen. Als je dat niet doet, gaan dingen scheeflopen. Je loopt natuurlijk tegen duizend dingen aan waar je een oplossing voor moet vinden. Maar dat is in 'gewone' relaties ook zo. Ik was bang dat er iets zou veranderen als de eerste spetterende verliefdheid voor Bibi zou verdwijnen, zoals dat in elke relatie gaat. Maar dat was niet het geval.'

Ben jij de baas in deze constructie? Voel je je de winnaar? Jij hebt er twee, zij hebben er maar één.

'Ik voel me vooral enorm blessed dat twee mensen zoveel van mij houden. Maar nee, ik voel me niet de baas. Ik kan alleen in deze positie zitten omdat zij het allebei toestaan.'

Bibi was de eerste vrouw met wie jij seks had. Heb je nooit de behoefte gevoeld om die kant van jezelf verder te gaan verkennen, meer ervaring op te doen?

'Veel mensen denken dat je leven heel wild is als je twee partners hebt. Maar binnen onze relaties zijn we eigenlijk heel braaf en burgerlijk. Ik ben niet iemand die spanning op dat gebied nodig heeft en opzoekt, dat doe ik al in mijn werk op het podium. Ik heb geen enkele behoefte aan een andere vrouw dan Bibi, net zoals ik geen enkele behoefte heb aan een andere man dan Jelle. Ik merk het nu trouwens wel als vrouwen met me flirten, maar ik vind het vooral ongemakkelijk. Ik stond twee jaar geleden tijdens de Pride op de "lesboot"; ik voelde me een prooi voor al die vrouwen die zich bijna op ons wierpen. Ik word daar onzeker van. Ik vind de gayscene nog een beetje spannend, als ik eerlijk ben.'

Mogen we je polyamoreus noemen?

'Nee, wat een vreselijke term, nee! Zo voelt het ook helemaal niet. We moeten sowieso af van die behoefte om iedereen maar altijd te labelen. Mensen die zichzelf polyamoreus noemen zijn meestal heel bewust op zoek naar andere geliefden, net zoals mensen die een open relatie hebben. Ik heb natuurlijk wel iemand extra toegelaten in mijn relatie met Jelle, maar ik ben er nooit naar op zoek geweest. En nog steeds niet. Na de eerste try-outs van mijn voorstelling kwamen er ook polyamorieclubs naar me toe met visitekaartjes: neem vooral contact met ons op, je hoort bij ons! Begrijp me niet verkeerd, ik vind het fantastisch dat er clubs zijn die ethische non-monogamie bepleiten en verdedigen, maar ik voel daar zelf niets voor. Waarom willen mensen je toch zo graag in een hokje duwen?'

Kirsten moest veel angsten overwinnen om daadwerkelijk een theatervoorstelling te maken over haar bijzondere spagaatrelatie. Haar regisseur stelde het twee jaar geleden al voor, maar toen was ze er nog niet klaar voor. Het voelt als een grote stap om zo publiekelijk naar buiten te treden met haar verhaal. Tegelijkertijd is de cabaretière blij dat zij het heeft gedaan: haar ervaringen maken ontzettend veel reacties los. Elke avond wordt Kirsten in de foyer aangesproken door jongeren die zo blij zijn dat zij de worsteling verwoordt die zij ook doormaken. Een eerste radio-interview over de show in het NPO-nachtprogramma *'t Wordt nu laat* leidde tot een stortvloed aan mailtjes.

Je bent nu eenendertig. Denk je weleens aan de toekomst: wil je trouwen, kinderen krijgen?

'Dat wil ik tot nu toe nog niet; er kriebelt nog niets. En Jelle en Bibi willen het ook niet, op dit moment. Maar dat betekent natuurlijk niet dat dat gevoel niet nog kan komen. Dat is de vraag die mensen het meeste stellen, naast de vraag of we écht niet een keer een trio hebben gehad in bed: hoe gaat dit nou verder in de toekomst? Maar waarom zou ik me daar nu druk over maken? Het gaat op dit moment goed voor ons alle drie, we zijn vooral met onze carrières bezig. We hebben stap voor stap ontdekt hoe we deze relatieconstructie aan willen pakken, en zo zullen we dat ook blijven doen.'

Hoe reageerden je ouders op het nieuws dat zij er naast een schoonzoon ook een schoondochter bij kregen?

'Mijn ouders schrokken wel een beetje. 'Heb je haar weer met die rare fratsen; eerst naar de toneelschool en nu dit.' Ze vinden dat ik mijn ding moet doen, maar hoeven er verder niet de ins en outs van te weten. We hebben het er na het eerste gesprek niet meer over gehad, en er wordt ook nooit naar gevraagd. En dat is prima. Ik wil mijn kaders aan niemand opleggen, maar ik denk wel dat de oudere generaties veel kunnen leren van de open manier van denken van de jeugd van nu. Waarom is twee de norm, waarom is hetero de norm? Rek die hersenpan eens een beetje op, ga op zoek naar wat voor jou het beste werkt. Ik vind het heel tof dat de meest kleurrijke mensen en veel jongeren naar *(S)experiment* komen kijken met hun ouders om te laten zien wat hen bezighoudt: dít ben ik, híér worstel ik mee! Het is zo'n hoopvolle gedachte dat de tieners van nu veel opener en fluïde durven te denken dan wij vijftien jaar geleden. De generatie van onze grootouders deed alles stiekem, de generatie van onze ouders ligt massaal in scheiding. En nu zijn wij aan de beurt: hoe gaan wij de liefde vormgeven in de eenentwintigste eeuw?'

Pim Lammers (1993) schrijft voor kinderen en volwassenen. In 2017 debuteerde hij met Het lammetje dat een varken is, *het eerste Nederlandse transgenderprentenboek. Hiervoor ontving hij een Zilveren Griffel.*

Twee mannen kunnen geen kinderen krijgen

PIM LAMMERS

'Nu is alles precies zoals het moet zijn.'

Het is twee jaar geleden en ik lees voor het eerst voor op een basisschool. De klas kijkt aandachtig naar de laatste illustratie van het boek – de boer en de dierenarts, knuffelend op een picknickkleed.

'Ze zijn verliefd!' roept een meisje dat goed heeft opgelet.

'Ze zijn homo!' roept een jongen die al veel van de wereld weet.

'Klopt,' zeg ik. 'Het zijn twee mannen die verliefd op elkaar zijn.'

De kinderen giechelen.

'Vinden jullie dat gek?' vraag ik.

Een paar kinderen schudden hun hoofd en het meisje naast me zegt trots: 'Ik heb twee ooms!' Maar één jongetje roept luid door de klas: 'Ja, dat is gek!'

'Waarom vind je dat?'

'Omdat twee mannen geen kinderen kunnen krijgen.'

Ik heb net *De boer en de dierenarts* voorgelezen, mijn prentenboek over een boer die verliefd wordt op de dierenarts. Hij is te verlegen, maar gelukkig zorgen zijn dieren ervoor dat de twee mannen bij elkaar komen.

Er is iets geks aan de hand in de kinderliteratuur: zodra het gaat over liefde tussen een man en een vrouw, dan is het iets wat we aan kinderen moeten leren en wat we moeten vieren in kinderboeken. Maar gaat het over liefde tussen twee mannen of twee vrouwen, dan zijn kinderen daar ineens 'te jong voor' en 'nog helemaal niet mee bezig'. Na verloop van tijd, als ik vaker op scholen ben geweest, weet ik precies hoe ik met een klas moet praten. Maar tijdens mijn eerste schoolbezoek heb ik geen idee wat ik moet zeggen.

Twee mannen kunnen geen kinderen krijgen – ergens heeft hij gelijk. Ik word gered door het meisje naast me.

'Jawel hoor!' roept ze. 'Twee mannen kunnen adopteren!'

Ik knik. 'Dat ga ik later ook doen. Mijn vriend en ik willen het liefst tien kinderen adopteren!'

De klas lacht, en ik ben opgelucht. Maar dan zie ik dat het jongetje me met gefronste wenkbrauwen aan blijft kijken.

Het is belangrijk dat we kinderen al op jonge leeftijd laten zien hoe divers de wereld én de liefde is. Boeken kunnen kinderen een thuis bieden en helpen bij de zoektocht naar hun identiteit. Bedenk maar eens hoeveel makkelijker je coming-out zou zijn geweest als je ouders vroeger verhalen hadden voorgelezen over twee verliefde mannen of twee verliefde vrouwen.

De kinderliteratuur is ook ideaal om onwetendheid en vooroordelen tegen te gaan: wat kinderen op jonge leeftijd lezen, nemen ze mee voor de rest van hun leven. Vaak moeten kinderen eerst nog een beetje giechelen, maar na het voorlezen, vinden ze het helemaal 'normaal'. Behalve dan dat jongetje van mijn allereerste klassenbezoek.

'Vind je het nog steeds gek?' vraag ik.

Hij knikt.

'Maar waarom dan?' Ik ben een beetje bang voor zijn antwoord: zal hij blijven volhouden dat twee mannen niet verliefd op elkaar kunnen worden? Zal hij zeggen dat het vies is? Dat het een ziekte is?

'Tien kinderen is veel te veel!' roept hij. 'Hoe moeten al die kinderen heten? Jullie moeten gewoon twee kinderen nemen. Dát is normaal.'

Ons gesprek gaat nog even verder – over homovaders, over lesbische moeders, over verliefd zijn en ook nog even over de boer en de dierenarts: gaan zij ook tien kinderen adopteren? Of houden ze het 'gewoon' bij twee?

Het is mooi om te zien dat de kinderen van één gesprek al veel leren. Van mij, van het boek en natuurlijk van elkaar. Maar ik leer ook van hen: na afloop bedenken ze de mooiste namen voor mijn toekomstige tien kinderen.

‘Ik wil niet meewerken aan een boek met alleen maar succeshomo’s erin’

SIMON(E) VAN SAARLOOS

Filosoof Simon(e) van Saarloos bevraagt de wereld. En dat moet je breed zien. Wie heeft er baat bij het homohuwelijk? Op welke manier word je buitengesloten wanneer je geen monogame relatie hebt? Waarom wek je wantrouwen als je met “they” of “them” wilt worden aangesproken? De filosoof, denker, vragensteller, auteur, performer en activist aan het woord. ‘Het homohuwelijk, daar heb ik een enorme haat-liefdeverhouding mee.’

Ze is een buitenissig denker: waar wij antwoorden denken te hebben, lijken haar vragen pas te beginnen. Dus kom maar op met je gedachten vroegen we haar, vertel ons hoe jij de gay wereld ziet. Wel kostte het enige overredingskracht om Simon(e) te overtuigen mee te werken, dus wanneer we eenmaal in de studio van haar partner in de Amsterdamse Spaarndammerbuurt aan de thee zitten, ontglipt ons de verzuchting:

We zijn blij dat je mee wilt doen.

‘Nou ja, jullie waren ook echt volhardend. Ha, nee hoor. Dit is normaal voor mij. Het is niet zo dat ik bij anderen niet weigerachtig doe. Ik heb de gewoonte om ergens eerst heel veel nee tegen te zeggen.’

Is dat omdat je anders te veel aanvragen krijgt of omdat je je niet overal mee wilt associëren?

'Dat laatste.'

Het is niet het persoonlijke, niet hoe anderen leven en zich voelen, waar Simon(e) van Saarloos (1990) zich op richt. Zij kijkt naar de systemen, naar de wetten en de maatschappelijke structuren. Wie heeft er toegang tot huiseigenaarschap? In welke zin heeft iemands seksuele gedrag invloed op zijn of haar materiële succes? Wie kan aanspraak maken op erfrecht? Wat betekent het huwelijk, in welke zin institutionaliseer je daarmee de liefde?

Ze zet vraagtekens, dat is wat ze doet. Een 'denkbeest' is ze wel genoemd, iemand bij wie 'altijd iets op het spel' staat. Haken zet ze ook. Haar voornaam schrijft ze als Simon(e), met de 'e' tussen parenthesen om de gendernormen te bevragen. Het kan Simone zijn, maar ook Simon. In ons gesprek gebruikt ze bovendien hen/hun en zij/haar door elkaar om naar zichzelf te verwijzen – wij schrijven enkel 'haar' en 'zij'.

Een filosoof, een schrijver. Geboren in Summit, New Jersey in de Verenigde Staten. Ze pendelt tussen New York en Amsterdam. Tussen 2013 en 2015 schreef ze drie keer per week een column in *nrc.next*, totdat ze zich afvroeg of ze wel het juiste publiek bereikte.

In 2015 verscheen *Het monogame drama*, haar pamflet voor pluriforme verbintenissen en multi-intimiteit. Later publiceerde ze de roman *De vrouw die* en het rechtbankverslag *Enz. Het Wildersproces*. In 2019 verscheen haar essay *Herdenken herdacht* geïnspireerd door – onder meer – de onzichtbare geschiedenis van homo's en queers.

We gaan nog even door.

Simon(e) speelde rugby ('ze was superagressief,' aldus de captain over haar), werkte op zaterdag in De Condomerie en studeerde filosofie en literatuurwetenschappen aan de Universiteit van Amsterdam en de New School in New York. Met schrijver Niña Weijers organiseerde ze *De seksistische talkshow*, en ze schreef stukken voor *De Correspondent*, zoals: 'Welkom in Queertopia, waar heteroseksualiteit een fetisj is'. In 2020 gaf ze gastcolleges aan de University of the Underground over 'queer grief' en 'anal terror'. En Simon(e) van Saarloos was de jongste VPRO-*Zomergast* ooit. Ze was toen vijfentwintig, nu is ze dertig.

Nadat ze de namen van de andere geïnterviewden had gehoord, besloot ze mee te werken aan dit boek. 'Ik wil niet meewerken aan een boek met alleen maar succeshomo's erin.'

Dat hoeft ook niet, wij willen zoveel mogelijk kanten van de 'niet-heterowereld' laten zien en voegen dus graag haar kritiek en haar andere gedachten toe, waarmee dit gesprek op zeker metaniveau terechtkomt waarin ze zich thuis lijkt te voelen.

Was je bang dat we alleen maar 'succeshomo's' hebben gesproken?

'Nee hoor, ik ben niet bang. Of nou ja, ik ben bang voor van alles, maar niet daarvoor. Ik zat gewoon na te denken. Als je voor dit boek wordt gevraagd moet je toch een bepaalde zichtbaarheid hebben. Het is al snel een bepaalde klasse van mensen die, denk ik, hun homoseksualiteit als een soort privé kunnen beschouwen. Zolang je er opvallend mee naar buiten treedt en er een statement van maakt, wordt het op een bepaalde manier als normaal gezien. Maar wat betekent het om die zichtbaarheid niet te hebben? De dwang van zichtbaarheid hangt weer erg samen met de koloniale structuur, en het christendom dat daaraan ten grondslag ligt. Toen het Westen landen ging koloniseren, begrepen we totaal niet hoe zogenaamde anderen hun intimiteit beleven. Wie zijn de ouders? Hoe kunnen ze meerdere partners hebben? Het was anders dan het nucleaire gezin met twee heteroseksuele cisgender ouders.' (Cisgender, verheldert ze, is 'het geslacht dat je bij je geboorte krijgt toegewezen'.) 'En omdat we het niet snapten hebben we monogamie opgelegd. Het huwelijk is op grond van die gedachte geïnstalleerd.

Die controle is er nog steeds. Als je gendervoornaamwoorden wilt mixen, als je aangesproken wilt worden met "they" en "them", met "hen" en "hun" of "die" en "diens", dan roep je automatisch wantrouwen op. Als je een dubbele nationaliteit hebt, word je extra gecontroleerd door de belastingdienst. Dus daarom zei ik ook meteen tegen jullie: het homohuwelijk, daar heb ik een enorme haat-liefdeverhouding mee.'

Waarom dan? In de tijd dat het homohuwelijk werd ingevoerd waren er ook veel homo's tegen omdat het burgerlijk zou zijn, maar ik denk dat jij het anders bedoelt.

'Ja. Vooropgesteld natuurlijk dat ik ermee ben opgegroeid.' Simon(e) was elf toen in 2001 het huwelijk in Nederland werd opengesteld voor paren van gelijk geslacht. 'Ik heb een lesbische tante die vrijwel meteen is getrouwd. Homoseksualiteit was gewoon in mijn familie. Ik heb dus ook geen uit-de-kastverhaal of zo, want dat was voor mij persoonlijk helemaal niet relevant.'

De legalisering van het homohuwelijk in de Verenigde Staten heeft ze bewuster meegemaakt. Ze was ouder en woonde in die tijd daar. Op 26 juni 2015 – Obama was president – oordeelde het Hooggerechtshof dat staten het homohuwelijk niet kunnen verbieden. Het Witte Huis werd verlicht met de regenboogkleuren en het huwelijk was in de VS opengesteld voor koppels van hetzelfde geslacht. 'Ik kan me nog herinneren dat ik toen ging hardlopen en met iedereen die er maar een beetje gay uitzag oogcontact maakte en knikte. Dat voelde ik heel sterk, een gevoel van verbondenheid. En onder Trump lag dat natuurlijk weer onder vuur.'

Terug naar haar probleem met het huwelijk.

'Het homohuwelijk kwam er uiteindelijk in de VS omdat veel rijke mensen achter de schermen een sterke lobby hadden. Zij hadden baat bij het homohuwelijk omdat ze op die manier hun kapitaal binnen de familie konden houden – op het moment dat je trouwt kun je in de VS belastingvrij van je echtgenoot erven. Het gaat er mij niet om dat ik die mensen achter de lobby ergens van beschuldig, want ik vind dat als hetero's een bepaald voordeel genieten dat ook door homo's moet kunnen worden genoten. Ik denk ook niet dat homo's hogere mensen zijn die dit allemaal kunnen weerstaan. Ik bedoel, ik ben zelf ook getrouwd geweest, maar dan om de verblijfspapieren proberen te krijgen. Waar het mij om gaat, is dat ik het huwelijk als een institutionele praktijk zie die heel erg gebonden is aan nationaliteit. Als je getrouwd bent word je beschermd door de wet, als je niet getrouwd bent niet. De voordelen van het huwelijk zijn bovendien inherent op uitsluiting gebaseerd: het recht op familie als een vorm van eigendom, daar moeten we ons allemaal tegen verzetten. Dat is geen kwestie van homo's tegen hetero's, maar dat is dekolonisatie.'

Je bent getrouwd geweest?

'Ik ben nu weer gescheiden. Ik ben een gescheiden vrouw, wat ik heel leuk vind. Ik ben in de VS met een vrouw getrouwd. Even kijken, wat kan ik hierover zeggen? Nou, het was heel leuk.'

Was het een verstandshuwelijk of liefde?

'Alles is echt liefde bij mij. Ik had deze persoon via vrienden in New York ontmoet bij een concert van Mykki Blanco. Een Nederlandse vrouw. Zij wilde in de VS wonen. Ik heb twee paspoorten, een Nederlands en een Amerikaans, en ik heb altijd gedacht: zolang het huwelijk nog niet wereldwijd wordt afgeschaft wil ik trouwen om mensen via mijn paspoort de nodige papieren te kunnen bieden. Het paspoort zie ik als een uitsluitingsmechanisme, obviously. Dus ik zei tegen haar: nou, dan kun je met me trouwen.'

Een paar uur nadat je elkaar ontmoet had?

'Ja. Het was echt een fantastisch concert.' Ze lacht. 'De keer erop zag ik haar in Berlijn en praatten we er weer over. Of misschien heb ik haar toen ten huwelijk gevraagd.'

Misschíén heb je haar toen ten huwelijk gevraagd?

'Ja nou ja. We hadden geen relatie. Ik voelde instant liefde voor deze persoon. De persoon met wie ik nu vast in Nederland ben, was er toen ook al. Het was geen monogame situatie. En er was gewoon liefde.'

Had je partner in Nederland hier nog inspraak in?

'Op dat moment, vierenhalf jaar geleden, leerde ik haar ook net pas zo'n beetje kennen, dus nee. Niet over het trouwen. Ik zag dat alleen maar als een middel om mee te fucken. Bovendien wilde ik graag een eerste keer trouwen met iemand met wie het soepel zou gaan, om te kijken wat er op papier zoal nodig is. Als oefening voor een volgend huwelijk, zodat ik mijn paspoortprivilege zo veel en zo vaak mogelijk kan delen.'

Inmiddels ben je gescheiden. Waarom?

'Trump werd president. Punt. We woonden daar nog wel, maar het werd steeds lastiger. Doordat we getrouwd waren kon zij in eerste instantie makkelijk een verblijfsvergunning aanvragen, het was niet zo dat ze een paspoort kreeg, maar toen Trump aan de macht kwam werd het steeds moeilijker om die vergunning rond te krijgen. De vragenlijsten werden steeds enger: haarkleur en de kleur ogen moesten worden opgegeven.'

Hoelang ben je getrouwd gebleven?

'Twee jaar, denk ik. Ja.'

Jullie hebben nog wel contact?

'Ja, absoluut.'

Nog even over het homohuwelijk, daar ben je niet zozeer tegen vanwege het oude argument van burgerlijkheid, maar omdat het een systeem vertegenwoordigt dat anderen uitsluit.

'Je ziet in de VS veel promotie voor Amerikanen om te trouwen, vaak ook direct ingezet op de zwarte bevolking. Het cultureel archief vertelt dat zwarte Amerikanen niet capabel zouden zijn in de liefde of dat ze niet goed zouden zijn in intimiteit. Omdat mensen niet trouwen of omdat ze niet monogaam zijn. Dan kom je snel uit bij de vraag: wie worden er geïncludeerd of wie worden er meegenomen door zo'n ideaal van het homohuwelijk? Het komt erop neer dat je moet laten zien hoe je leeft, je moet zeggen: dit is mijn man, dit is mijn vrouw. Dan pas word je als betrouwbaar gezien. Als je dat niet wil zeggen, als je niet die taal wil gebruiken om je liefde in te vatten, dan krijg je problemen.

Het is makkelijk om een huis te kopen met iemand met wie je bent getrouwd. Het is sowieso makkelijker om met één iemand anders een huis te kopen, je mag niet met meer dan twee personen hypotheekeigenaar zijn. Het klinkt misschien een beetje abstract, maar als ik denk aan non-monogamie of hoe de cultuur van monogamie tot stand is gekomen, dan komt dat heel erg door hoe er naar de zogeheten Ander is gekeken en dat die als barbaars moest worden neergezet.'

Wellicht kan het geen kwaad om non-monogamie toe te lichten. Non-monogamie: meestal gebruikt als het gaat over het hebben van meerdere verschillende liefdesrelaties. Het kan ook als protestbeweging worden gezien. Simon(e) van Saarloos prefereert de term 'non-monogamie' boven 'polyamorie', dat ook uitgaat van meerdere partners, omdat, zo legt ze uit, de geschiedenis van de polyamorie vooral verwijst naar een hoogopgeleide, witte middenklasse in de Verenigde Staten.

Van Saarloos wil breder kijken, naar alle vormen van intimiteit die niet monogaam zijn, en dus bijvoorbeeld ook naar de mati-cultuur in de Caribisch-Afrikaanse gemeenschap waarin vrouwen seksuele relaties onderhouden met een of meerdere vriendinnen zonder dat ze zichzelf lesbisch noemen of seks met een man schuwen. Antropoloog Gloria Wekker heeft hierover geschreven in *The Politics of Passion.*

Je kunt toch je eigen weg kiezen buiten het huwelijk?

'Dat is precies wat er altijd gezegd wordt. Je kunt toch gewoon doen waar je zin in hebt, als je maar gelukkig bent? Dan maak je er een individualistische strijd van. Alsof het huwelijk en de monogame liefde ook een soort individuele keuze is, terwijl het een cultuur is, een systeem.

Geloof je in relaties?

'Ik geloof in relateren, maar ik geloof niet in het aanbrengen van hiërarchie. Als je zegt: dit is mijn relatie, dan brengt je waarden aan.'

Nog een term: 'relatieanarchie', onderdeel van non-monogamie. Relatieanarchisten weigeren om prioriteit te stellen tussen bepaalde relaties. Dus zij willen niet zeggen: dat is mijn partner, dat is mijn minnaar, dat is mijn vriend. Ze willen de hiërarchie uit relaties weghalen, nog los van het feit of je seks met iemand hebt of niet.

Je moet toch bepaalde zaken concretiseren om iets juridisch te kunnen regelen?

'Wat als je het niet eens bent met de structuur van de wet en de overheid? In hoeverre knecht je je eraan?

Dat lijkt ons in de praktijk heel lastig.

'Dat is het ook. Het is lastig om niet te leven zoals is voorgeschreven. Dat is zelfs expres lastig gemaakt.'

Als iemand je vraagt: met wie heb je een relatie, wat zeg je dan?

'Ik zou liever hebben dat die vraag niet gesteld werd. Ik zou liever willen dat mensen vragen: wie is er op dit moment belangrijk in je leven? Of: voel je je gesteund? Het is niet zo dat ik wat ik met deze persoon van deze ruimte heb weg probeer te zetten als onbelangrijk, zeker niet.'

Je noemt je vriendin – van wie deze studio is – de 'persoon van deze ruimte'. Je noemt haar niet je vriendin of je relatie.

'Als je dat per se wil dan mag dat, maar het klinkt zo vervelend.'

Hoe staat zij daarin?

'Dat moet je haar vragen... En dat bedoel ik niet vervelend.'

Je gaat niet bij elkaars ouders op bezoek?

'Ik ben ooit met mijn vrouw en mijn geliefde... Nee, geliefde – daar heb je het al... Ik ben ooit met allebei naar een feest van mijn ouders gegaan. Met z'n drieën. Daarna zeiden we tegen elkaar: dit doen we nooit meer. Blijkbaar vroegen we ons alle drie af of dit de manier was waarop we onze tijd wilden besteden.'

Lag dat aan het feit dat je met z'n drieën was of was het feest gewoon saai?

'Het was een performance. Voor één keer wilden we dat doen: kijk mij met mijn chicks. Dat was leuk, maar liever doen we een andere keer weer ergens anders een performance. En ik bedoel performance echt in de goeie zin, hè. Niet in de zin van nep. Ik geloof oprecht niet dat het partnerschap van mijn zus, die hetero is en een kindje heeft en blablabla, waarachtiger is dan onze performance. Alleen heeft zij geen last van de structuren die erachter zitten.'

Omdat haar relatie de norm is?

'Ja, maar ook omdat ze er blijkbaar geen gevoelens over heeft. Ze verzet zich er niet tegen.'

Jij hebt daar wel last van.

'Ik heb overal last van.'

Je zet vraagtekens.

'Ik denk dat veel meer mensen die vraagtekens zetten.

Waarom zitten we anders hier?'

Je bevraagt de bestaande constructies. Waarom? Je kan toch ook gewoon rustig je leven leven op de manier die jij wil. Het maakt je pionier.

'Ik zou mezelf geen pionier noemen. De relaties die ik heb voelen voor mij als een vorm van intimiteit met een wereld die breder en dieper en langer lijkt dan het heden. Ik denk ook niet per se dat het in de toekomst beter gaat worden dan nu, dat we steeds meer emancipatoir worden of zo. Ik hoop eerlijk gezegd van niet, want wat we als emancipatie zien is lineair en eenduidig. Het volgt juist één norm. Ik beschouw het ook als een privilege dat ik met dergelijke vragen bezig kan zijn. Ik ben sowieso geprivilegieerd. Ik ben een Nederlander, ik ben wit, ik heb een redelijk inkomen. Ik ben ook zichtbaar. Je zou me kunnen vragen: waarom heb je zo'n last van de dingen als de wereld voor jou is ingericht?'

Nou?

'Ik kom uit een Nederlandse, hoogopgeleide familie, en de voorouders die ik kan traceren – de mannelijke lijn uiteraard – waren burgemeesters van Amsterdam. Die hebben dus ook allemaal koloniaal bezit gehad. Dus de wereld is voor mij ingericht én de voorouders die ik belichaam hebben bijgedragen aan de opbouw van de stad zoals die nu is. Volledig over de ruggen van anderen, dus het is niet iets om trots op te zijn.'

Jouw voorouders hebben de samenleving ingericht waar jij je nu tegen verzet?

'Ja. Dat vind ik pijnlijk. Daarnaast voelt het als een privilege dat ik me ertegen kan verzetten. Ik kan vragen stellen zonder dat die mijn bestaan bedreigen, dat is een luxe die eigenlijk niet zou moeten bestaan.'

Is de persoon van deze ruimte degene met wie je het langst bent?

'Ja.'

Die heb je nu?

Ze herhaalt langzaam: 'Heb. Je. Nu?'

Excuus, hoelang...

'... relateren wij.'

Ja.

'Wij kennen elkaar dus vierenhalf jaar.'

Dat is de persoon met wie je het langste relateert?

'En dus ook met mijn ex-vrouw, want die ken ik bijna even lang en we hebben nog steeds contact. Of het is in ieder geval iemand met wie ik al heel vast – oe, dat moet ik dus niet zo zeggen.'

Wie heeft wie overtuigd om je tot elkaar te relateren?

'Ik zag haar en ik dacht: leuk. Het was in de Nieuwe Liefde in Amsterdam. Er was iets in haar dat mij aantrok. Toen zij 's avonds ook bij een bijeenkomst over het werk van Audre Lorde was heb ik haar aangesproken: hè, jij was er vanmiddag ook. Ik weet nog dat ik me zo erotisch voelde die dag, om allerlei redenen. Vervolgens hebben we vier maanden lang geschreven omdat ik in het buitenland was. Anders had het nooit zo lang geduurd, anders hadden we eerder gesekst of zo. Niet dat het dan iets wegmaakt, maar ik denk wel dat taal daarom belangrijk voor ons is. Het is juist ook iets waarin ik mijn non-monogamie ervaar, in de veelheid van contacten en schrijven en verschillende plekken waar ik mensen ontmoet.'

Je non-monogamie is dus niet alleen fysiek.

'Het is ook taal. Het is in de eerste plaats natuurlijk een protest tegen de monogame structuren. Non-monogamie is een manier van denken, om voorbij het huidige normaal of de status quo te reiken. Het gaat over het weigeren van categorisering, hiërarchie. Het gaat over de wijze waarop we waarde toekennen aan iets of iemand. Het raakt in mijn persoonlijk leven ook heel erg aan intergenerationaliteit. Ik bedoel, de verschillende generaties waarmee je samenleeft. Het wordt normaal gevonden om met generatiegenoten een relatie te hebben. Dat komt weer vanuit het idee dat het leven gefaseerd verloopt. In de polyamoreuze termen wordt dat "de roltrap" genoemd. Zijn jullie bekend met de roltraptheorie?'

Nee.

'Then you're probably on it... De roltrap gaat uit van een bepaald idee van tempo en fases. Dus je gaat van schrijven, naar daten, naar samenwonen, naar kinderen krijgen, naar trouwen – ik weet nooit precies wat de volgorde is. Je kunt er niet van afwijken want dan val je van de roltrap af, dan is je relatie uit. Dus je kunt alleen maar omhoog, progressief.'

Waar eindigt dat dan?

'Tot de dood je scheidt.'

De dood toch weer.

'Er zitten ook geen crossroads in, je kunt niet afsnijden op de roltrap. En het tempo waarin het gaat is ook van belang. Want als je na één avond trouwt ga je te snel, dat is raar. Als je na twintig jaar nog niet getrouwd bent, dan is dat misschien ook een beetje gek.'

Is jouw ex veel ouder?

'Wie is mijn ex?'

De vrouw met wie je getrouwd was. We noemen haar zoals jij wil dat we haar noemen, hoor...

'Normaal zou ik altijd de namen zeggen, dat is makkelijker. Dat doe ik nu niet. Mijn ex-vrouw is ouder dan ik. En mijn geliefde is ook een stuk ouder dan ik.'

En een stuk is?

'Dertig jaar.'

Hoeveel gerelateerden heb je op dit moment?

'Dat hangt er erg van af hoe je dat ziet. Waar begin en eindig je met tellen?'

Zijn er geen grenzen: wie je als 'lover' telt en wie niet?

‘Fysiek kan ik op alles vallen.’

Ook op mannen?

‘Ja,’ zegt ze aarzelend. ‘In ieder geval op transmannen natuurlijk. Heteroseksuele cismannen? Tja, moeilijk qua politiek. Je belandt dan toch vaak in een heteroseksueel script.’

‘Uiteindelijk waren mijn ouders nog opener over mijn homo-zijn dan ik’

HANS KLOK

Hoe is het als je coming-out opeens wereldnieuws wordt? Het overkwam Hans Klok, toen hij in 2007 een grote show in Las Vegas deed. De illusionist praat met ons per Zoom vanuit ‘Sin City’, waar zijn dagelijkse show werd stilgelegd vanwege de coronapandemie. Alle angst dat openheid over zijn geaardheid zijn carrière zou schaden was onterecht, constateert hij veertien jaar later.

Een coming-out van een modale BN’er is in Nederland hooguit één dag voer voor showbizzrubrieken; daarna maakt een bekentenis van dit kaliber weer ruimte voor andere berichtjes. Maar toen Hans Klok (1969) in oktober 2007 voor het eerst in een Amerikaans interview zei dat hij op mannen viel, domineerde deze bekentenis dagenlang wereldwijd de entertainmentrubrieken op radio en tv. Hans (toen 38 jaar oud) woonde en werkte op dat moment in Las Vegas, waar hij een halfjaar lang elke avond voor een stampvolle zaal shows verzorgde in het Planet Hollywood Resort & Casino. Zijn assistent was actrice Pamela Anderson, beroemd door haar rol in hitserie *Baywatch* en haar *Playboy*-reportages.

‘Ik heb er als mensen er direct naar vragen eigenlijk nooit over gelogen,’ vertelt Hans ruim dertien jaar later. ‘Dat voelt alsof je jezelf verloochent, én je partner. Bovendien realiseer ik me heel goed dat ik voor de gemeenschap moet opkomen – zeker in deze tijden van conservatisme en vertrutting, ook in Nederland. Er is echter een groot verschil tussen niet liegen en ergens mee te koop lopen. Bij een ontmoeting met iemand die je niet kent, ga je niet in de eerste minuten roepen dat je op mannen valt. Althans, ik niet. Maar misschien is dat een generatiedingetje; ik heb het gevoel dat bijvoorbeeld André van Duin er ook zo in staat.'

Pamela Anderson, met wie hij een halfjaar lang avond aan avond op het podium zou staan, vertelde hij het wel direct. 'Het leek haar publicitair een goed idee als ik in elk geval éventjes terug in de kast zou kruipen. "Natuurlijk mag je het vertellen, maar wacht daar nou een paar maanden mee; dan hebben we een nieuw verhaal om de media mee te halen."' Joop van den Ende, die de twee artiesten aan elkaar had gekoppeld, stemde in met dit voorstel.

En de aanpak werkte, bevestigt Hans meteen. 'Pamela weet zó goed hoe je dat spel om de media-aandacht moet spelen, zij is de queen van de oneliners. Op een vraag als "Waarom werk jij graag met een magician?" volgt bij haar een knipoog en het antwoord: "Die zijn zo goed met hun handen." Ze weet exact wat mensen graag willen horen en waar je headlines mee kunt halen.' De actrice besloot dat najaar zelfs te trouwen tussen twee voorstellingen door, zodat in alle berichten over haar huwelijk óók Hans en zijn Vegas-show nadrukkelijk werden genoemd.

Half oktober, na bijna vijf maanden spelen, vroeg een journaliste van de lokale lhbtiq-krant *Q Vegas!* op de man af naar zijn geaardheid. Hans beantwoordde de vraag naar eer en geweten; de dagen daarna sloeg zijn Google Alert op tilt. Opeens was ik niet meer 'magician Hans Klok' maar 'the Dutch gay magician'.

‘Eigenlijk gebeurde op dat moment waar ik al mijn hele leven bang voor was geweest. Ik ben een illusionist, dáár wil ik bekend om zijn en herkend door worden. Bij een gay magician zie ik iemand voor me die alleen maar voor homo’s wil optreden. Of iemand die elke avond in een roze string op het podium staat met allemaal sm-attributen.’

Johannes Franciscus Catharinus Klok wist als kind al vrij snel dat hij niet op meisjes viel. Op zijn twaalfde werd hij Nederlands jeugdkampioen goochelen; hij kreeg les van grootmeester Edwin Borsora. ‘Ik was stiekem hopeloos verliefd op hem,’ vertelt Hans bijna vier decennia later. ‘Net zoals andere kinderen verliefd zijn op de juf of de meester. Ik merkte dat ik anders was en probeerde uit te vinden wat dat dan precies inhield en hoe ik daarmee om moest gaan.’

De familie Klok woonde in Velserbroek, een dorp onder de rook van IJmuiden; de twee zoons gingen naar school in Amsterdam. Tiener Hans reed elke dag met de tram langs een seksshop op het Rokin. ‘Of nou ja, eigenlijk moest je uitstappen en dan een straatje in lopen en dan kwam je op de Nieuwendijk en daar was een winkeltje waar je vieze blaadjes kon kopen. Dat was voor mij een openbaring, want ik wist nu dat ik niet de enige was die dit soort gevoelens had.’

Veel interne stress veroorzaakte het besef dat hij op mannen viel niet. Maar Hans worstelde wel met de vraag in welke mate hij daar openhartig over zou moeten zijn. ‘Ik wilde graag een succesvolle carrière opbouwen als goochelaar. Ik heb altijd het idee gehad dat het me werk zou kosten als ik te openhartig zou zijn over mijn seksuele geaardheid.’

Waar dat idee vandaan kwam, kan de illusionist niet goed zeggen. ‘Ik vormde in die tijd een vast duo met mijn assistent Sita; zeker in een goede act is er altijd een zeker erotisch spanningsveld tussen twee goochelpartners op een podium. Misschien was ik bang dat mensen dat niet meer zouden geloven als ze wisten dat Sita mij in werkelijkheid fysiek niets deed.'

Hans' grote doorbrak kwam toen hij tweeëntwintig jaar oud was en het tweetal mocht optreden in de finale van de populaire RTL-quiz *Een van de acht*.

'Joop van den Ende was die avond in de studio aanwezig en vroeg of we in de revue van André van Duin wilden komen staan. Dat voelde voor mij op dat moment als het hoogst haalbare als jonge goochelaar.' Die avond vormde ook op persoonlijk vlak een mijlpaal voor Hans omdat hij zijn eerste grote liefde Frank ontmoette. De dertiger was een vriend van de moeder van Sita en lag net in scheiding omdat hij erachter was gekomen dat hij op mannen viel. 'Ik was hem opgevallen en hij stuurde naderhand een kaartje: ik vond je heel leuk maar zag je niet goed omdat ik achter een cameraman zat, zullen we een keer afspreken?' De vlam sloeg meteen in de pan, Frank en Hans bleven zeventien jaar samen.

Een consequentie van de relatie was wel dat de illusionist zijn geaardheid niet langer verborgen kon houden voor zijn ouders. 'Mijn broer Wouter had een grote taart gekocht zodat we het konden vieren. Het was lief dat hij er een big event van wilde maken. Maar mijn ouders reageerden eigenlijk vooral verdrietig; niemand heeft de taart aangeraakt die middag.'

Zijn ouders keurden zijn homo-zijn niet af, beklemtoont Hans. 'Ze zijn nooit anti-gay geweest, hebben zich nooit anti-gay uitgelaten. Mijn vader moest wel aan het idee wennen, terwijl ik dacht: zag je dat dan écht niet aankomen? Ze waren vooral bang dat ik het zwaar zou krijgen in het leven omdat ik anders was. Ik denk dat veel ouders dat direct denken. En het viel ze natuurlijk ook wel rauw op hun dak dat ze er opeens een gescheiden-schoonzoon-met-kind van dertien jaar ouder bij kregen.'

Waar het in zijn privéleven nooit per se de voorkeur had om anders te zijn, is dat wel het doel geweest waar de illusionist op het podium altijd naar gestreefd heeft. Al van jongs af aan bedacht Hans trucs die hem onderscheidden van de rest, om het hoogst haalbare podium te bereiken. Veel mensen denken dat hij ijdel is, maar niets is minder waar, lacht hij.

'Ik heb dertig jaar geleden één keer een bepaald artiestenimago bedacht waar ik mij sindsdien aan hou: een te strakke broek en een wit overhemd, opengeknoopt tot mijn navel. Het is een beeld dat het publiek ook herkent en waar mensen van houden. Een illusionist hoort ook een soort James Bond te zijn, compleet met mooie vrouwen en windmachines.'

Achter de schermen is hij een ander mens – Hans vergelijkt zichzelf meer met Bob de Bouwer. 'Goochelen is een heel oud, eigenlijk traditioneel ambacht. Ik bedenk én creëer al mijn trucs zelf,' vertelt hij niet zonder trots. 'Ik ben een soort bouwvakker, die het liefst hele dagen op de grond zit om de leukste sinterklaassurprises voor het publiek te bedenken. Mijn leven bestaat meer uit kisten en maquettes dan uit glitter en glamour. Oké, die periode in Las Vegas in 2007 was een uitzondering. Het was een tijd van seks, drugs, rock-'n-roll ('dat haal je met Pamela Anderson nou eenmaal in huis') en sterren die zich verdrongen om zijn show in Las Vegas te zien. 'Op de première liep iedereen rond die iets voorstelde in die tijd: van Sylvester Stallone tot Amy Winehouse, met wie ik nog een sigaretje heb gerookt. Ik had op dat moment geen flauw idee hoe beroemd zij was.'

Zijn relatie met Frank, die nog thuis zat, kwam onder druk te staan; een korte affaire met de hoofdrolspeler uit de Vegasversie van *The Phantom of the Opera* leidde tot een breuk ('ik ben doorgaans juist hondstrouw').

Hans is tot nu toe nog niet de man geweest om de barricaden op te gaan voor de homocommunity, dat zit niet in zijn aard. Maar hij vindt het wel leuk dat er, zeker sinds zijn Amerikaanse coming-out, overal ter wereld steeds meer lhbtiq'ers in de zaal zitten. 'Ik heb een trouwe gay following. Het zijn natuurlijk shows met veel poeha en veel showelementen, en halfnaakte mannen in strakke broekjes die uit kasten springen. Dat zijn dingen die ik zelf als ik in de zaal zat ook wel zou willen zien.'

Hans Klok merkte dat er gaandeweg ook opvallend veel nichtenhumor in zijn voorstellingen dreigde te sluipen. 'In een show over Houdini zaten twee enorm gespierde Russische broers. Ik zei tegen het publiek: "Het is een tweeling, en ik kan het weten," terwijl ik naar hun onderbroekjes keek. Ik vond dat leuk, maar Sara Kroos wees me er na afloop een keer op dat ik daar een beetje in dreigde door te schieten.'

In 2008 durfde Hans voor het eerst publiekelijk mee te varen met een boot tijdens de Gay Pride in Amsterdam, een kleine persoonlijke mijlpaal. Hij wil er bewust voor waken geen over-the-top-gay te worden. 'Ik veroordeel niemand, iedereen moet vooral doen wat hij of zij wil. Maar ik heb er zelf minder mee; ik val doorgaans ook op mannen die zich minder nadrukkelijk als uitzinnige gay profileren.'

In zijn jeugd worstelde de jonge Hans daar ook wel mee, realiseert hij zich nu. 'De enige homo die je op televisie zag was Albert Mol. Een geweldig serieus acteur. Maar in spelletjes als *Wie van de Drie* ventte hij dat flamboyante nichtenimago heel erg uit. Ik dacht heel lang dat dat de enige smaak was als het om homo's ging.'

Zijn huidige relatie, de 21 jaar jongere Dann, ontmoette Hans tijdens een voorstelling in Carré. Zijn partner-to-be kwam meerdere malen kijken naar de show; de illusionist vroeg hem uiteindelijk op het podium om te assisteren bij een truc. Sindsdien zijn de twee mannen onafscheidelijk. 'Wist je dat Houdini, mijn grote voorbeeld, zijn vrouw op eenzelfde manier ontmoette? Houdini liet tijdens de voorstelling expres een glas rode wijn over haar vallen en nodigde Bess vervolgens uit achter de schermen om de boel schoon te maken. Twee dagen later waren ze getrouwd.'

Hun relatie is leuk en voelt goed, beklemtoont Hans. 'Dann helpt me nu in de voorstelling, hij kan ook ontzettend goed goochelen. We maakten plannen voor een eigen show voor hem toen de coronacrisis uitbrak. Ik vind het leuk dat ik een partner heb met wie ik de passie voor het vak kan delen. Hij snapt dat ik elke dag moet repeteren, ook in deze gekke periode; je moet je vaardigheden blijven oefenen. Mijn vorige partners hadden soms minder begrip voor die enorme drive van mij om in dit vak de beste te willen zijn en blijven.'

Nu Hans de vijftig is gepasseerd, voelt de tijd rijp om zelf ook een serieuze stap in het huwelijksbootje te overwegen. 'Ik ben niet heel romantisch aangelegd,' verontschuldigt hij zich bijna. 'Maar zo'n groot besluit zou ik maar één keer willen nemen. Ik ben niet iemand die, zoals Pamela, vijf keer het jawoord zou kunnen geven.' De goochelaar ziet wel beelden voor zich van Dann en hemzelf op een zonovergoten Spaans strand, een groot feest met familie en vrienden. 'De vraag is dan natuurlijk wie wie gaat vragen, dat is volgens mij altijd een dingetje bij twee mannen. Wij zeggen steevast tegen elkaar: wie vraagt, moet betalen. We wachten sowieso eerst even de coronacrisis af; we leven ook financieel in enige onzekerheid sinds onze nieuwe show in Vegas is gecanceld.'

Het zou overigens de tweede keer zijn dat Hans voor het altaar zou staan. In 2011 traden hij en Johnny de Mol al in het huwelijk in Las Vegas, voor het programma *Waar is de Mol.* Het tweetal sprak openhartig over homoseksualiteit in de VS en besloot als statement tegen conservatief Amerika in het huwelijk te treden in zo'n goedkoop trouwkapelletje. 'Stonden we daar in dat halletje te wachten, niet met een familie, maar met een cameraploeg. Die huwelijken worden daar per strekkende meter gesloten en stellen niet zoveel voor. We hadden allebei een bizar Elvis-pak aan; iedereen vroeg zich verbaasd af waar de vrouwen toch bleven.'

Hans merkt dat hij reflectiever wordt nu hij niet meer kan ontkennen dat hij in de tweede helft van zijn leven is beland. Zijn ouders zijn inmiddels overleden; de illusionist vindt het jammer dat ze niet meer zullen meemaken dat hij een andere man eeuwige trouw belooft. Hij zwijgt even en denkt na, strijkt met zijn handen door zijn kenmerkende lange haren. Het is opeens heel stil in de kamer in Las Vegas waar hij nu al maanden woont.

'Het is soms raar als je je realiseert dat je het leven leidt waar je altijd van droomde,' doorbreekt hij de stilte. 'Mijn vader is eenenzestig geworden – als ik zo oud word als hij, heb ik nog tien jaar te gaan. Wat wil ik nog doen in die tien jaar? En hoe wil ik oud worden? Mijn moeder had een ernstige vorm van alzheimer. Ik had haar die vreselijke laatste jaren graag bespaard.'

Zichtbaar trots vertelt hij dat zijn ouders na zijn coming-out snel schakelden. 'Na die eerste schrik hebben ze me altijd gesteund. Ze hebben het ook meteen aan de hele familie verteld. Eigenlijk waren mijn ouders veel opener over mijn homo-zijn dan ikzelf.'

Het anders-zijn heeft volgens Hans ook voordelen. 'Het is makkelijker om je eigen koers te varen. Ik heb mijn leven altijd kunnen inrichten zoals ik dat zelf wilde, mijn carrière ging altijd boven alles. Ik kan me voorstellen dat je dat soort risico's, ook financieel, niet zo snel neemt wanneer je als hetero binnen no-time een gezin met drie kinderen hebt waar je de verantwoordelijkheid voor draagt. Natuurlijk kan dat als homo ook. Maar dan is het wel een veel bewustere keuze.'

Hij heeft dat ook gezien bij heteroseksuele vrienden, voegt

hij eraan toe. 'Zij hadden nooit echt de kans om na te denken over de keuzes die ze in het leven wilden maken. Ze kregen een vriendin en gingen trouwen, zoals dat nou eenmaal hoort als je hetero bent. Voor ze het wisten zaten ze met de schoonfamilie in een huisje van Center Parcs en kwamen ze erachter dat dat eigenlijk toch niet was wat ze écht wilden. Ik heb altijd alle ruimte kunnen nemen om mezelf te ontwikkelen en mijn weg te vinden in het leven.'

Overigens heeft elke medaille twee kanten, erkent Hans. 'Ik had graag kinderen gewild,' bekent hij. 'Soms baart het me wel zorgen dat ik niemand heb om het stokje aan over te dragen. Wie gaat mij later opzoeken als ik hulpbehoevend ben in een bejaardentehuis?'

In de relatie met Frank zag hij diens zoon Jesper opgroeien, een tijd die hem dierbaarder is dan hij vaak toegeeft. 'Ik was nog relatief jong toen ik een relatie met Frank kreeg. Je denkt dan dat het leven alleen maar om jou draait; Jesper heeft mij laten inzien dat dat onzin is. Kinderen leren je relativeren. Kinderen zijn niet onder de indruk van het feit dat je staande ovaties in volle zalen krijgt, of dat je elke week in de *Privé* staat.'

Soms is de illusionist jaloers op de huidige generatie jongens die al op hun achtste uit de kast durven te komen. 'Als ik terugkijk, heb ik moeilijker over mijn geaardheid gedaan dan strikt noodzakelijk was. Ik word er blij van dat jonge gays meer voor zichzelf op durven komen. Er is nu meer informatie voorhanden als je op hetzelfde geslacht valt en je je afvraagt hoe je leven eruit gaat zien. Je moet het nog steeds zelf uitzoeken, maar er zijn meer manieren om lotgenoten te zoeken of met mensen over je gevoelens te praten. Zoek iemand die je durft te vertrouwen, iemand met wie je je gevoelens kunt delen en die jou kan helpen om jouw pad en jouw coming-out uit te stippelen.' En het helpt ongetwijfeld dat er meer zichtbare roze rolmodellen zijn dan in de jaren tachtig en negentig. 'Toen we elkaar al een tijdje kenden, vertelde Dann me dat hij als jochie nogal tegen me opkeek. Hij dacht: als een stoere gozer als Hans Klok homo is, dan durf ik dat ook te zijn. Daar ben ik best trots op.'

Dank

Iedereen die aan dit boek meewerkte deed dit uit een gevoel van noodzaak. Een noodzaak tot representatie. 'We moeten laten zien dat we er zijn,' hoorden we, 'niet als cliché, maar in alle diversiteit.' 'De emancipatie is nog lang niet klaar.' 'Ik had dit willen lezen toen ik jong was.' Veel dank dus allereerst aan alle geïnterviewden en columnisten die ons het vertrouwen hebben gegeven door zoveel herinneringen, details en kwetsbaarheid met ons te delen: dank, Bas, Johan, Maud, Pete, Carry, Barbara, Paul, Romana, Naomie, Dook, Carolien, Jeroen, Rocky, Helène, Anne-Marie, Tim, Nicolaas, Ellie, Nassiri, Kirsten, Simon(e) en Hans. Claudia, Thomas, Cornald, Maartje, Flo, Arthur, Anne, Ype, Martijn, Thorn, Evelien en Pim.

Zonder jullie was dit boek er niet geweest. Met de som van jullie gesprekken en columns konden we laten zien dat een leven als homo, queer, lesbienne, gay, bi, trans, non-binary niet je gehele identiteit bepaalt. Je kunt alle kanten op, alle levens leiden die je wilt – voor zover het je gegeven is.

Dank ook aan de partners en familieleden van alle geïnterviewden die instemden met het delen van hun ervaringen. (In een paar gevallen hebben we op verzoek fictieve namen gebruikt, vooral bij exen en kortere flings. De wereld is klein, de gay wereld helemaal.)

Ook dank aan de hoofdrolspelers rond het realiseren van het 'homohuwelijk' twintig jaar geleden. Niet alleen voor het reconstrueren van de lange weg naar dat belangrijke moment op 1 april 2001, maar ook voor het volhouden al die jaren, tegen de klippen op, om de wetswijziging voor elkaar te boksen.

Het schrijven van dit boek was voor ons een fascinerende zoektocht waar veel mensen achter de schermen aan hebben meegeholpen. Dank Irma Schenk van het SCP, Tanja Traag van het CBS, Philip Tijsma van het COC, hoofdredacteur Martijn Kamphorst van *Winq* en D66-kamerlid Vera Bergkamp voor jullie achtergrondgesprekken.

Dank, Renske Derckx voor je prachtige foto's. Veel dank, Welmoed de Jong en Jan van Helden van Nijgh & Van Ditmar. En Willemijn Tillmans, zonder jouw tomeloze energie, je strenge, opbouwende kritiek en jouw geloof in dit boek – vanaf het allereerste wijntje in dat Utrechtse café – hadden we de eindstreep niet gehaald.

Robbert dankt in het bijzonder Martijn: je denkt, zegt en ziet altijd de juiste dingen op het juiste moment. En dank aan mijn ouders, die mij vanaf mijn eerste epistels in WordPerfect 4.2 altijd stimuleerden vooral mijn eigen weg en mijn eigen stem te vinden.

Jessica bedankt Linette en Simone. Mijn zus Michelle, die mij liet zien dat de wereld groter is dan-ie was. En Claudia uiteraard, mijn liefste: bij jou heb ik aan een half woord ge...